MA

ADVANCED
FRENCH

HIPPOCRENE MASTER SERIES

This teach-yourself language series, now available in seven languages, is perfect for the serious traveler, student or businessman. Imaginative, practical exercises in grammar are accompanied by cassette tapes for conversation practice. Available as a book/cassette package.

MASTERING ARABIC
0501 0-87052-922-6 $14.95 BOOK
0931 0-87052-984-6 $12.95 2 CAS
1101 0-87052-140-3 $27.90 PKG

MASTERING FINNISH
0184 0-7818-0233-4 $14.95 BOOK
0231 0-7818-0265-2 $12.95 2 CAS
0243 0-7818-0266-0 $27.90 PKG

MASTERING FRENCH
0746 0-87052-055-5 $14.95 BOOK
1003 0-87052-060-1 $12.95 2 CAS
1085 0-87052-136-5 $27.90 PKG

MASTERING ADVANCED FRENCH
041 0-7818-0312-8 $11.95 BOOK
054 0-7818-0313-6 $12.95 2 CAS
255 0-7818-0314-4 $24.90 PKG

MASTERING GERMAN
0754 0-87052-056-3 $11.95 BOOK
1006 0-87052-061-X $12.95 2 CAS
1087 0-87052-137-3 $24.90 PKG

MASTERING ITALIAN
0758 0-87052-057-1 $11.95 BOOK
1007 0-87052-066-0 $12.95 2 CAS
1088 0-87052-138-1 $24.90 PKG

MASTERING JAPANESE
0748 0-87052-923-4 $14.95 BOOK
0932 0-87052-938-8 $12.95 2 CAS
1102 0-87052-141-1 $27.90 PKG

MASTERING POLISH
0381 0-7818-0015-3 $14.95 BOOK
0389 0-7818-0016-1 $12.95 2 CAS
0414 0-7818-0017-X $27.90 PKG

MASTERING RUSSIAN
011 0-7818-0270-9 $14.95 BOOK
013 0-7818-0271-7 $12.95 2 CAS
020 0-7818-0272-5 $27.90 PKG

MASTERING SPANISH
0759 0-87052-059-8 $11.95 BOOK
1008 0-87052-067-9 $12.95 2 CAS
1097 0-87052-139-X $24.90 PKG

MASTERING ADVANCED SPANISH
0413 0-7818-0081-1 $14.95 BOOK
0426 0-7818-0089-7 $12.95 2 CAS
0430 0-7818-0090-0 $27.90 PKG

(All prices subject to change.)

TO PURCHASE HIPPOCRENE BOOKS contact your local bookstore, or write to: HIPPOCRENE BOOKS, 171 Madison Avenue, New York, NY 10016. Please enclose check or money order, adding $4.00 shipping (UPS) for the first book and $.50 for each additional book.

MASTERING
ADVANCED
FRENCH

E.J. NEATHER
with the collaboration of
I. Rodrigues and M. Davis

EDITORIAL CONSULTANT
BETTY PARR

HIPPOCRENE BOOKS
New York, NY

CONTENTS

CONTENTS

SERIES EDITOR'S PREFACE

Mastering French 2, the second French book in the Master Series, is intended for students working, without a teacher, to extend their command of spoken and written French and to learn more about France and her people. When *Mastering French* was published in 1982, the course was described as 'a carefully planned introduction to the language and a secure foundation for further study', for which it was hoped that the Master Series would 'ultimately give additional help'. The present publication fulfils that undertaking and will surely be warmly welcomed by the many thousands who have studied *Mastering French* and the countless others who have acquired by other means a good basic knowledge of the language and need a stimulating and well organised programme to support more advanced work.

In the first book, the main emphasis was placed on understanding and using the spoken language, although reading and writing were not neglected. In *Mastering French 2*, the sensitive appreciation, the ready comprehension and the use of written French are the principal objectives, although listening and responding to the language as it is spoken today are important elements in the course. A glance at the list of contents gives a hint of its many individual features. It is an anthology with a difference. An imaginatively chosen selection of authentic passages from contemporary sources gives an insight into various aspects of life in present-day France. Some of these form the topics of discussion by native speakers, whose recorded conversations provide a further source of information and opinion and an excellent demonstration of the language as spoken by educated and cultivated French people. Another series of extracts from the poetry and prose of earlier writers recaptures past traditions in a way that illuminates the present. These delightful excursions into the past are aptly named *Promenades Littéraires*.

The author's helpful comments on each extract are followed by explanations of more unusual words and phrases, and by reference to some of the grammatical features exemplified in the chosen passages or dialogues; the inclusion of the latter ensures that the idiosyncrasies of spoken French are taken into account. The contemporary extracts and the associated conversations are followed by exercises, grouped in two sections. The first is devised to lead to a clearer understanding of the passage; the second gives practice in using the language within that context. No exercises are associated with the *Promenades Littéraires*.

PREFACE

A Reference Section gives a key to the exercises, and a guide to pronunciation, which contains an intriguing selection of traditional rhymes and jingles for use as an entertaining and helpful form of oral practice. A major item in this Section is a comprehensive and comprehensible Grammar Reference, with its own list of contents and index. A distinctive feature is the ingenious integration of the grammatical explanations with the chosen passages, so that grammar is learnt in the context of familiar material, not in the isolation of unfamiliar theory. A cassette, an integral part of the programme, contains all the dialogues and selected exercises, parts of the pronunciation guide and some of the literary extracts.

The author has given in his introduction a clear analysis of the aims and objectives of the publication and suggested ways of using it effectively. The student is advised to read this section carefully before embarking on this exciting anthology, which will surely chart the course for a rewarding and diverting voyage of discovery of the French language, of France and her people.

BETTY PARR

Editorial Consultant

INTRODUCTION:
HOW TO USE THIS BOOK

Mastering French 2 is intended for students who already have a working knowledge of French, either dating back to their schooldays, or acquired more recently at evening classes, from BBC programmes, or by studying a book such as the first volume of *Mastering French.*

GENERAL AIMS

For these students the book has two main aims:
1. To offer students the chance to familiarise themselves with the contemporary French language as expressed in a wide range of written texts and spoken dialogues.
2. To gain some knowledge of the heritage of French language and culture by an introduction to selected reading passages from literary works.

Of course, a book of this size cannot hope to be complete in its coverage, and there have been difficult choices to make, both in selecting the topics which form the framework for the chapters, and in choosing texts to illustrate these topics. Without making any impossible claims, the author believes that the final choice, both of topics and texts, provides a balance of content and style which will enable students to make significant strides in their mastery of the language.

LANGUAGE TEACHING OBJECTIVES

Within the two main aims expressed above the book pursues certain specific objectives in developing students' language skills:
1. The development of reading skills by extending recognition and understanding of vocabulary and structures within a range of topics.
2. The development of listening skills by the use of recordings of readings and dialogues related to the same range of topics.

INTRODUCTION

3. The development of speaking skills in exercises involving the use of language read in the texts and heard in the dialogues.
4. The development of writing skills within certain limited fields, such as letter writing.

For a course-book such as this, aimed at the individual learner, the first two objectives above are the prime concern, since the students' chances to encounter the more difficult stages of the language are perhaps more frequent through the written word of books and magazines and the spoken word of the radio.

CULTURAL OBJECTIVES

It is not possible to use language, whether reading, listening, speaking or writing, unless one uses it *for* something. At an elementary level, one may be satisfied with basic communication, but beyond that, any encounter with the language is an encounter with the culture of the language and with the people who speak it. All the texts in this book are authentic, that is to say they are written or spoken by French people, and not concocted only for a textbook. So all the extracts convey something about France and the French, whether in the contemporary context, as in the topics, or with a more historical point of view, as in the *Promenades Littéraires*. Getting to know a different culture is closely bound up with the study of language, but it is not something which can be quickly acquired, by means of a single book. The author hopes only that the student will feel better informed and knowledgeable at the end of this book, and anxious to find out more. The study of foreign languages breeds an undying curiosity about other ways and other countries.

LEVELS OF DIFFICULTY AND THE USE OF THIS BOOK

In using authentic materials, written and spoken, such as are found in a book of this kind, it is not always possible to grade the texts according to levels of difficulty. Students should not, therefore, expect the texts to start easy and grow gradually more difficult, though the type of exercises associated with the texts may become more demanding as the book progresses. Depending on the students' present level of competence in the language, some of the texts may, at first, seem a little daunting and difficult, but it is important not to be put off by unknown vocabulary, and to understand as much as possible without necessarily knowing every word. The exercises are devised to assist this initial understanding.

Each chapter is organised as follows, as an aid to working with the materials:

1. *Reading passage*
2. *Exercises – Section A*   These are exercises designed to help understanding and to develop methods of coping with new materials in the foreign language. The suggestion is that students should attempt these exercises *before* studying the vocabulary and grammatical explanations, so as to develop the capacity to guess at the meaning of words in context and appreciate the internal pattern of organisation of a text.
3. *Explanations*   This section consists of a select vocabulary, a list of expressions and idioms which may be new to the reader, and a note of the grammatical items which should be consulted in the grammar reference section in order to tackle the exercises in Section B. Of course, any authentic text will contain so many grammatical elements that it would be a lengthy business to study them all. A selection is therefore made to provide practice in particular points of which the text gives a number of examples.
4. *Exercises – Section B*   These are exercises which concern themselves with practising the specific grammatical points selected from the text.

This same sequence is followed for a second reading text, chosen to contrast with the first passage, although concerned with the same general topic area. There then follows, in seven of the chapters, a recorded dialogue, with exercises in listening comprehension and suggestions for developing speaking skills and powers of expression.

The author does not imagine that all students will wish to start at page 1 and work methodically through the book, though some will prefer to work in this way. Others might wish to choose certain topics which interest them first. Or some might decide to work more intensively on reading skills, concentrating on the passages and on the Section A exercises, and omitting, on the first reading, Section B and the dialogues. The book offers a resource and students will develop their own ways of drawing on the range of materials offered.

PROMENADES LITTERAIRES

Concern for the contemporary language need not leave out of account the language of previous periods; indeed, it could well be argued that a full understanding of the present situation requires some knowledge of the linguistic heritage. Each of the three sections entitled *Promenades Littéraires* is loosely tied-in with the topic of the preceding group of chapters, and offers a necessarily limited choice of passages from significant figures of French literature, firstly from the seventeenth and eighteenth centuries, then from the nineteenth century, and finally from our own century. No exercises are associated with these extracts. A short vocabulary is given, to help with any particular difficulties, otherwise the presence of these passages serves as a further range of reading material, to be tackled by the student at any appropriate stage, or in association with the topics being studied.

CASSETTE

The cassette which accompanies this book contains recordings of all the dialogues, readings of a selection of the poems and passages in the *Promenades Littéraires*, and the examples in the Pronunciation Guide. Items which are recorded on cassette are shown in the book by the symbol

REFERENCE SECTIONS

The Reference Sections of the book contain:
1. A key to all exercises.
2. A guide to pronunciation which is more extensive and detailed than that given in *Mastering French 1*.
3. A Grammar Reference Section. Although a summary of grammar of this kind cannot be complete, care has been taken to refer to all the points specifically raised in the Section B exercises, and also to cover a wide range of other queries which might rise in students' minds on reading the passages. The point must be made here that a more advanced book of this kind will inevitably raise many points of vocabulary and grammar which cannot all be dealt with in the limited space available. It is therefore suggested that all students should have a good dictionary to work with, and possibly also a more comprehensive grammar than can be provided here.
4. A bibliography suggesting dictionaries, grammars and other sources of further study and reading.

E. J. NEATHER

ACKNOWLEDGEMENTS

For the presentation of this book, my sincere thanks are due, in particular, to the series editor, Betty Parr, who has played no small part in shaping its final form. Thanks go also to my two collaborators, Isabelle Rodrigues and Madeleine Davis, who participated in the project from start to finish, contributing their knowledge, experience and skills. To my wife Elisabeth go my special thanks for her unfailing support in this and all my other undertakings.

E. J. N.

The author and publishers wish to thank the following who have kindly given permission for the use of copyright material: Editions du Centurion, Durand S.A. Editions Musicales, L'Express, Librarie Ernest Flammarion, Editions Gallimard, Editions Bernard Grasset, Hachette, Hachette, Littérature, Editions Julliard, Larousse, Marie-Claire Album, Marie France, Messidor, Editions Albin Michel, Le Monde, Fernand Nathan Editeur, Le Nouvel Observateur, Librairie Plon.

The author and publishers wish to acknowledge, with thanks, the following photographic sources: Agence France-Presse, Documentation Française Photothèque, Editions Denoël, French Government Tourist Office.

Every effort has been made to trace all the copyright holders but if any have been inadvertently overlooked the publishers will be pleased to make the necessary arrangements at the first opportunity.

TEACHING UNITS

PART I
LES FRANÇAIS

CHAPTER 1

LE CARACTERE FRANÇAIS

However much we are warned of the dangers of creating national stereotypes, and however aware we are that such stereotypes are impossibly over-generalised, there remains a certain delight in having some of our feelings about French individuality wittily confirmed by Daninos. The review of Theodore Zeldin's book on the French effectively dismisses some of the clichés, but does that mean that such clichés will just go away? For good or ill, 'le syndrome du béret basque' and other such folk-myths will no doubt remain with us for quite a long time.

1.1 LE FRANÇAIS INDIVIDUALISTE

Les livres de géographie et les dictionnaires disent: 'La Grande Bretagne compte 49 millions d'âmes', ou bien: 'Les États-Unis d Amérique totalisent 160 millions d'habitants.'

Mais ils devraient dire: 'La France est divisée en 43 millions de Français.' La France est le seul pays du monde où, si vous ajoutez dix citoyens à dix autres, vous ne faites pas une addition, mais vingt divisions. . . .

Aussitôt la paix revenue, La France reprend le combat. À l'ombre de ses frontons qui prônent l'Égalite et la Fraternité, elle s'adonne en toute liberté à l'un de ses sports favoris, peut-être le plus populaire avec le cyclisme: la lutte des classes. Ne voulant pas concurrencer les experts, je leur laisserai le soin d'exposer l'évolution de ce sport à travers les âges, ses règles, ses tendances. Une chose, cependant, m'a frappé:

— Le piéton américain qui voit passer un milliardaire dans une Cadillac rêve secrètement du jour où il pourra monter dans la sienne.

— Le piéton français qui voit passer un milliardaire dans une Cadillac rêve secrètement du jour où il pourra le faire descendre de voiture pour qu'il marche comme les autres.

Quant à énumérer toutes les divisions qui séparent les Français, j'y renonce. Une indication seulement: quand un Français se réveille nudiste

sempé

à Port-de-Bouc, on peut tenir pour certain qu'un autre Français se lève anti-nudiste à Malo-les-Bains. Cet antagonisme pourrait s'arrêter là. Mais non. Le nudiste fonde une association qui nomme un Président d'honneur (lui) et un Vice-Président. Celui-ci, s'étant querellé avec le précédent, fonde un comité néo-nudiste, plus à gauche que le précédent. De son côté, l'antinudiste, ayant pris la tête d'un Jury d'honneur, . . . etc.

Pierre Daninos
Les Carnets du Major Thompson
(© Hachette, 1954, 1979)

1.2 EXERCISES

Section A
Attempt the exercises in this section before looking at the Explanations or referring to the Select Vocabulary.

1.2.1 Gist Comprehension
Can you summarise briefly, in three English sentences, the three main points made by Daninos in this passage:—

(a) in the section: les livres de géographie . . . vingt divisions.;
(b) in the section: Aussitôt la paix revenue . . . comme les autres.;
(c) in the section: Quant à énumérer . . . Jury d'honneur.

1.2.2 Word Study
Try to guess at the meaning of the following words and expressions from their use in the context of the passage:

(a) ils devraient dire
(b) aussitôt la paix revenue
(c) elle s'adonne . . . à l'un de ses sports favoris
(d) quant à énumérer toutes les divisions . . .
(e) on peut tenir pour certain

1.2.3
The punctuation has been omitted from the text below. Rewrite the passage with correct punctuation and accents.

Aussitot la paix revenue la France reprend le combat a l'ombre de ses frontons qui pronent l'Egalite et la Fraternite elle s'adonne en toute liberte a l'un de ses sports favoris peut-etre le plus populaire avec le cyclisme la lutte des classes ne voulant pas concurrencer les experts je leur laisserai le soin d'exposer l'evolution de ce sport a travers les ages ses regles et ses tendances.

1.3 EXPLANATIONS

1.3.1 Select Vocabulary
compter	to number, to count
le citoyen	citizen
le fronton	pediment (architecture)
prôner	to extol
la lutte	struggle
concurrencer	to compete with
le soin	trouble
cependant	however
le piéton	pedestrian

1.3.2 Expressions and Idioms
ou bien	or else
reprendre le combat	to start up the struggle again
quant à . . .	as for . . . .
tenir pour certain que	to be certain that
de son côté	for his part
prendre la tête de	to take on the leadership of

1.3.3 Grammar
The following are the grammatical points in the text which form the basis
for the exercises in Section B.

(a) Use of Present Participle
ne voulant pas; s'étant querellé; ayant pris – *see grammar section 5.5.6(a)*

(b) Modal verb followed by direct infinitive
faire descendre; peut tenir – *see grammar section 5.4.4*

1.4 EXERCISES

Section B
1.4.1
Rewrite the following sentences using the Present Participle constructions
found in the text.

Model: Je ne veux pas concurrencer les experts, alors je leur laisse ce
  problème.
Response: Ne voulant pas concurrencer les experts, je leur laisse ce
  problème.

(a) Je ne peux pas énumérer toutes les divisions, alors j'y renonce.
(b) Il s'est querellé avec son collègue, alors il a fondé un autre comité.
(c) Il a pris la tête d'une association, et alors il se prend pour un dictateur.
(d) Je ne fais pas partie de cette association, alors je vais m'en aller.
(e) Ils se sont adonnés à leur sport favori, alors ils sont contents.

1.4.2
Respond to the following sentences using faire + infinitive, as in the model.

Model: Il ne veut pas descendre de sa voiture.
Response: Est-ce que vous pouvez le faire descendre?

(a) Il ne marche jamais.
(b) Il ne veut pas monter en voiture.
(c) Elle n'a pas l'intention de se lever.
(d) Ils ne sont pas capables de se mettre d'accord.

1.4.3
Below is a jumbled list of verbs and nouns from the passage. Form sentences
by choosing words from the lists and combining them with the correct
form of **vouloir** or **pouvoir**, either positive or negative.

Model: Les Français veulent s'adonner au sport favori.
  L'auteur ne peut pas concurrencer les experts.

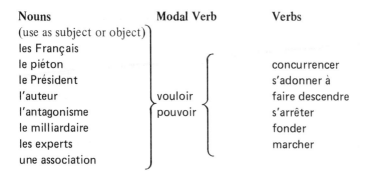

Nouns	Modal Verb	Verbs
(use as subject or object)		
les Français		
le piéton		concurrencer
le Président		s'adonner à
l'auteur	vouloir	faire descendre
l'antagonisme	pouvoir	s'arrêter
le milliardaire		fonder
les experts		marcher
une association		

1.5 MAIS QUAND DONC LES FRANÇAIS CESSERONT-ILS DE CROIRE À LEURS PROPRES CLICHÉS?

Les étrangers aiment la France, ses vins, son camembert, ses paysages et ses petites femmes. Mais généralement, ils n'aiment pas les Français. Surtout lorsque ces étrangers sont anglo-saxons. Les sondages d'opinion ne montrent-ils pas que les Britanniques se méfient presque autant des Français que des Soviétiques? Et cette méfiance ne diminue pas.

L'auteur de ces observations hautement vexantes n'est pas un de ces éditorialistes francophobes et chauvins de la presse populaire britannique. Il s'appelle Theodore Zeldin, il est doyen d'un *college* d'Oxford et il vient de publier un livre très remarqué sur les Français. Ce professeur d'université s'est plongé dans la France profonde et moins profonde pour y recueillir des dizaines de témoignages auprès de personnes inconnues. . . Sur la base de ces entretiens. . . . Zeldin fait deux constatations de base: (1) la plupart des caractéristiques généralement attribuées aux Français sont, en fait, internationales; (2) le syndrome du béret basque et de la baguette de pain est de moins en moins perceptible car les Français se ressemblent de moins en moins. Zeldin a horreur des stéréotypes, mais il a quand même sa petite idée sur nous. Voici comment il voit la France, ses habitants et ses coutumes.

La nourriture isole les Français du reste du monde presque autant que leur langue. Leur incapacité d'apprécier la cuisine étrangère revient comme un leitmotiv dans leurs comptes rendus de voyage et ils adorent manifester un dédain chauvin pour la cuisine des pays qu'ils visitent. Ceci n'empêche pas leurs cuisiniers de naturaliser français des plats étrangers, de la même façon que les couturiers parisiens redessinent des vêtements imaginées dans d'autres capitales. . . .

L'élitisme réussit à la haute couture. Pas à la culture. La culture française a perdu son statut de culture universelle parce qu'elle s'est révélée trop élitiste pour l'ère démocratique. La langue l'a suivie dans son déclin. . . .

Les Français lisent peu et donnent pourtant l'impression d'être une nation de bibliophiles parce qu'ils possèdent une classe d'intellectuels qui

10

ne vivent que pour la lecture. En France un grand nombre de personnes s'expriment avec une grâce et une clarté remarquables. Mais cette capacité à argumenter étant en grande partie le produit d'un siècle d'éducation traditionnelle, on peut se demander si elle survivra à la disparition de la philo des programmes scolaires.

La liberté en France consiste aussi à faire ce que bon vous semble en détournant les règlements de l'administration. Considérée traditionnellement comme une des anomalies composant le syndrome du béret basque, l'administration toute puissante n'est plus une particularité française: tous les pays occidentaux en sont affligés . . . .

Dans sa conclusion, Zeldin aborde la question ô combien actuelle de 'l'américanisation de la France' et note que beaucoup de Français y voient une perte d'identité. Le professeur ne comprend pas bien cette réaction: '. .plus ils insistent à paraître différents, moins ils encouragent les autres peuples à leur emprunter quoi que ce soit. En fait, je ne pense pas que les Français soient aussi différents qu'ils le prétendent. S'ils cessaient de croire à leurs propres clichés, ils s'apercevraient qu'ils construisent leur vie avec une énergie et une ingéniosité qui ne sont pas si éloigneés de celles des Américains.'

Jean-Marie Macabrey
Review of Theodore Zeldin's book, *The French*
(© *Le Nouvel Observateur*, 24 mars 1983)

1.6 EXERCISES

Section A
Attempt the exercises in this section before looking at the Explanations or consulting the Select Vocabulary.

1.6.1 Gist Comprehension
Answer the following questions, briefly, in English.

(a) Section from beginning . . . et ses coutumes.
What are the two main findings in Zeldin's study of the French?

(b) La nourriture . . . capitales.
What is the French attitude to food from other countries?

(c) L'élitisme . . . déclin.
Why does Zeldin believe that French culture has lost its status?

(d) Les Français lisent . . . scolaires.
Why does the author think that the French qualities of clarity and elegance in expression may be disappearing?

(e) La liberté . . . affligés.
Is centralised administration still a French peculiarity?

(f) Final paragraph.
What characteristics do the French have in common with the Americans, according to Zeldin?

1.6.2 Word Study
Look through the text and find synonyms for the following words and expressions.

(a) une disposition à soupçonner le mal dans les autres
(b) patriotique, mais exagéré
(c) rassembler
(d) mépris
(e) époque
(f) faire tout ce que vous voulez
(g) en venir à traiter une question

1.6.3
Rewrite the following passage, filling in the blanks with words chosen, as appropriate, from the list below. Try to do this exercise without reference to the original text.

Les étrangers aiment la France. . . . . .généralement ils n'aiment pas les Français, ... lorsque ces étrangers sont anglo-saxons. Mais la plupart des caractéristiques. . . . . . attribuées aux Français sont. . . . . . internationales. Zeldin a horreur des stéréotypes mais il a. . . . . . sa petite idée sur nous. L'élitisme réussit à la haute couture. . . . . . . à la culture. La culture française a perdu son statut. . . . . . elle s'est révélée trop élitiste. Les Français lisent peu et donnent. . . . . . l'impression d'être une nation de bibliophiles. . . . . il ne pense pas que les Français soient aussi différents qu'ils le prétendent.

surtout;   quand même;   mais;   parce que;   en fait;   pas;   pourtant;
en fait;   généralement.

1.7 EXPLANATIONS

1.7.1 Select Vocabulary

le sondage (d'opinion)	opinion poll
se méfier de	to mistrust, suspect
le doyen	dean
recueillir	to gather
la baguette (de pain)	long loaf of bread

la coutume	custom, habit
le compte rendu	report
le dédain	disdain
le statut	status
une ère	era, period
le règlement	rule, regulation
aborder (une question)	to tackle (a question)
éloigné	distant

1.7.2 Expressions and Idioms

de moins en moins	less and less
quand même	all the same, nevertheless
le programme scolaire	the school curriculum
la philo (= philosophie)	philosophy (which has always been, until comparatively recently, an obligatory part of the sixth form school curriculum).
faire ce que bon vous semble	to do just as you like
la question ô combien actuelle	to question which is so very up to the minute
plus ils . . . moins ils	the more they . . . the less they (*see grammar sec. 6.2(j)*)
quoi que ce soit	anything at all

1.7.3. Grammar

The following are the grammatical points in the text which form the basis for exercises in Section B.

(a) Use of **passé composé (Perfect Tense)** – *grammar section 5.5.1 (d)*

(b) Use of **Subjunctive after negative** (je ne pense pas que . . .) – *grammar section 5.5.3 (iii)*

(c) **Conditional sentences** (s'ils cessaient de croire . . .) – *grammar section 5.5.1 (b) (iv)*

1.8 EXERCISES

Section B

1.8.1

Rewrite the following passage, putting verbs underlined into the passé composé.

Les Britanniques se méfient toujours des Français, constate Zeldin, qui décide de se plonger au coeur de la France pour recueillir les opinions des

Français. Il remarque que les Français aiment toujours manifester un certain dédain pour les cuisines étrangères; ils n'apprécient jamais que leur propre cuisine. Quant à la culture française, elle perd son statut parce qu'elle se révèle trop élitiste. L'auteur aborde la question de l'américanisation de la France, et note que beaucoup de Français y voient une perte d'identité. Le professeur ne comprend pas bien cette réaction.

1.8.2
Below are a number of statements. Express your own opinion about these statements by forming sentences where each statement is prefixed by a phrase such as: je crois bien que. . .; je ne pense pas que. . .; il est vrai que. . .; il n'est pas vrai que.

For example: Il est vrai que les Britanniques sont chauvins.
Je ne pense pas que les Français soient chauvins.

(a) Les Britanniques se méfient des Français.
(b) La plupart des caractéristiques attribuées aux Français sont internationales.
(c) Les Français se ressemblent de moins en moins.
(d) Les Français sont incapables d'apprécier la cuisine étrangère.
(e) La culture française a perdu son statut de culture universelle.
(f) L'administration n'est plus une particularité française.

1.8.3
Following the example of the model, rewrite the following sentences as conditional sentences.

Model: Ils ne se rendent pas compte qu'ils ressemblent aux Américains parce qu'ils s'obstinent à croire à leurs propres clichés.
Response: S'ils cessaient de croire à leurs propres clichés, ils se rendraient compte qu'ils ressemblent aux Américains.

(a) Ils n'aiment pas les plats étrangers parce qu'ils sont trop chauvins.
(b) La culture française ne garde pas son statut, parce qu'elle se révèle trop élitiste.
(c) La clarté de la langue se perd parce que la philo ne fait plus partie du programme scolaire.
(d) L'administration n'est pas toute puissante parce que les Français savent détourner les règlements.

1.8.4
Translate the following sentences making use of phrases and idioms from the text.

14

(a) Zeldin has just published his book.
(b) They live only for reading.
(c) The 'beret basque' syndrome is less and less obvious.
(d) Most of these characteristics are international.
(e) The more they insist on being different, the less they encourage others to copy them.
(f) Other nations do not want to borrow anything at all from them.
(g) You can do just as you like.
(h) Food isolates the French from the rest of the world almost as much as the French language.

D.1 DIALOGUE 🔲

Isabelle and Gérard discuss the extract from Daninos, and the review of Zeldin's book. Listen to the conversation on the tape as many times as you like, but attempt the exercises before referring to the written transcript.

Isabelle: Bon, alors, moi, le texte de Daninos je trouve qu'il est très drôle mais c'est un peu facile, tu trouves pas? C'est un humour un peu facile, si tu veux. C'est tout en contrastes et à cause de ça on a toujours l'impression que ce n'est pas tout à fait vrai.

Gérard: Oui, mais il fait des images, alors, c'est fait pour être drôle.

Isabelle: Oui, c'est fait pour être drôle, mais on ne sait pas tellement si c'est vrai, quand même.

Gérard: Écoute, c'est amusant à lire parce que tu te retrouves dans le piéton français, par exemple.

Isabelle: Oui, c'est vrai, dans un sens. Je crois que ce qui est vrai également, c'est cette façon qu'ont les Français de s'organiser toujours, même si c'est pour une toute petite cause. Mais est-ce que ce n'est pas vrai en Angleterre aussi, dans un sens?

Gérard: Moi, je crois que le Français est beaucoup plus spontané. En Angleterre, par exemple, il y a beaucoup plus de clubs, de sociétés, tandis qu'en France on est peut-être plus spontané.

Isabelle: Donc, finalement, on s'organiserait peut-être moins! Mais enfin, je crois qu'on aime être désorganisé à l'intérieur d'une certaine organisation, tu trouves pas?

Gérard: C'est difficile. On ne peut pas être entièrement d'accord avec Daninos là-dessus.

Isabelle: Sur le texte de Zeldin, moi je ne suis pas d'accord, vraiment. Je trouve qu'il a l'air de vouloir dire que, finalement, tous les peuples, tous les gens sont pareils, exactement pareils. Quand même, on a des coutumes, des lois, des tas de choses qui changent les gens, non?

Gérard: C'est très simple. On peut le dire, que les gens sont pareils, mais une fois que tu voyages et que tu passes d'une frontière à une autre, non seulement tu es dépaysé à cause du paysage, mais tu es dépaysé parce que les gens ne réagissent pas comme toi tu penses qu'ils vont réagir, étant habitué à une culture. Il y a une différence énorme entre les Anglais et les Français, rien que sur le bateau!

Isabelle: On peut quand même dire qu'il y a des tendances de certains peuples à réagir d'une certaine façon.

Gérard: Ah, oui! Moi, je pense que je dois m'ajuster à la personne avec qui je converse, en sachant si elle est justement anglaise ou française... même les enfants, même les adolescents. Il y a une différence marquante entre les adolescents. Les jeunes filles, par exemple, une jeune Anglaise et une jeune Française.

Isabelle: Tu crois, alors, que ce n'est pas une question de stéréotypes, mais il y a un type français et un type anglais?

Gérard: Peut-être, quand tu es étranger, c'est plus facile de définir le type pour en venir à cette baguette et le béret. Disons, nous connaissons ce type, le type français, depuis que nous sommes en Angleterre, mais avant nous ne le connaissions pas.

Isabelle: Mais c'est justement là que je ne suis pas d'accord avec Zeldin, c'est quand il dit que les Français croient à leurs propres clichés; les clichés, ce sont les étrangers qui les ont créés. Le Français que tu rencontres dans la rue n'est pas du tout conscient de lui, avec sa baguette, son béret basque, son accordéon. Les trois quarts des Français, surtout ceux qui n'ont pas voyagé, ils sont absolument pas conscients de cette image que l'Anglais ou l'Américain a d'eux.

Gérard: Mais ceux qui savent, j'en suis persuadé, ils connaissent leur importance. De se dire, nous sommes français, nous avons une grande histoire derrière nous . . . oui, oui, d'accord avec Daninos!

Isabelle: Pour revenir au texte de Zeldin, moi je trouve qu'il a une attitude qui ne me plaît pas tellement. Vouloir annuler les différences, et dire qu'après tout, tout le monde est pareil. Je trouve que c'est toujours un peu dommage, non? Parce qu'il y a beaucoup de richesse dans la différence.

Gérard: Moi, j'ai l'impression que Zeldin parle comme un étranger. Si tu vois les Français, étant étranger, tu ne peux pas vraiment juger.

Isabelle: Mais est-ce que tu trouves que, finalement, on ressemble aux Américains, toi?

Gérard: Jamais l'idée ne m'est venue. Sauf que les Français adorent copier les Américains dans beaucoup de choses, ne serait-ce que dans la langue. On apprend l'américain plutôt que l'anglais. Parce que l'anglais c'est vieux jeu.

Isabelle: Mais de là à dire que, finalement, on leur ressemble totalement . . .

Gérard: Même pas un petit peu.

D.1.1 EXERCISES

Section A
Attempt the exercises in this section before consulting the Explanations and vocabulary.

D.1.1.1 Gist Comprehension
Answer the following questions in English, and without going into detail, at this stage:

(a) From the beginning as far as **oui, c'est vrai dans un sens.**

What are the two views expressed about Daninos's sense of humour?

(b) From **Je crois que ce qui est vrai également** as far as **d'accord avec Daninos là-dessus.**

The speakers' views on the French desire for organisation are varied!
How would you explain the concluding remark in this section: je crois qu'on aime être désorganisé à l'intérieur d'une certaine organisation.

(c) From **Sur le texte de Zeldin,** as far as **un type français et un type anglais.**

Do the speakers believe that there are few differences between the various nationalities?

(d) From **Peut-être, quand tu es étranger,** as far as **d'accord avec Daninos.**

In general, do the speakers feel that the average French person is aware of the clichés that foreigners believe about the French?

(e) From **Pour revenir au texte de Zeldin,** as far as the end of the passage.

Do the speakers feel that a foreigner is able to judge the French?
Do they agree with Zeldin that the French have a lot in common with the Americans?

D.1.1.2 Transcription
Listen carefully to the recording, and then write out the following sentences, adding the words which are missing.

(a) Oui, c'est fait pour être drôle mais . . . . . ., quand même.
(b) Je crois que ce qui est vrai également, c'est cette façon . . . . . ., pour une toute petite cause.
(c) Je trouve qu'il a l'air de vouloir dire que . . . . . . exactement pareils.
(d) Une fois que tu voyages et que tu passes d'une frontière à une autre, ... mais tu es dépaysé parce que les gens . . . . . . réagir.

(e) Peut-être, quand tu es étranger, ... pour en venir à cette baguette.
(f) Les clichés, ... créés.
(g) Si tu vois les Français, ... juger.

D.1.2 EXPLANATIONS AND VOCABULARY

Je crois que ce qui est vrai également	I think that what is also true, is . . . .
Donc, on s'organiserait peut-être moins	so you might say that we are less organised
des tas de choses	masses of things
une fois que tu voyages	once you start travelling
étant habitué à une culture	being used to one culture
rien que sur le bateau	you only have to see them on the boat
une différence marquante	a striking difference
pour en venir a cette baguette	to arrive at this baguette
n'est pas du tout conscient de lui	is not in the least aware of himself
jamais l'idée ne m'est venue	the idea has never entered my head
ne serait-ce que dans la langue	even if it's only in language
c'est vieux jeu	it's old hat

D.1.3 IMPROVE YOUR COMMUNICATION!

Conversation is full of turns of phrases and expressions which oil the wheels of communication – expressions of agreement, disagreement, opinion; ways of conceding a point or introducing a new element to the discussion. Below are some of the phrases of this kind used in the dialogue:

(a) Expressing opinion:

moi, je crois que;
moi, je suis persuadé que
moi, je pense que
je trouve que
. . . . . ., j'en suis persuadé

(b) Expressing agreement or disagreement:

je suis d'accord
je ne suis pas d'accord
il est vrai que

(c) Asking opinion:

tu trouves que . . .?

. . . tu ne trouves pas?
. . . non?
tu crois que . . .?

(d) Softening a statement of opinion:

. . . si tu veux
dans un sens

(e) Maintaining flow and continuity:

alors
donc
après tout
quand même
mais enfin
finalement

D.1.4 EXERCISES

Section B

D.1.4.1
Fill in the blanks in the following dialogue by inserting appropriate words
and expressions from the list above:

A: Ce texte est un peu facile . . . . . .?
B: Oui, mais il fait des images, ... c'est fait pour être drôle.
A: C'est fait pour être drôle, mais on ne sait pas tellement si c'est vrai,
. . . .
B: . . . . . . qu'il est vrai de dire que les Français aiment s'organiser?
A: Oui, ... Mais je crois qu'on aime être désorganisé à l'intérieur
d'une certaine organisation, ...?
B: C'est difficile.
A: Sur le texte de Zeldin, moi . . . . . ., vraiment. Il a l'air de vouloir dire
que, ..., tous les peuples sont pareils. . . . . . on a des coutumes, des
tas de choses qui changent les gens, ...?
B: On peut . . . . . . dire qu'il y a des tendances de certains peuples à
réagir d'une certaine façon.
A: Ah, oui, ... que je dois m'ajuster à la personne avec qui je converse.
B: Tu crois . . . . . . que ce n'est pas une question de stéréotypes?
A: Moi, ... il y a beaucoup de richesse dans la différence. Mais, ...,
est-ce que tu trouves qu'on ressemble aux Américains?
B: Même pas un petit peu.

D.1.4.2
You are stopped in the street to answer some questions about national differences. Reply to the questions, expressing your own opinions and using some of the turns of phrase already mentioned:

Question: Pardon, monsieur, nous faisons un sondage sur les perceptions des différences nationales. Est-ce que vous seriez prêt à répondre à des questions? Cela ne prendra pas longtemps.

Réponse: (Say, of course, you are ready to answer.)

Question: Bien, alors, je remarque que vous avez un petit accent étranger. Vous n'êtes pas français, alors?

Réponse: (No, you are English.)

Question: Bon, en fait, c'est parfait pour notre sondage. Qu'est-ce que vous pensez des stéréotypes nationaux; le Français avec sa baguette, par exemple, ou l'Anglais avec son chapeau melon?

Réponse: (Say you don't agree with national stereotypes. They are not true.)

Question: Est-ce que, comme Anglais, vous êtes conscient de l'idée que les Français se font des Anglais?

Réponse: (Say that you know there is a stereotype of the Englishman with bowler hat and umbrella. This proves that such stereotypes are false.)

Question: Vous connaissez bien les Français, Monsieur. On voit que vous parlez bien la langue. Eh bien, dans quelle mesure, selon vous, est-ce que les Français ressemblent à leurs clichés?

Réponse: (Say you are convinced that the French are individualists and that they do not resemble their clichés at all.)

Alors, merci, monsieur.

CHAPTER 2

LES FRANÇAIS QUI

CONSOMMENT

Small markets remain one of the enduring pleasures of visits to France. The atmosphere, the quality of the merchandise, the babble of language, all make the foreigner feel that he or she is getting close to a part of the real France, the France of tradition, with its roots in the country. Yet, in recent years, the hypermarket seems to have become as big an attraction for the visitor, and to be just as characteristically French in its own way. The following pair of texts present aspects of these two very different sides of shopping in France.

2.1 UN SI JOLI PETIT MARCHÉ

'Et avec ça, ma p'tite dame?' interroge le marchand de légumes. En griffonnant le compte, il trouve le temps de glisser un mot aimable. Le seul de la journée pour la 'petite dame', car elle vit seule. 'Mes clients, c'est devenu ma famille', dit le gros Marcel, rose comme ses jambons. Le marché, c'est le commerce de détail avec la convivialité en plus.

'Autrefois,' se souvient une volaillère montée de sa Charente, 'le marché était une fête. Les éleveurs de volailles s'habillaient. On allait à Confolens avec les paniers, en autocar. On était sûr de faire sa journée. Il n'y avait presque que nous.' Le charme des marchés en ville tient à cette survivance de la campagne pour des citadins déracinés. Même si les 50 000 forains ne représentent plus que 4,5% de la distribution alimentaire, ils perpétuent une tradition.

Secteur le plus représenté: les fruits et légumes, qui forment 53% de l'activité sur les marchés de la région parisienne. C'est le commerce qui exige le moins d'investissements: une camionnette, des tréteaux, une balance.

Les horaires du forain? Invraisemblables. 'Dix heures de boulot pour deux heures et demie d'activité payante', constate Paul, crémier, qui travaille sur dix marchés par semaine. Il se lève à 3h 30 pour recevoir les

Fig. 2 *Un si joli petit marché*

produits frais. À 5 heures, son équipe installe les tréteaux. Il remonte à
Rungis, et revient vers 7h 30. À 13h 30, le marché est terminé.

Ces 'nomades du petit commerce' sont soumis aux mêmes incertitudes
que leurs frères sédentaires, auxquelles s'ajoutent les intempéries. Une
bonne averse? La fréquentation des étalages baisse aussitôt de 25%. Selon
les activités et les régions, le chiffre des affaires du dimanche représente de
25 à 50% de celui de la semaine. Le travail des femmes, l'habitude de
grouper les achats en une seule journée, la difficulté de garer sa voiture
pendant la semaine: autant de handicaps.

On ne plaisante pas avec la fraîcheur des produits, qui est la justification
même du marché. 'Nous, on n'aime pas remballer', plaisante une commer-
çante qui brade ses derniers choux-fleurs à moitié prix. Les clients avisés
savent attendre la fin du marché pour sauter sur ces aubaines.

Si, en moyenne, les marchés sont moins chers que les grandes surfaces,
leurs prix ne sont plus aussi compétitifs qu'ils l'ont été. Notamment en
raison de la déspécialisation: on ne trouve presque plus de ces vendeurs
d'un seul produit (pommes de terre ou fruits de saison).

Quant aux associations de consommateurs, elles mènent un long combat pour l'étiquetage des produits: prix; origine exacte. Avec, en plus, le respect de l'affichage du prix au kilo de produits vendus traditionnellement à la pièce, à la botte ou en cagette.

Accoudé au zinc, son matériel remballé, Marcel, le charcutier, entouré de ses copains, explique qu'ils sont non seulement des commerçants, mais aussi des animateurs. 'Nous qui semblons être de passage, nous sommmes les vrais animateurs du quartier. La preuve, monsieur? Où les hommes politiques iraient-ils serrer les mains si on supprimait les marchés?'

Jacques Potherat
(© L'Express, 12 mai 1983)

2.2 EXERCISES

Section A
Attempt the exercises in this section before looking at the Explanations or consulting the Select Vocabulary.

2.2.1 Gist Comprehension
Give brief answers, in English, to the following questions:

(a) What were the markets like in the old days?
(b) Why do fruit and vegetables form the greater part of market business?
(c) What factors can cause uncertainty in the life of a market trader?
(d) Why have market prices become less competitive in recent years?
(e) What do the traders bring to the town, besides their trade?

2.2.2 Word Study
See if you can spot the meaning of some of the more unusual words in the passage from the following dictionary definitions:

(a) écrire peu lisiblement
(b) une marchande de poules
(c) un marchand nomade qui fréquente les foires, les marchés
(d) longue pièce de bois sur quatre pieds, servant de support à une table
(e) ensemble de marchandises exposées
(f) les rigueurs du climat
(g) se débarrasser à n'importe quel prix
(h) l'acte de marquer un objet avec un morceau de papier pour indiquer le prix, le contenu etc.

2.2.3
Write out complete sentences by combining a phrase from the left-hand column with an appropriate phrase from the right-hand column:

en griffonnant le compte
autrefois
on était sûr
même si les forains ne sont plus
   nombreux
c'est le commerce
il se lève à 3h 30
ils sont soumis aux mêmes
   incertitudes
on ne plaisante pas
on ne trouve presque plus
quant aux
Marcel explique

que leurs frères sédentaires
de faire sa journée
avec la fraîcheur
associations de consommateurs
il trouve le temps de glisser un mot
qui exige le moins d'investissements
qu'ils sont des animateurs
le marché était une fête
ils perpétuent une tradition
pour recevoir les produits frais
de ces vendeurs d'un seul produit

2.3 EXPLANATIONS

2.3.1 Select Vocabulary

griffonner	to scribble
le commerce de détail	retail trade
la volaillère	poultry merchant
un éleveur	breeder of animals
déraciner	to uproot
le forain	travelling trader
l'investissement	investment
le tréteau	trestle
le boulot (slang)	work, hard slog
les intempéries	bad weather
un étalage	display
brader	to sell off cheaply
une aubaine	piece of good luck, godsend
l'étiquetage	labelling
la botte	truss, bundle, bunch
le zinc	bar (of a café)
serrer les mains	to shake hands

2.3.2 Expressions and Idioms

mes clients, c'est devenu ma famille	my customers have become my family
Charente	département in the south-west of France, of which the capital (chef-lieu) is Angoulême.
Rungis	The main market of France, situated in the suburbs of Paris, and to

	which the Paris market, Les Halles, moved in the 1970s.
faire sa journée	to have a good day's business
la fréquentation baisse de 25%	business drops by 25%
qui est la justification même	which is the very reason by which they justify themselves
ne sont plus aussi compétitifs qu'ils l'ont été	are no longer as competitive as they were

2.3.3 Grammar

The following are the grammatical points in the text which form the basis for the exercises in Section B:

(a) **Use of the Imperfect Tense** - *grammar section 5.5.1 (b)*

(b) **Further use of sentences with si or même si** - *grammar section 5.5.1 (a), (b), (iv)*

(c) **Times, numerals, percentages** - *grammar sections 3.2.1; 3.2.2; 5.4.4 (iv)*

(d) **Use of neuter direct object le** (aussi compétitifs qu'ils l'ont été) - *see grammar section 4.1.2 (c)*

2.4 EXERCISES

Section B

2.4.1

The following expressions of time may be used to introduce statements in the Imperfect tense:

autrefois; à cette époque-là; dans le temps; il y a 50 ans.

Use these expressions to write a report on the way markets used to be, drawing from the notes and jottings below:

marché — fête; les éleveurs — s'habiller; à Confolens; sûr de faire sa journée; fruits et légumes — plus de 50% de l'activité; beaucoup moins cher que le magasin; commerçants — animateurs

2.4.2

Rewrite the following sentences using si, or même si, as in the model:

Model: Les marchés sont moins chers que les grandes surfaces, mais leurs prix ne sont plus aussi compétitifs.

Response: Si (même si) les marchés sont moins chers que les grandes surfaces, leurs prix ne sont plus aussi compétitifs.

(a) Les forains ne représentent que 4,5% de la distribution alimentaire, mais ils perpétuent une tradition.

(b) Le forain doit, bien sûr, gagner sa vie, mais ses horaires sont invraisemblables.

(c) Il n'a en fait que deux heures d'activité payante, mais le forain, lui, travaille dix heures.

(d) Les produits sont vendus à la pièce, à la botte, mais c'est le prix au kilo qui doit être affiché.

2.4.3

(a) Write three sentences to describe the working day of a market trader, giving the times from getting up to closing his stall.

(b) Translate the following paragraph, writing out figures, percentages etc. in full:

Even if the 50,000 traders only account for 4.5% of the food-distribution business, they continue an important tradition. Fruit and vegetables account for 53% of the business in the region around Paris. If there is bad weather their business can drop immediately by 25%. Their best day is Sunday when they do between 25% and 50% of their business.

2.4.4

Complete the following sentences, on the same principle as the model, by expressing a comparison and including the neuter object le.

Model: Ils sont compétitifs.
Response: Oui, mais ils ne sont pas aussi compétitifs qu'ils l'ont été.

(a) Les marchés sont très fréquentés.
(b) Les produits sont très frais.
(c) La vie du forain est incertaine.

2.5 AU JEU DU SUPERMARCHÉ SOYEZ LES GAGNANTS

Vous vous croyez libre avec votre chariot. En réalité, achats 'de réflexion' ou 'd'impulsion', le parcours est balisé, tous vos gestes sont prévus.

Supers on hypers, c'est toujours pareil. On entre par la droite, comme si on était encore au volant de sa voiture, et on plonge directement dans le superflu, dans ce qui fait rêver: photos, cinéma, loisirs, sport; ou, vins, spiritueux, boîtes de chocolat, si le magasin ne propose que l'alimentaire. Ce sont les achats que les théoriciens du marketing appellent 'de réflexion', autrement dit, ceux dont on peut se passer. On est encore tout guilleret, le chariot vide, le porte-monnaie plein, on a le temps de réfléchir, et pourquoi pas, de se laisser tenter . . . L'alimentaire est toujours au fond, et pour y parvenir, il faut traverser des rangées de robes, de colifichets ou de lingerie, destinés à tenter la courtisane qui sommeillerait en toute ménagère . . .

Et quand on achève la tournée du magasin, le chariot largement chargé de terrestres nourritures, il reste toujours une petite place pour un rouge à lèvres ou une eau de Cologne. C'était fatigant, on l'a bien mérité. Sans parler des chewing-gums aux caisses qui mettent les enfants dans un état second, et qu'on achète parce qu'à ce stade du parcours on n'a plus le courage de leur résister. Friandises, produits de toilette, ce sont les achats 'd'impulsion' que l'on trouve en fin de course.

Un hypermarché de 8 000 mètres carrés (m^2) représente une taille moyenne . . . La longueur du 'linéaire' (les 'gondoles' où sont exposés les produits) est évidemment proportionnelle à la surface du magasin. Dans votre hyper de 8 000 m^2, si, avec votre chariot, vous parcourez toute la longueur des rayons, vous aurez couvert 2,4 kilomètres. Et si votre regard détaille consciencieusement les quatre tablettes de la gondole, vous aurez effectué un voyage, visuel, de dix kilomètres. Pas étonnant qu'on éprouve une certaine lassitude. Mais ces dix kilomètres de rayons ne sont pas équivalents. Ils comportent des points chauds et des points froids. Le point chaud le plus évident: la tête de la gondole. C'est à dire ce qui se trouve au début du rayon, sous forme de bac ou de table, et qui vous propose actions et promotions en tous genres . . .

Tout au long des dix kilomètres de tablettes, est 'chaud' encore tout ce qui se trouve à hauteur des yeux. C'est là qu'on place les confitures de marque et les fruits délicats, les moutardes de luxe et les shampooings aux écorces tropicales, l'huile d'olive et les cafés de prestige. Pour l'ordinaire, allez-y accroupie, ou à quatre pattes. C'est en bas qu'on trouve la moutarde à quatre sous, la confiture toute bête, l'huile bon marché, le pain d'épice de nos grand-mères, le sucre et la farine, tous produits affectés d'une petite marge bénéficiaire. De haut en bas les différences peuvent être considérables.

Se rappeler aussi, lorsqu'on parcourt un supermarché, qu'un produit se vend d'autant mieux qu'il est présenté sur plus de longueur. C'est ce qu'on appelle 'étirer la linéaire'. Cette confiture à 6F le pot placée à hauteur des yeux occupait des mètres de rayon. Les pots du bas étaient rangés sur une courte distance et, de ce fait, doublement difficiles à voir. Ainsi, quand vous apercevez, à hauteur des yeux, des kilomètres d'un produit, soyez attentifs, ce n'est peut-être pas une excellente affaire.

Katie Breen
(© *Marie-Claire Album*, mars 1983)

2.6 EXERCISES

Section A

2.6.1 Gist Comprehension
Give brief answers, in English, to the following questions:

(a) What sort of objects does one encounter on entering the supermarket?
(b) What sort of items are 'impulse buys', and why are they at the end of the store?
(c) What do you understand by points chauds and points froids, and what is an example of a point chaud?
(d) What is one of the techniques used in supermarkets to attract attention to a particular product?

2.6.2 Word Study

(a) On the left is a list of words and their meanings. These words are related to the words taken from the text which are listed on the right. With the aid of the meanings given, guess the sense of the words from the text:

acheter	to buy	achat
autre	other	autrement dit
tentation	temptation	se laisser tenter
ménage	household	ménagère
tourner	to turn	tournée
friand de	fond of (food)	friandise
écorcer	to remove bark	écorce

(b) Guess the meaning of the following words in the context of the passage:

le superflu; tout guilleret; colifichets; dans un état second; bac; accroupie; une petite marge bénéficiaire.

2.6.3
Rewrite the following passage putting in all the punctuation and accents:

Et quand on acheve la tournee du magasin le chariot largement charge il reste toujours une petite place pour un rouge a levres c'etait fatigant on l'a bien merite sans parler des chewing-gums aux caisses qui mettent les enfants dans un etat second et qu'on achete parce qu'a ce stade du parcours on n'a plus le courage de leur resister friandises produits de toilette ce sont les achats d'impulsion que l'on trouve en fin de course.

28

2.7 EXPLANATIONS

2.7.1 Select Vocabulary

le super = supermarché	supermarket
le hyper = hypermarché	hypermarket
le parcours	course
baliser	to mark out with beacons
se passer de	to do without
guilleret	sprightly, lively
le colifichet	knick-knack, trifle
éprouver	to feel
le bac	receptacle, container
une écorce	bark of tree
le pain d'épice	gingerbread

2.7.2 Expressions and Idioms

autrement dit	in other words
de terrestres nourritures	the fruits of the earth
sans parler de	not to mention
dans un état second	beside onself (with excitement)
m² = mètres carrés	square metres
en tous genres	of all kinds
à hauteur des yeux	at eye-level
à quatre pattes	on all fours
affecter	to give, allocate
une petite marge bénéficiaire	a small profit margin
d'autant mieux que	all the better since

2.7.3 Grammar
The following are the grammatical points in the text which form the basis for the exercises in Section B.

(a) **Omission of the article** – *grammar section 2.4*

(b) **ce qui, ce que and revision of relative pronoun** – *grammar section 4.3.2 (b); 4.4*

(c) **Conditional of reported speech (qui sommeillerait)** [– *grammar sections 5.5.1 (i), (ii)*]

2.8 EXERCISES

Section B

2.8.1
In each of the following items you are asked to take note of the model from the text, then to translate the English phrases on the same pattern.

(a) *Model:* En réalité, achats de 'réflexion' ou 'd'impulsion', le parcours est balisé.
Translate: In fact, whether chocolates or wines, they are found near the entrance.

(b) *Model:* Ce qui fait rêver, photos, cinéma, loisirs, sport.
Translate: All that I like best, wines, spirits, beers.

(c) *Model:* Des rangées de robes, des rayons de confitures.
Translate: Everywhere I see rows of dresses, and shelves of tit-bits all at eye level.

(d) *Model:* en toute ménagère; en tous genres.
Translate: In every hypermarket there are products of every kind.

2.8.2
Rewrite the following pairs of sentences, so that each pair becomes one sentence by the use of a relative pronoun.

Model: Je me méfie des achats d'impulsion. Ils me tentent trop facilement.
Response: Je me méfie des achats d'impulsion qui me tentent trop facilement.

(a) Voilà les produits. Les spécialistes les appellent 'achats d'impulsion'.
(b) Ce sont les achats de réflexion. On peut se passer de ces produits.
(c) Voilà un rouge à lèvres. Je l'ai acheté en fin de course.
(d) Cinéma, loisirs, sport font rêver. Cela est dangereux quand le porte-monnaie est plein.
(e) La visite d'un supermarché est pleine de surprises. Cela m'est toujours un plaisir.

2.8.3
Rewrite the following passage as though it were a newspaper article couched in the Conditional of reported speech.
For example: La courtisane qui sommeillerait en toute menagere. (The courtesan who is supposed to slumber in every housewife.)

Ce magasin ne propose que de l'alimentaire, mais le propriétaire offre des friandises aux enfants et les confitures de marque se vendent bien. Tout ce qui est à hauteur des yeux est bon marché, ce qui n'est pas le cas toujours.

2.8.4 (Conditional Past – *grammar section 5.5.1 (j)*)

Look at the list of commands below:

Entrez dans le magasin.
Faites tout le parcours.
N'achetez rien, mais regardez toute la longueur des rayons.
Regardez tout particulièrement ce qui se trouve à hauteur des yeux.
Notez les prix.
Sortez et regagnez votre voiture.

In fact, you decided not to follow these instructions, but write down what you would have done, if you had obeyed.
For example: J'aurais fait tout le parcours, etc.

D.2 DIALOGUE 📼

Isabelle discusses with Élisabeth the pros and cons of shopping in markets or supermarkets.

Isabelle: Alors, ta préférence, c'est d'aller au marché, non?

Élisabeth: Oui, pour les légumes frais, pour les fruits, les oeufs. Mais pour certains produits l'intérêt est dans les grandes surfaces.

Isabelle: Pour quels produits, par exemple?

Élisabeth: Pour des produits d'entretien, pour des produits de fond, comme tout ce qui est l'huile, le sucre, le café; des choses comme ça, on ne trouve pas dans les petits marchés. Alors, là, on est obligé d'aller dans les grandes surfaces.

Isabelle: Oui, alors, pourquoi aller chercher des légumes plutôt au marché, que dans les petits magasins?

Élisabeth: Parce qu'ils les apportent frais, le jour de leur marché. Et puis, parce qu'il y en a un grand choix, une grande quantité, qu'on peut choisir davantage. On a l'impression que c'est plus agréable d'acheter ses fruits et légumes au marché.

Isabelle: Oui, c'est ça, c'est surtout parce que c'est plus agréable.

Élisabeth: Oui, c'est plus agréable, parce que c'est dehors. Et puis, les fruits et les légumes dans les grandes surfaces sont davantage remués par les gens. Et puis, on n'a pas de contact du tout avec les commerçants. Au marché, on peut discuter avec la dame, est-ce que celui-ci est mûr? ou, aujourd'hui est-ce qu'il vaut mieux prendre telle chose ou telle autre.

Isabelle: En général, ils vous renseignent, alors, en plus.

Élisabeth: Oui, ils vous renseignent, ils donnent quelquefois une recette. Dans la grande surface, c'est très impersonnel.

Isabelle: Oui, c'est vrai.

Élisabeth: On choisit, on met dans un sac, on fait peser, personne ne vous dit un mot; ça manque de charme.

Isabelle: Oui, alors le marché, c'est mieux que le petit commerçant du coin?

Élisabeth: Le commerçant du coin, il choisit lui-même, tandis qu'au marché on peut choisir soi-même.

Isabelle: Ah oui, donc, ça serait plutôt ça l'avantage, en plus de . . . .

Élisabeth: Le petit commerçant du coin est un petit peu plus cher, en plus, souvent. Il a un avantage, c'est qu'il est ouvert toute la journèe, toute la semaine, tandis que le marché, c'est un jour fixe.

Isabelle: Et tout le monde va au marché; c'est aussi une espèce de réunion pour la ville, non?

Élisabeth: C'est plus agréable d'aller au marché, parce que c'est une recontre d'une grande quantité de gens.

Isabelle: Et puis, ça donne à la ville une espèce de caractère de fête, non?

Élisabeth: Un petit peu. Les jours de marché sont des jours très différents. La ville est beaucoup plus animée.

Isabelle: Et toi, tu y vas souvent?

Élisabeth: Moi, j'habite loin. Plusieurs fois j'ai attrapé une contravention, parce que j'avais mal garé ma voiture. Et alors, mon marché m'est revenu très cher. Parce que j'habite loin. Mais si j'habitais près, je crois que je ferais absolument toutes mes courses de fruits et légumes au marché. Même un peu de charcuterie aussi, parce qu'il y a des très bons charcutiers qui s'installent. Et puis, les oeufs, le beurre, le fromage également.

Isabelle: Et alors, la grande surface, c'est surtout pour qui?

Élisabeth: Aux grandes surfaces ce sont surtout des gens qui travaillent, d'abord, parce qu'ils ne peuvent pas aller un jour fixe au marché, alors, ils vont à la grande surface après le travail, ou le samedi, en famille, et en même temps ils profitent pour regarder les vêtements, et des tas de produits qu'on ne vend pas au marché, des produits d'entretien, des choses comme ça. Dans les supermarchés on est très tenté. On sort avec un caddie bourré de choses dont on n'a pas besoin. Au marché on va essentiellement chercher ce dont on a besoin. Dans les grandes surfaces on arrive à acheter parce que c'est en réclame, on en vend deux pour un. Il y a toujours une chose pour vous tenter.

Isabelle: Mais alors, quand même, pour les gens qui travaillent, c'est pratique à cause des horaires. C'est ouvert jusqu'à quelle heure, en général, les grandes surfaces?

Élisabeth: Deux ou trois fois par semaine il y a ce qu'ils appellent les nocturnes, c'est souvent ouvert jusqu'à dix heures du soir. Ça permet donc à beaucoup de gens qui sortent à six heures de faire leurs courses.

Isabelle: Et en plus, ils attirent la clientèle avec des petits magasins dans la galerie.

Élisabeth: Oui, et puis, beaucoup de réclames. Tel jour vous avez deux saucissons pour le prix d'un.

Isabelle: Oui, des tas de promotions, quoi?

D.2.1 EXERCISES

Section A
Attempt the exercises in this section before consulting the Explanations and Vocabulary.

D.2.1.1
Below are a list of products which may be bought either at the market or supermarket. Listen to the tape and then make lists of items under headings **Petit Marché** or **Supermarché**, according to where the speaker prefers to do her shopping.

	Petit Marché	Supermarché
les légumes frais		
l'huile		
le café		
les oeufs		
les fruits		
la charcuterie		
le beurre		
le fromage		
le sucre		

D.2.1.2
Below is a list of statements made in the text which refer either to les petits marchés, or to les petits commerçants or to les grandes surfaces. As in the previous exercise, make lists under each heading, according to what the speaker claims are the advantages and disadvantages of the various ways of shopping:

	les petits marchés?	les petits commerçants?	les grandes surfaces?
les légumes sont frais			
il y a un grand choix			
l'ambiance est plus agréable			
ça se trouve dehors			
on a contact avec les commerçants			

c'est impersonnel
ça manque de charme
on peut choisir soi-même
il est ouvert toute la journée
c'est ouvert à un jour fixe
une espèce de réunion pour la ville
un caractère de fête
pour des gens qui travaillent
on peut y aller en famille
il y a des articles en réclame
c'est ouvert le soir
il y a des tas de promotions

D.2.2 EXPLANATIONS AND VOCABULARY

les produits d'entretien	domestic cleaning products
les produits de fond	basic essentials
sont davantage remués	are handled more often
est-ce qu'il vaut mieux prendre telle chose ou telle autre	is it better to take one item or the other
on fait peser	you get it weighed
le petit commerçant du coin	the little corner-shop
une espèce de caractère de fête	a sort of festival air
j'ai attrapé une contravention	I picked up a fine
j'avais mal garé ma voiture	I parked my car in the wrong place
mon marché m'est revenu très cher	my market worked out expensive
on est très tenté	there are a lot of temptations
le caddie	supermarket trolley
bourré de choses	stuffed full with things
en réclame	on offer
des tas de promotions	masses of special offers

D.2.3 EXERCISES

Section B

D.2.3.1

In **D.1.3** (Chapter 1) attention was drawn to the range of words and phrases which aid the flow of conversation, particularly words such as **alors, donc, quand même**. You will notice how frequently these words and phrases are also used in this conversation, and some new ones as well. For example, for maintaining the flow:—

> alors là,
> et puis. . .
> en plus

An alternative to using **non?** at the end of a sentence asking for an opinion is to use **quoi?** (as in the final sentence of the text)

A way of expressing agreement is **c'est ça.**

Taking account of these turns of phrase, rewrite the following passage, filling the gaps with words and phrases taken from the list below:

A: . . . . . . votre préférence, c'est d'aller au marché . . . . . .?

B: Pour des légumes frais. Mais il y a des choses qu'on ne trouve pas dans les marchés. . . . . . . on est obligé d'aller dans les grandes surfaces.

A: Ah, oui, ... Mais pourquoi le marché plutôt que les petits magasins?

B: Parce que c'est plus frais. . . . . . il y a un grand choix. . . . . . c'est plus agréable.

A: Oui, ..., c'est plus agréable.

B: Oui, ... ça se trouve dehors, ... Au supermarché on n'a pas de contact avec les gens.

A: Au marché on vous renseigne, ..., en plus?

B: Oui, ... c'est un autre avantage . . . . . .?

A: . . . . . ., les grandes surfaces, c'est surtout pour quoi?

B: Ce sont surtout des gens qui travaillent qui y font leurs courses. . . . . . ça reste ouvert le soir.

A: Ah oui, ..., il y a ce qu'on appelle les nocturnes, ...?

B: . . . . . ., beaucoup de réclames.

(Several items in the following list may be used more than once in the above text.)

alors; non? alors là; c'est ça; et puis; en plus; quand même; quoi? finalement;

D.2.3.2

Take your part in the following conversation, basing your replies on the cues given in brackets.

A: Alors, vous préférez faire vos courses dans le marché?

B: (Say yes, especially for fresh vegetables and fruit.)

A: Mais on peut acheter des légumes dans les petits magasins, non?

B: (Say yes, but they are fresher in the market, and there is a wider choice. Besides, it's more pleasant in the market.)

A: Oui, c'est vrai, c'est plus agréable. Et on a plus de contact avec les commerçants, non?

B: (Say yes, it's possible to chat to the stall-holders. In the supermarket everything is always very impersonal.)

A: Pourquoi est-ce qu'on va dans les grandes surfaces, alors?

B: (Say there are some products which are not sold in the market. Besides, there are great advantages for people who work, because the supermarkets stay open late in the evening.)

A: Ils ont beaucoup de façons d'attirer la clientèle, je crois.

B: (Say yes, above all by having masses of goods on offer.)

CHAPTER 3

LES FRANÇAIS QUI
VOYAGENT

The French, it is said, love their trains, and it certainly seems to be true when one considers the loving care devoted to building up the network of TGV services, and the pride in the speed and timekeeping of these modernistic machines. Compared with such technical perfection, Christiane Rochefort's account of a holiday journey is all too human, and equally true.

3.1 S.N.C.F.: LA VOIE ROYALE

Un train plus rapide que l'avion?
En tout cas, les cheminots l'ont déjà baptisé
T.rès G.rande V.ictoire

Avec son museau pointu, le T.G.V. ressemble à un avion; il file vers l'horizon comme un avion et, à l'heure du déjeuner, les hôtesses, en petite veste Carven, qui vous apportent un plateau, semblent tomber du ciel. Pourtant le T.G.V. n'est pas un avion mais un train. 'Le' train. Le champion du monde des trains . . . Non contente de battre les Japonais qui, jusqu'ici, tenaient avec le Shinkansen le train le plus rapide du monde, la S.N.C.F. veut aussi concurrencer les jets d'Air Inter. Affaire de prestige: il ne faut pas laisser à l'avion le monopole du transport moderne et performant. Le T.G.V. se veut un train chic, mais également un train pour tous à l'heure où la vitesse se démocratise. Question de rentabilité, aussi: en tout, le train à grande vitesse aura coûté quelque six milliards et demi de francs. Cela correspond à une année d'investissements à la S.N.C.F. Pour désengorger la ligne la plus saturée de France, qui dessert près de 40% de la population du pays, la vieille dame da la rue Saint-Lazare a donc décidé de lâcher les freins. Onze millions de voyageurs se pressaient jusqu'ici sur cette voie royale. Les nouvelles rames du train à grande vitesse permettront bientôt d'accueillir sur le trajet Paris–Lyon dix-sept millions de passagers. Au prix,

Fig. 3 *Le T.G.V. en service*

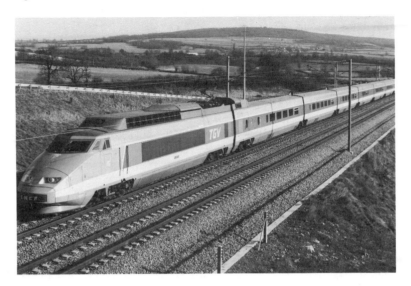

il est vrai, d'une campagne de publicité monstre (évaluée à huit millions de francs) sur un thème censé être payant: 'Gagnez du temps sur le temps!'

Nouveau train, nouvelle image du chemin de fer. Treize liaisons dans chaque sens (dix-huit le vendredi), avec les départs cadencés chaque jour. Cela vous a des petits airs de navette à l'américaine. Seule différence: il n'est pas question de monter dans le T.G.V. sans avoir réservé. Oh! là aussi, le système a été entièrement repensé: la vente des billets ainsi que la réservation obligatoire pourront se faire jusqu'au dernier moment grâce à des appareils – reliés à un ordinateur central – installés derrière les guichets, dans les agences de voyage et même à l'entrée des quais. Le distributeur automatique de réservations qui porte le joli nom de 'Réséda', est la vraie nouveauté du T.G.V. Désormais le concept de place réservée n'existe plus puisque toutes le sont et qu'on ne rencontrera plus dans le T.G.V. de voyageurs debout ou assis, au détour des couloirs, sur des amas de valises.

Dans le T.G.V., la station debout n'est pas seulement bannie pour des raisons de sécurité, encore qu'à deux cent soixante à l'heure le coup de frein puisse être dangereux. Mais surtout en fonction d'impératifs de confort: le nouveau train laisse peu de place à la bousculade traditionnelle. En seconde, ou en première classe, la voiture T.G.V. se veut à l'image d'une cabine d'avion. Plus de compartiment, une allée centrale permettant tout juste le passage de l'hôtesse et de son chariot-repas, des files de sièges orientables.

'Le T.G.V. n'est pas un avion sur rail', explique Georges Vialle, chef du marché Sud-Est, à la S.N.C.F., 'mais un train qui a de nouveaux atouts, un train d'une nouvelle génération accessible à tous.'

(© *Le Nouvel Observateur* 19 septembre 1981)

3.2 EXERCISES

Section A
Attempt the exercises in this section before looking at the Explanations or consulting the Select Vocabulary.

3.2.1 Gist Comprehension
(a) What are the similarities between the T.G.V. and an aeroplane?
(b) What is new about the T.G.V. as regards seat reservations?
(c) For what reasons is standing not permitted?

3.2.2 Word Study
Look through the text and find the words that correspond to the following dictionary definitions.

(a) qui donne un bénéfice suffisant
(b) faire cesser d'être obstrué ou bloqué
(c) file de wagons attelés
(d) qui est supposé, regardé, comme. . .
(e) conforme à un rythme ou à une répétition régulière
(f) remous de foule; acte de pousser brutalement par inadvertance
(g) moyen de réussir; (aux jeux de cartes, couleur choisie qui gagne sur toutes les autres.)

3.2.3
In building up sentences in a foreign language, words like **pourtant, donc, puisque, mais également** are important in developing the argument and aiding the flow of the style. To develop the feel for such forms of expressions, write out whole sentences by combining a phrase from the left-hand list below with an appropriate phrase from the right-hand list.

(a) Le T.G.V. ressemble à un avion	mais également un train pour tous
(b) Non contente de battre les Japonais	puisque toutes les places sont réservées
(c) Le T.G.V. se veut un train chic	pourtant il n'est pas un avion
(d) Pour désengorger la ligne	mais un train qui a de nouveaux atouts

(e) Il n'est pas question

mais surtout en fonction d'impératifs de confort

(f) le concept de place réservée
n'existe plus

la S.N.C.F. veut aussi concurrencer
les jets

(g) La station debout n'est pas seulement bannie pour des raisons
sécurité

de monter dans le T.G.V. sans avoir
réservé

(h) Le T.G.V. n'est pas un avion sur
rail

la S.N.C.F. a donc décidé de lâcher
les freins

3.3 EXPLANATIONS

3.3.1 Select Vocabulary

le museau	muzzle, snout
T.G.V.	Train à Grande Vitesse
S.N.C.F.	Société Nationale des Chemins de Fer Français
la rentabilité	financial viability
désengorger	to unblock, relieve the load
desservir	to serve (used with forms of transport)
la rame	train, string of coaches
cadencé	regular
la navette	shuttle
un ordinateur	computer
le guichet	ticket-window
désormais	from now on
un amas	heap, mass, pile
la bousculade	jostling, crush
un atout	trump card, advantage

3.3.2 Expressions and Idioms

le T.G.V. se veut un train chic	. . . wants to be, behaves as if it is. . .
la vieille dame de la rue Saint-Lazare	(a reference to the S.N.C.F.)
lâcher les freins	to release the brakes
un thème censé être payant	supposedly, supposed to be profit-able
cela vous a des petits airs. . .	it all seems to have a little touch of. . .
il n'est pas question de	there is no question of
grâce à	thanks to
en fonction de	according to
encore que	although

40

3.3.3 Grammar
The following are the grammatical points in the text which form the basis for the exercises in Section B.

(a) **Future Tense and Future Perfect (permettront; aura coûté)** – *grammar section 5.5.1 (g), (h)*

(b) **encore que + Subjunctive** – *grammar section 5.5.3*

(c) **Use of quelque (invariable) to mean environ** – *grammar section 3.2.8 (g)*

(d) **Use of où as Relative Pronoun (à l'heure où)** – *grammar section 4.4.1; 4.4.2 (f)*

3.4 EXERCISES

Section B

3.4.1
The T.G.V. is now a fact, but imagine the discussions that went on at the planning stage some years ago. The notes below were perhaps made at such a planning meeting. Write a passage of continuous French based on these notes, in the Future Tense.

T.G.V. - museau pointu; ressembler à un avion? sièges-avion; battre le record du monde; desservir le trajet Paris–Lyon tout d'abord; pas question de monter dans le train sans réservation; station debout bannie; allée centrale permettre passage du chariot-repas; hôtesses pouvoir passer.

3.4.2
Below is a list of statements containing hopes for the future of the T.G.V., with the verbs in the infinitive. Rewrite each statement, looking to the future, and saying what *will have* been achieved in a few years' time.
For example: Le T.G.V. aura coûté quelque six milliards et demi de francs.

(a) battre le record du monde
(b) être rentable
(c) désengorger la ligne la plus saturée de France
(d) permettre d'accueillir dix-sept millions de passagers sur le trajet Paris–Lyon
(e) concept de place réservée – disparaître
(f) T.G.V. bannir station debout

3.4.3
In the passage about the T.G.V., the author uses encore que followed by the Subjunctive to mean 'although'. This is a rather literary use, and either

bien que or quoique would more normally be used in conversation. These are also both followed by the Subjunctive (*see grammar section 5.5.3*). Rewrite the following sentences, following the example of the model, and using any of these three ways of expressing 'although'.

Model: L'avion est plus rapide, mais le train veut le concurrencer.
Response: Bien que l'avion soit plus rapide, le train veut le concurrencer.

(a) Le T.G.V. est un train de luxe, mais c'est un train pour tous.
(b) Le T.G.V. a coûté cher, mais il sera rentable.
(c) Il y a eu une campagne de publicité monstre, mais le thème est censé être payant.
(d) La réservation est obligatoire mais on peut la faire jusqu'au dernier moment.
(e) À deux cent soixante à l'heure le coup de frein peut être dangereux, mais ce n'est pas par raison de sécurité que la station debout est bannie.
(f) Le T.G.V. a certaines caractéristiques de l'avion, mais c'est bien un train, un train d'une nouvelle génération.

3.4.4 Translate into French (Retranslation)

(a) The concept of a reserved seat no longer exists, since they all are.
(b) The sale of tickets as well as the compulsory reservation can be done at the last minute.
(c) The train will have cost some six and a half billion francs.
(d) It is a train for everybody at the moment when speed is becoming democratic.

3.5 LES VACANCES

Alors arrivèrent les vacances. Ce n'était pas leur faute. L'usine fermait en août. Cette fois on n'irait pas chez la grand-mère à Troyes lui biner ses carrés et retaper ses cabanes à lapin pour revenir avec des ampoules et des tours de rein, on irait dans un hôtel à la campagne, comme les vraies gens qui vont en vacances, et on se reposerait pour de bon, du matin au soir, sans rien faire que respirer le bon air et faire des réserves de santé pour la rentrée, on partirait le, on irait par, on mangerait à. Bref, en un rien de temps ils avaient réussi à transformer la fête en un sacré emmerdement. On en parlait depuis Pâques; l'itinéraire; l'hôtel; le programme; l'horaire . . . .
On arriva. On réveilla l'hôtel. Le patron avait donné une des chambres, ne nous voyant pas arriver, en saison on ne peut pas garder ses chambres vides. On s'installa dans deux, en attendant un départ. Le lendemain, les vacances commencèrent. Je m'attendais à aimer la Nature. Non.

C'étaient les mêmes gens, en somme, que je voyais d'habitude, qui étaient là. La différence était qu'on était un peu plus entassés ici dans ce petit hôtel qu'à Paris, où on avait au moins chacun son lit; et qu'on se parlait. Comme ils disaient, en vacances on se lie facilement. Je ne vois pas comment on aurait pu faire autrement, vu qu'on se tombait dessus sans arrêt, qu'on mangeait ensemble à une grande table, midi et soir, et que dans la journée on allait pratiquement aux mêmes endroits. Avec ça qu'on n'avait rien à faire du matin au soir, puisque justement on était là pour ça, et même il n'y avait pas de télé pour remplir les moments creux, avant le repas, alors ils se payaient des tournées et causaient.

Christiane Rochefort
Les Petits Enfants du Siècle
(© Éditions Bernard Grasset, 1961)

3.6 EXERCISES

Section A
Attempt the exercises in this section before looking at the Explanations or consulting the Select Vocabulary.

3.6.1 Gist Comprehension
Answer the following questions, briefly, in English.

(a) Where are they going for holidays this year, and what does she hope to do?
(b) The same people are on holiday, so what is different from usual?
(c) In what ways are the holiday-makers all thrown together?

3.6.2 Vrai ou Faux?
Read the passage again and then attempt, from memory, to say whether the following statements are *True* or *False*.

(a) L'usine fermait en juillet.
(b) On n'irait pas chez la grand-mère.
(c) On en parlait depuis Noël.
(d) On s'installa dans deux chambres.
(e) On était plus entassés qu'à Paris.
(f) On mangeait à des tables séparées.
(g) On n'avait rien à faire du matin au soir.
(h) Il y avait un télé pour les moments creux.

43

3.6.3
Rewrite the following passage inserting punctuation and accents as required.

Je ne vois pas comment on aurait pu faire autrement vu qu'on se tombait dessus sans arret qu'on mangeait a une grande table midi et soir et qu'on allait aux memes endroits avec ca qu'on n'avait rien a faire puisque justement on etait la pour ca et meme il n'y avait pas de tele pour remplir les moments creux avant le repas alors ils se payaient des tournees.

3.7 EXPLANATIONS

3.7.1 Select Vocabulary

biner	to hoe
un carré	a square, a patch of land
retaper	to fix, to do up
une ampoule	blister
des tours de rein	back-ache
un emmerdement (vulgar)	a damned nuisance
entasser	to pile up
les moments creux	the slack periods

3.7.2 Expressions and Idioms

pour de bon	really, for real
on partirait le, on irait par, on mangerait à	we would leave on such and such a day, by such and such a route, and eat at such and such a place
on aurait pu faire autrement	we could have done it differently
vu que	in view of the fact that, seeing that
se tomber dessus	to be on top of one another, in one another's way

3.7.3 Grammar
The following are the grammatical points in the text which form the basis for the exercises in Section B.

(a) Use of Past Historic - *grammar section 5.5.1 (c)*

(b) Use of Conditional - *grammar section 5.5.1 (i)*

(c) Use of chacun - *grammar section 3.2.4 (c); 4.6 (c)*

3.8 EXERCISES

Section B

3.8.1
The following passage is written in the present tense. Rewrite the passage, starting with the phrase, l'année dernière, and putting the verbs underlined into the Past Historic.

Les vacances commencent début juillet. On part très tôt le matin et on arrive le soir. On s'installe dans les chambres. Le matin on se réveille et les enfants s'en vont chercher la plage. Mon mari et moi, nous restons au lit jusqu'au petit déjeuner. Nous descendons déjeuner avec les autres gens et nous mangeons à une grande table ensemble. Puis, les autres sortent et les enfants rentrent manger.

3.8.2
Below are a list of things which you might possibly wish to do on holiday, if only you could get away. Write about these things using the Conditional. *For example:* If it says se reposer pour de bon (je), answer je me reposerais pour de bon.

se reposer pour de bon (je)
se faire des réserves de santé (nous)
partir au début des vacances (ils)
traverser des paysages magnifiques (vous)
manger dans de bons restaurants (je)
oublier tous ses problèmes (je)
visiter les châteaux (nous)
se bronzer sur la plage (je)

3.8.3
Rewrite the following passage from which important connecting words have been left out. Choose words from the list beneath to make sense of the passage as a whole.

. . . . . . arrivèrent les vacances. L'usine fermait . . . . . . août . . . . . . fois on n'irait pas . . . . . . la grand-mère, on irait . . . . . . un hôtel à la campagne . . . . . . les vraies gens. On . . . . . . parlait depuis Pâques. Mais c'étaient les mêmes gens, en . . . . . ., que je voyais d'habitude. Mais on était plus entassés qu'à Paris . . . . . . on avait au moins . . . . . . son lit.

comme; en; chacun; alors; cette; dans; somme; où; cette; chez; en.

3.8.4 Retranslation

The following phrases all appear in the text. Attempt to translate them back into French without looking again at the original.

(a) We would have a really good rest.
(b) Without doing anything except breathing good fresh air.
(c) They were the same people, in general, that I usually saw.
(d) At least each of us had his own bed.
(e) I don't see how one could have done it differently.
(f) Seeing that we went to practically the same places.
(g) There was not even a telly.

PROMENADES LITTÉRAIRES I

PROMENADES LITTÉRAIRES I

The passages chosen for detailed study in Part I of this book have already shown how dangerous it can be to make generalisations about national characteristics. Such generalisations often end up as no more than empty prejudices or clichés of doubtful value. It would be equally dangerous to make generalisations about French literature, but what can be said with a measure of truth is that French writing has often demonstrated concern for those qualities of elegance and clarity which were mentioned in the review of Zeldin's book. Such qualities achieved remarkable expression during the seventeenth century, when the French language was developed and refined as an unrivalled tool of analysis for the emotions and for states of mind.

PL 1.1 MAXIMES

The first of the extracts chosen dates from 1655, when the Duc de La Rochefoucauld published his *Maximes*. These short, epigrammatic statements about human weaknesses are grouped around a central, pessimistic thesis, that all human actions can be explained in terms of self-love, or *amour-propre*.

Nos vertus ne sont, le plus souvent, que des vices déguisés.

Les vertus se perdent dans l'intérêt, comme les fleuves se perdent dans la mer.

Le refus des louanges est un désir d'être loué deux fois.

La clémence des princes n'est souvent qu'une politique pour gagner l'affection des peuples.

L'amour de la justice n'est, en la plupart des hommes, que la crainte de souffrir l'injustice.

Francois, Duc de La Rochefoucauld (1613–80)

50

PL 1.2 LA CIGALE ET LA FOURMI 📼

Jean de La Fontaine was younger than La Rochefoucauld, and was a friend
of some of the greatest figures of the age of Louis XIV, including Molière
and Racine. His *Fables* are among the immortal works of the French
language, known to everyone from childhood. Though without the cynic-
ism and high seriousness of La Rochefoucauld, they illustrate the same
concern to analyse and comment on human behaviour (though in the guise
of animals), and their language is a constant joy, blending humour with
exactness of observation.

La cigale, ayant chanté
　　　Tout l'été,
Se trouva fort dépourvue
Quand la bise fut venue:
Pas un seul petit morceau
De mouche ou de vermisseau:
Elle alla crier famine
Chez la fourmi sa voisine,
I a priant de lui prêter
Quelque grain pour subsister
Jusqu'à la saison nouvelle:
«Je vous paierai, lui dit-elle,
Avant l'août, foi d'animal,
Intérêt et principal.»
La fourmi n'est pas prêteuse;
C'est là son moindre défaut:
«Que faisiez-vous au temps chaud?
Dit-elle à cette emprunteuse.
— Nuit et jour à tout venant
Je chantais, ne vous déplaise.
— Vous chantiez! J'en suis fort aise.
Eh bien, dansez maintenant.»

Jean de La Fontaine (1621–1694)
From *Fables*, Premier Recueil, 1668

PL 1.3 ARRIAS

It was towards the end of the century that La Bruyère became private tutor
to the family of the duc de Bourbon, and found that life on the edge of
high society offered an unrivalled observation post for his analysis of human

motives. The 'Portrait', like the 'Maxime', was a favourite literary form for an age which delighted in the precision and elegance of a witty, epigrammatic style of language addressing itself to stripping away the layers of social vanity to reveal motives and emotions common to all humanity. La Bruyère's observations bring the Portrait to its most perfect expression.

Arrias a tout lu, a tout vu, il veut le persuader ainsi; c'est un homme universel, et il se donne pour tel: il aime mieux mentir que de se taire ou de paraître ignorer quelque chose. On parle, à la table, d'un grand, d'une cour du Nord: il prend la parole, et l'ôte à ceux qui allaient dire ce qu'ils en savent; il s'oriente dans cette région lointaine comme s'il en était originaire ; il discourt des moeurs de cette cour, des femmes du pays, de ses lois et de ses coutumes: il récite des historiettes qui y sont arrivées; il les trouve plaisantes, et il en rit le premier jusqu'à éclater. Quelqu'un se hasarde de le contredire, et lui prouve nettement qu'il dit des choses qui ne sont pas vraies. Arrias ne se trouble point, prend feu au contraire contre l'interrupteur.

'Je n'avance,' lui dit-il, 'je ne raconte rien que je ne sache d'original: je l'ai appris de *Séthon*, ambassadeur de France dans cette cour, revenu à Paris depuis quelques jours, que je connais familièrement, que j'ai fort interrogé, et qui ne m'a caché aucune circonstance.' Il reprenait le fil de sa narration avec plus de confiance qu'il ne l'avait commencée, lorsqu'un des conviés lui dit: 'C'est Séthon à qui vous parlez, lui-même, et qui arrive de son ambassade.'

Jean de La Bruyère (1645–96)

PL 1.4 'IL FAUT CULTIVER NOTRE JARDIN'

Voltaire, (born François-Marie Arouet) was born two years before the death of La Bruyère, and with Louis XIV still at the height of his power. When Voltaire died in 1778, the Revolution was only a few years away, and the intellectual life of the eighteenth century had radically changed man's view of himself and of society. Voltaire was among the most significant writers and thinkers to bring about that change. He inherits from the seventeenth century the French language as the supreme tool of clarity, analysis, irony and elegance. He applies his gifts to combating mysticism and religious faith, when these appear as superstitions, and as a source of suffering and extremism. For Voltaire the spirit of reason should lead to the search for earthly happiness without the unwieldy superstructure of metaphysics. Among his many works, *Candide* is probably the best-known, a conte telling a story as a pretext for revealing Voltaire's ideas — scepticism about Providence; the absurdity of religions; the possibility of finding some happiness here and now. In the final paragraph of the book, when Candide and his beloved Cunégonde have survived countless upheavals and the worst of fortune, the philosopher Pangloss is still able to claim that 'all is for the best, in the best of all possible worlds'.

— Je sais aussi, dit Candide, qu'il faut cultiver notre jardin.

— Vous avez raison, dit Pangloss, car quand l'homme fut mis dans le jardin d'Éden, il y fut mis *ut operaretur eum*, pour qu'il travaillât: ce qui prouve que l'homme n'est pas né pour le repos.

— Travaillons sans raisonner, dit Martin; c'est le seul moyen de rendre la vie supportable.

Toute la petite société entra dans ce louable dessein; chacun se mit à exercer ses talents: la petite terre rapporta beaucoup. Cunégonde était, en vérité, bien laide, mais elle devint une excellente pâtissière; Paquette broda, la vieille eut soin du linge. Il n'y eut pas jusqu'à frère Giroflée qui ne rendît service; il fut un très bon menuisier, et même devint honnête homme; et Pangloss disait quelquefois à Candide: 'Tous les événements sont enchaînés dans le meilleur des mondes possible; car enfin, si vous n'aviez pas été chassé d'un beau château à grands coups de pieds dans le derrière pour l'amour de Mlle. Cunégonde, si vous n'aviez pas été mis à l' Inquisition, si vous n'aviez pas couru l'Amérique à pied, si vous n'aviez pas donné un bon coup d'épée au baron, si vous n'aviez pas perdu tous vos moutons du bon pays d'Eldorado, vous ne mangeriez pas ici des cédrats confits et des pistaches.

— Cela est bien dit, répondit Candide: mais il faut cultiver notre jardin.'

Voltaire (1694-1778)
Extract from *Candide*, 1759

PL 1.5 AU BORD DU LAC 🔲

If Voltaire spans the seventeenth and eighteenth centuries, then Rousseau can be seen as spanning the eighteenth and nineteenth. Not in the sense that he lived into the nineteenth century. He actually died in the same year as Voltaire. But his language and his ideas reach out beyond his own time, into the period of Romanticism and after. He was born in Geneva, in 1712, of a Protestant family with French origins, and first became known when he won the prize of the Académie de Dijon, in 1750, for an essay entitled *Discours sur les Sciences et les Arts*. Rousseau's writings range over politics, where he examines the origins of inequality among men, and education, where he pleads for what would nowadays be called a 'child-centred approach'. A substantial part of his writing is intensely personal and autobiographical, a vein of experience which had been almost wholly neglected in the French literature of the previous 200 years, but which responded to some mood of the time, and which proved the forerunner of a wave of highly personal writing during the Romantic period. The *Confessions* were written partly in self-justification. Rousseau read passages at literary salons in 1770-1, but these readings were banned, and the work was not published until after his death. Besides their theme of self-revelation, they are revolutionary in their use of language. Rousseau's lyrical style brings a colour and sensibility back to the language, qualities which had been left to one side during its development as a tool of intellectual debate and emotional analysis.

Towards the end of his life, Rousseau, convinced that he was persecuted by society, found repose in retreat from the world, and in the delights of nature and solitude.

Quand le lac agité ne me permettait pas la navigation, je passais mon après-midi à parcourir l'île, en herborisant à droite et à gauche, m'asseyant tantôt dans les réduits les plus riants et les plus solitaires pour y rêver à mon aise, tantôt sur les terrasses et les tertres, pour parcourir des yeux le superbe et ravissant coup d'oeil du lac, et de ses rivages, couronnés d'un côté par des montagnes prochaines, et de l'autre élargis en riches et fertiles plaines, dans lesquelles la vue s'étendait jusqu'aux montagnes bleuâtres, plus éloignées, qui la bornaient.

Quand le soir approchait, je descendais des cimes de l'île, et j'allais volontiers m'asseoir au bord du lac, sur la grève, dans quelque asile caché; là, le bruit des vagues et l'agitation de l'eau fixant mes sens et chassant de mon âme toute autre agitation, la plongeaient dans une rêverie délicieuse, où la nuit me surprenait souvent sans que je m'en fusse aperçu.

Jean-Jacques Rousseau (1712-78)
From *Les Rêveries du Promeneur Solitaire*, 1782)

NOTES

PL 1.2 La Fontaine

qui n'est pas prêteuse	who doesn't like lending things
ne vous déplaise	if it please you

PL 1.3 La Bruyère

ôter la parole	to prevent someone else from speaking
il en rit . . . jusqu'à éclater	they make him laugh till he is on the point of bursting
il prend feu	he flares up
je ne raconte rien que je ne sache d'original	I'm telling you nothing that I don't have from the horse's mouth
avec plus de confiance qu'il ne l'avait commencée	with (even) more confidence than he had begun (his account)

PL 1.4 Voltaire

il n'y eut pas jusqu'à frère Giroflée que ne rendît service	Everybody, even brother Giroflée, made some contribution
des cédrats confits et des pistaches	crystallised citrons and pistaches

PL 1.5 Rousseau

herboriser	to collect plants
les réduits les plus riants	the most delectable hideouts
la nuit me surprenait sans que je m'en fusse aperçu	night surprised me without my having noticed its approach

PART II

LA FRANCE

LE PAYS DE FRANCE

We have already met the word **chauvin** in Chapter 2, defined as un patriot-isme éxagéré. It is, of course, difficult to say when such a laudable virtue as patriotism becomes exaggerated. Perhaps, for some readers, the feelings expressed in the following two passages might be exaggerated, but for me they express a pride in France, gentle in the case of Duhamel, grandiose and intransigent in the case of de Gaulle, but a pride which emerges strongly in other passages included in this book, notably in Aragon's poem 'Je vous salue ma France'.

4.1 LA FRANCE A VOL D'OISEAU

Le voyageur, qui, venu de l'autre bout du monde par la voie des airs, se trouve soudainement survoler la France, cesse de lire ou de sommeiller. Le pays qu'il aperçoit va se dérouler en peu d'heures et paraîtra remarquable-ment ordonné: quelques fleuves bien tracés et toujours pourvus d'eau, (ces fleuves sont reliés entre eux, par-dessus les collines, grâce à un ingénieux système de canaux que règlent des écluses) . . . au centre du pays un massif montagneux, qui n'est point un obstacle à la vie et au trafic, car d'innom-brables chemins le traversent; aux frontières du pays, sauf vers le nord, des chaînes parfois non médiocres, puisqu'une d'entre elles comporte le plus haut sommet de l'Europe (. . .) La vie humaine, dès que l'on s'éloigne des sommets, est partout sensible. Arrive-t-on sur les plateaux fertiles et dans les plaines verdoyantes, cette vie s'ordonne en hameaux, en villages, en bourgs, en villes. Chaque village est toujours marqué par l'église, et souvent par quelque demeure seigneuriale. Depuis un siècle, la vie sociale s'est pro-fondément transformée, les châteaux ont changé de maîtres: ils servent aujourd'hui, souvent, d'écoles, de sanatoriums, d'hôpitaux et de maisons de retraite. Certains d'entre eux sont devenus des musées.

D'un village à l'autre, d'une ville à l'autre, de belles routes bien dessinées, bien entretenues, se déroulent, chargées de voitures, d'animaux, de passants.

Le long des vallons courent les voies ferrées. On aperçoit partout des ouvrages d'art, des ponts, des viaducs. S'il prend la peine de consulter les livres propres à l'instruire de ce qu'il voit, le promeneur du ciel apprend que presque tous ces villages, ces cités, ces châteaux, ces palais, portent des noms sonores, plaisants, harmonieux, mêlés à l'histoire, à la légende, à la fable . . . .

Mais ce qui frappe le voyageur dès qu'il arrive au-dessus des régions cultivées, c'est le caractère parcellaire de la campagne française. Les champs sont certes petits, la plupart, et voués à des cultures différentes en sorte qu'ils présentent une grande variété de couleurs. Les parcelles, souvent, sont closes de haies. Elles alternent avec les jardins, les vergers. Dès ce premier regard, le voyageur comprend que la France est une des patries de l'individualisme . . . .

Plus tard, quand le voyageur aérien aura pris contact avec le sol, il fera de la France, d'abord entrevue, une connaissance plus intime et plus révélatrice encore . . . Il apprendra, s'il ne le sait pas encore, que la France est vraiment le pays de la variété.

La France, depuis mille ans, n'a cessé de jouer un rôle capital dans toutes les aventures de l'esprit. Elle a donné des saints, des chefs et des héros. Ses philosophes ont tenu le gouvernail de la pensée humaine à travers maintes querelles et maintes bourrasques. Elle a, dans l'architecture et la peinture, manifesté l'une des plus rares vertus: la continuité. Elle vient d'offrir au monde une pléiade de sculpteurs qui ne sont point indignes de figurer à côté des Gothiques, des Grecs archaïques ou classiques, et des Égyptiens. Elle fait entendre sa voix quand les autres peuples musiciens semblent soudain à bout de souffle. Sa littérature est, avec la littérature anglaise, l'une des plus riches du monde. Tel est le fruit d'une lente et raisonnable appropriation d'un peuple à une terre et à un climat.

Georges Duhamel
Introduction à *La France, Géographie, Tourisme*, Vol 1
(© Larousse, 1951)

4.2 EXERCISES

Section A

Attempt the exercises in this section before looking at the Explanations or consulting the Select Vocabulary.

4.2.1 Gist Comprehension

(a) **Read as far as le plus haut sommet de l'Europe, and answer the following questions in English.**

(i) How long would it take to cross France by aeroplane?

(ii) What are the characteristics of the rivers?

(iii) What landscape features are to be found at all land frontiers except in the north?

(b) From La vie humaine, to . . . musées.

(i) What are the signs of human life?

(ii) What changes have taken place in the use of buildings such as châteaux?

(c) From D'un village à l'autre, to . . . individualisme.

(i) What forms of transport are visible?

(ii) What can you say about the pattern of fields in the cultivated areas?

(d) From Plus tard, to . . . climat.

(i) What is one of the main characteristics that the traveller will discover as he gets to know France better?

(ii) Make a list of areas of human achievement in which the author finds that the French have made a major contribution.

4.2.2 Work Study

Below are the dictionary definitions of a number of words in the passage. See if you can locate these words with the help of the definitions.

(a) Grande rivière qui se jette dans la mer.

(b) Ouvrage hydraulique destiné à retenir ou à lâcher l'eau.

(c) Mouvement général de véhicules.

(d) Gros village où se tiennent ordinairement les marchés.

(e) L'ensemble des rails qui forment un chemin de fer.

(f) Portion de terrain.

(g) Appareil qui plonge dans l'eau à l'arrière d'un navire servant à régler la direction.

(h) Coup de vent impétueux et de courte durée.

(i) Haletant de fatigue, épuisé.

4.2.3

In the following linking exercise (which you should attempt first without looking back at the text), you are required to find the clause in the second column which best matches an antecedent in the left-hand column:

(a) Le voyageur   qui n'est point un obstacle

(b) Le pays	que ces villages portent des noms sonores
(c) Ces fleuves sont reliés	puisqu'une d'entre elles
	comporte le plus haut sommet d' Europe
(d) Un massif montagneux	qui se trouve survoler la France
(e) Des chaînes non médiocres	grâce à un système de canaux
(f) Le promeneur apprend	qu'il aperçoit
(g) Ce qui frappe le voyageur	qui ne sont point indignes
(h) Le voyageur comprend	quand les autres sont à bout de souffle
(i) Il apprendra	grâce à un système de canaux
(j) Une pléiade de sculpteurs	c'est le caractère de la campagne
(k) Elle fait entendre sa voix	que la France est le pays de la variété

4.3 EXPLANATIONS

4.3.1 Select Vocabulary

ordonné	tidy, well-ordered
verdoyant	green
le hameau	hamlet
le bourg	village, small market-town
la demeure	dwelling
servir de	to serve as
la maison de retraite	retirement home
un ouvrage d'art	work of art
voués à	given over to; devoted to
entrevu	glimpsed; seen briefly
le gouvernail	rudder, helm
une appropriation	adaptation

4.3.2 Expressions and Idioms

pourvus d'eau	provided, supplied with water
les livres propres à l'instruire	the books likely to provide him with instruction
. . . sont certes petites	are small, it is true
en sorte que	in such a way that
closes	closed in by
n'a cessé de jouer	has never ceased playing
une pléiade	The 'Pleiades' were, in Greek mythology, the seven sons of Atlas, who were changed into seven stars. The name was then used for a group of 7 poets under one of the Ptolemies,

and copied by the group of poets around Ronsard in the 16th century. By extension, the term is used here for a group of sculptors.

à bout de souffle   out of breath

maint (mainte; maints; maintes)   many a (literary style)

4.3.3 Grammar

The following are the grammatical points in the text which form the basis for the exercises in Section B.

(a) **Reflexive verbs** – *grammar section 5.4.3*

(b) **Inversion of subject and verb, in conditional sentences,** (arrive-t-on) and in relative clauses (que règlent des écluses) – *grammar section 9.2*

(c) **Comparative (plus intime) and superlative (le plus haut) of adjectives** – *grammar section 3.1.3*

4.4 EXERCISES

Section B

4.4.1

The following passage uses Reflexive Verbs from the reading text, in the Present Tense. Rewrite the passage in the appropriate Past Tense, either Perfect or Imperfect as required by the meaning. The present passage begins, Aujourd'hui. Replace this with, Il y a quelques jours, in your re-written version.

Aujourd'hui je survole la France, et il y a une vue splendide. En dessous se déroule un paysage magnifique de montagnes et de vallées. Puis le paysage se transforme et on se trouve au-dessus de plateaux fertiles, où la vie s'ordonne en bourgs et en hameaux. Entre les villages de belles routes se déroulent. Puis, on s'éloigne des villages et on ne voit plus rien à cause des nuages.

4.4.2

The first three sentences below use inversion of the verb to express condition, that is, arrive-t-on may also be expressed, si on arrive. The inversion is a rather literary turn of phrase which would not normally be much used in conversation. Rewrite these sentences using si meaning 'if'.

Numbers (d), (e), (f) of this exercise consist of two short sentences each of which should be linked by a Relative Pronoun. Following the example of the model, try inverting the verb and subject in the relative clause. Though not absolutely necessary grammatically, such an inversion sometimes makes for a better written style.

(a) Vient-on par la voie des airs.
(b) S'éloigne-t-il des sommets.
(c) Arrive-t-il au-dessus des sommets.

Model: Il y a un système de canaux. Des écluses règlent ce système.
Response: Il y a un système de canaux que règlent des écluses.

(d) Il y a un paysage ordonné. Le voyageur aperçoit ce paysage.
(e) Le voyageur connaît les noms historiques. Les villages portent ces noms.
(f) Le promeneur aperçoit la variété de couleurs. Les champs présentent cette variété.

4.4.3

In this first group of sentences, react to the initial statement by making a comparison.

For example: Mon frère va arriver tard, et votre soeur?
Response: Elle va arriver encore plus tard

(a) Le sud-ouest de l'Angleterre est vallonné. Et la Normandie?
(b) Les Pyrénées sont élevées. Et les Alpes?
(c) Les champs en Provence sont petits. Et les champs du bocage normand?

In the next group of sentences, follow the model to say that the object mentioned is 'one of the best' and so on.

Model: La littérature française est très riche.
Response: Oui, elle est l'une des plus riches du monde.

(d) La peinture française a manifesté une rare vertu.
(e) La Beauce est une plaine très fertile.
(f) La France est pourvue de belles routes.

In the next group, you are asked to make use of items of information given to write a sentence containing the superlative form of the adjective.

Model: Mont Blanc; haut; sommet: Europe.
Response: Le Mont Blanc est le plus haut sommet de l'Europe.

(g) La Loire: long: fleuve: France.
(h) Paris: grande: ville: France.
(i) Marseille: port: important; : la côte Mediterrânée.

4.4.4 Retranslation

(a) As soon as one travels away from the peaks.

(b) As soon as he arrives above cultivated regions.
(c) From the first glance. . .
(d) He will learn, if he doesn't know already. . .
(e) Later, when he has made contact with the ground.
(f) For a thousand years, France has not ceased playing a major role.
(g) She has just offered the world. . .
(h) Every village is marked by a church.
(i) What strikes the traveller. . .

4.5 UNE CERTAINE IDÉE DE LA FRANCE

Toute ma vie je me suis fait une certaine idée de la France. Le sentiment me l'inspire aussi bien que la raison. Ce qu'il y a, en moi, d'affectif imagine naturellement la France, telle la princesse des contes ou la madone aux fresques des murs, comme vouée à une destinée éminente et exceptionnelle. J'ai, d'instinct, l'impression que la Providence l'a créée pour des succès achevés ou des malheurs exemplaires. S'il advient que la médiocrité marque, pourtant, ses faits et ses gestes, j'en éprouve la sensation d'une absurde anomalie, imputable aux fautes des Français, non au génie de la Patrie. Mais aussi, le côté positif de mon esprit me convainc que la France n'est réellement elle-même qu'au premier rang; que, seules, de vastes entreprises sont susceptibles de compenser les ferments de dispersion que son peuple porte en lui-même; que notre pays, tel qu'il est, parmi les autres, tels qu'ils sont, doit, sous peine de danger mortel, viser haut et se tenir droit. Bref, à mon sens, la France ne peut être la France sans la grandeur.

Charles de Gaulle *Mémoires de Guerre, Tome 1, L'Appel*
(© Plon 1954)

4.6 EXERCISES

Section A

4.6.1 Gist Comprehension
(a) What two elements combine to convince the writer that his vision of France is a true one?
(b) What sort of fate does he think France is destined for?
(c) Who does he feel is to blame for any mediocrity, if not France herself?
(d) What is the only way, for de Gaulle, that France can be herself?

4.6.2
The gaps in the following passage represent words and phrases which aid the flow of discourse in a written text, for example, pourtant, mais aussi. Without reference, in the first instance, to the reading passage, rewrite this

text selecting from the words listed below. Note that there are more possibilities suggested than there are gaps, so you must make an appropriate choice.

Je me suis fait une certaine idée de la France. Le sentiment me l'inspire . . . . . . la raison. Ce qu'il y a, en moi, d'affectif imagine . . . . . . la France, telle la princesse des contes . . . . . . la madone aux fresques des murs comme vouée à une destinée éminente . . . . . . exceptionnelle. S'il advient que la médiocrité marque . . . . . . ses faits et ses gestes, j'éprouve la sensation d'une anomalie . . . . . . le côte positif de mon esprit me convainc que la France n'est réellement elle-même . . . . . . au premier rang: que notre pays . . . . . . doit viser haut. Bref, ... la France ne peut être la France sans le grandeur.

et, ainsi que; ou; tel qu'il est; que; en fait; à mon sens; néanmoins; pourtant; mais aussi; naturellement; en plus; aussi bien que; en.

4.7 EXPLANATIONS

4.7.1 Select Vocabulary

la fresque	fresco
voué à	dedicated to
imputable à	attributable to
le génie	genius
susceptibles de	liable to; likely to

4.7.2 Expressions and Idioms

je me suis fait . . .	I have created for myself
s'il advient que . . .	if it should happen that
sous peine de	on pain of (for example, sous peine de mort, on pain of death)
viser haut	to aim high
à mon sens	as I understand it; to my way of thinking

4.7.3 Grammar

The following are the grammatical points in the text which form the basis for the grammatical exercises in Section B.

(a) Use of Person Pronoun objects (me convainc; me l'inspire) – *see grammar section 4.1.2*

(b) elle-même; lui-même – *grammar section 3.2.8 (n)*

(c) **Tel; tel que** – *grammar section 3.2.8 (o); 8.3 (d) (i)*

(d) **Omission of pas with pouvoir** (also cesser, as in 4.1) – *grammar section 6.6 (b)*

4.8 EXERCISES

Section B

4.8.1
Replace the words underlined in the following sentences by the Pronoun object.

Model: Le côté positif de son esprit convainc *le Général* que la France est au premier rang.

Response: Le côté positif de son esprit le convainc. . .etc

(a) Il s'imagine la France telle la princesse des contes.
(b) Je me suis fait une idée de la France.
(c) Il a, d'instinct, l'impression que la Providence a créé la France pour des succès achevés.
(d) Il advient pourtant qu'elle soit marqué par la médiocrité.
(e) Il éprouve la sensation d'une anomalie due à des médiocrités.

4.8.2 Translation
Each of the following sentences uses material from the text to practise the use of pouvoir or cesser in the negative.

(a) Reason alone cannot inspire this feeling.
(b) His mind cannot convince him that France is second-rate.
(c) He does not cease to experience a feeling of anomaly.
(d) His idea of France does not cease to convince him.

4.8.3
Translate the following extracts from the passage into English.

(a) Le sentiment me l'inspire aussi bien que la raison.
(b) J'ai, d'instinct, l'impression que la Providence l'a créée pour des succès achevés.
(c) La France n'est réellement elle-même qu'au premier rang. . . .
(d) Seules de vastes entreprises sont susceptibles de compenser les ferments de dispersion que son peuple porte en lui-même.
(e) Notre pays, tel qu'il est . . . doit . . . viser haut.
(f) La France, telle la princesse des contes . . . est vouée à une destinée exceptionnelle.

D.4 DIALOGUE 🔲

In the passage by Duhamel, we read that la France est vraiment le pays de la variété. One aspect of this variety is the startlingly different character of the different regions. Brittany, for example, is unlike any other part of France, for reasons of history, geography, climate and culture. In the following conversation, Jocelyne explains some of the features which form her attachment to her native Brittany.

Isabelle: Tu vois, pour moi la plus belle région de la France, c'est la Côte d'Azur. Tu as beau dire; il n'y a rien de plus beau.

Jocelyne: Ah, bon?

Isabelle: Oui, le ciel bleu, bleu, bleu, la mer, ces roches découpées qui tombent dans la mer, tu sais . . . .

Jocelyne: Tu sais, des roches découpées, il y en a en Bretagne, hein?

Isabelle: Oui, mais la Bretagne, il pleut toujours, il fait mauvais, le ciel gris, le vent . . . .

Jocelyne: Le vent . . . tu adores pas le vent?

Isabelle: Puis, les Bretons. Ils sont têtus.

Jocelyne: C'est sûr, ils sont têtus. C'est une qualité. Autrement, on aurait été poussé par les Anglais, poussé par les Français. Si on n'était pas têtu, on n'aurait pas survécu. Non, c'est une qualité.

Isabelle: Bon, c'est une qualité d'être têtu, si tu veux. Mais le pays lui-même; tu ne vas pas me dire qu'il est l'un des plus beaux de France?

Jocelyne: Si tu prends la France dans l'ensemble, si tu prends l'Est de la France, bien sûr, il y a des montagnes, mais tu as aussi beaucoup d'usines, beaucoup de grandes villes, du béton; et puis, c'est plat comme tout, tandis que trouver un terrain plat en Bretagne, tu vas avoir de la difficulté. Bien sûr, il y a des usines, mais il n'y en a pas beaucoup. 90 pour cent du pays c'est de la verdure. Oui, des forêts, des petits bois, des vallons, des ruisseaux toujours pleins d'eau.

Isabelle: Et la côte, tu la trouves bien? Moi, je trouve que la côte nord, par exemple, est triste.

Jocelyne: C'est peut-être triste, mais c'est bien quand tu veux te sentir triste, quand tu es mélancolique.

Isabelle: Je suis forcée quelquefois d'être triste, mais ce n'est pas un état d'âme que j'aime spécialement.

Jocelyne: Oui, si tu vivais en Bretagne, tu apprécierais, tu vois, parce que tu n'as pas appris à apprécier le crachin, la brume, le vent dans les landes . . . Mais la côte bretonne, que veux-tu, d'accord, je suis d'accord avec toi, la côte du Midi est très jolie, mais la côte bretonne est également très déchiquetée, et toutes ces petites îles que tu as.

Isabelle: Je dois avouer que j'aime bien la Bretagne sud. Il y a une lumino-sité extraordinaire, je trouve.

Jocelyne: C'est moins triste parce que tu as le soleil qui donne en plein sur la côte, tandis que la Bretagne nord, évidemment, tu as le soleil dans le dos. Et puis, n'oublie pas qu'en Bretagne ce n'est pas seulement la géographie qui compte. Ça compte, bien sûr, mais il n'y a pas que ça. Il y a toujours la culture, la civilisation qui est différente de celle de la France. Tu trouveras toujours en basse Bretagne des gens qui parlent breton. Tu verras ces noms, ces très jolis noms – ce sont des noms poétiques.

Isabelle: Tu vois, pour moi la Bretagne, c'est des côtes très découpées, c'est la mer agitée, généralement, ces petites maisons blanches avec ce toit gris.

Jocelyne: Oui, ça, c'est la Bretagne maritime. Bien sûr, la Bretagne mari-time est importante. C'est la seule province en France qui a tellement de côtes. Mais à l'intérieur il y a une autre Bretagne.

Isabelle: Elle est vraiment très, très différente, cette Bretagne-là?

Jocelyne: Mais les maisons sont différentes. Les maisons sont plus élevées, parce qu'il y a moins de vent. Puis, il y a beaucoup plus de végétation. C'est quand même un pays qui est toujours assez boisé. Je ne pense pas qu'il y ait beaucoup de grandes forêts. Il y a énormément de petits bosquets. Il y a encore beaucoup d'endroits où il y a le bocage. Le bocage, c'est vraiment joli.

Isabelle: Qu'est-ce que c'est comme paysage, exactement?

Jocelyne: Le bocage, ce sont des petits champs entourés de haies. Des petits prés, si tu veux, parce que c'est surtout l'élevage. Alors c'est joli, et puis, tu sais, la Bretagne, c'est pleine de légendes, de contes, pleine d'histoires. Et puis, c'est un pays assez catholique, et qui est doté d'un million de chapelles. Des chapelles assez jolies, souvent en très mauvais état, malheureusement. Qu'est-ce qu'il y a avec la chapelle? Il y a très souvent une fontaine. Il y a toujours des croyances attachées à ces fontaines. Il y a des fontaines qui guérissent de l'eczéma, des fontaines pour les animaux qui guérissent de la rage.

Isabelle: Alors, pour toi, vraiment, c'est le pays de rêves, la Bretagne?

Jocelyne: Tu vois, j'ai visité pas mal de pays et beaucoup de coins de la France. Pour moi, c'est important d'être bien entourée par la mer, d'être bien chez soi, de connaître ses voisins. Puis, après tout, quand on a ses ancêtres qui sont nés là-bas, on se demande pourquoi on irait ailleurs.

Isabelle: Oui, finalement, ça c'est la meilleure raison, je crois.

D.4.1 EXERCISES

Section A
Attempt these exercises before reading the Explanations.

D.4.1.1 Gist Comprehension

(a) **From the beginning of the passage as far as tu adores pas le vent?**
What does the first speaker like about the Côte d'Azur and dislike about Brittany?

(b) **From: Puis les Bretons as far as une qualité d'être têtu, si tu veux.**
What is the response of the second speaker when told that the Bretons are stubborn?

(c) **From: Mais le pays lui-même as far as toujours pleins d'eau.**
What features of the Breton landscape does Jocelyne appreciate?

(d) **From: Et la côte as far as toutes ces petites îles que tu as.**
What does Isabelle feel about the coast of Brittany, and what is the response from Jocelyne?

(e) **From: Je dois avouer as far as des noms poétiques.**
What else does Brittany have to offer, besides its physical geography?

(f) **From: Tu vois, pour moi, la Bretagne as far as c'est surtout l'élevage.**
What differences are drawn between the landscape of coastal Brittany and that of the interior? What is the bocage?

(g) **From: Alors, c'est joli as far as the end of the passage.**
What aspects of Breton legends are mentioned? Why, in the last analysis, does Jocelyne feel at home in Brittany?

D.4.1.2 Transcription
Listen carefully to the recording and write out the following sentences, adding the words that are missing.

(a) Oui, mais la Bretagne, ... le vent.
(b) Si on n'était pas têtu, ... une qualité.
(c) Trouver un terrain plat en Bretagne, ... difficulté.
(d) 90 pour cent du pays c'est de la verdure . . . . . . pleins d'eau.
(e) Si tu vivais en Bretagne . . . . . . dans les landes.
(f) Ce n'est pas seulement la géographie qui compte . . . . . . celle de la France.
(g) Bien sûr, la Bretagne maritime est importante . . . . . . une autre Bretagne.
(h) C'est quand même un pays qui est toujours assez boisé . . . . . . bosquets.

(i) C'est un pays assez catholique . . . . . . malheureusement.
(j) Puis, après tout, ... ailleurs?

D.4.2 EXPLANATIONS AND VOCABULARY

Tu as beau dire	whatever you say
des roches découpées	jagged rocks
têtu	stubborn; pig-headed
on n'aurait pas survécu	we wouldn't have survived
c'est plat comme tout	it's as flat as anything
le crachin	drizzle
déchiquetée	jagged
que veux-tu, d'accord	alright, I agree with you
mais il n'y a pas que ça	but that's not the only thing
boisé	wooded
il y a énormément de petits bosquets	there are masses of little woods
c'est surtout de l'élevage	it's stock-farming, above all
doté de	endowed with
qui guérissent de la rage	which offer a cure from rabies
quand on a ses ancêtres qui sont nés là-bas	when you've got ancestors who were born there

D.4.3 EXERCISES

Section B
Fill in the blanks in the conversation below, using words and expressions as listed below the text:

A: . . . . . ., pour moi la plus belle région de la France, c'est la Côte d'Azur.
B: . . . . . . la côte bretonne est également déchiquetée.
A: . . . . . ., mais . . . . . . que la Côte d'Azur est aussi triste que la côte bretonne.
B: . . . . . . il y a des moments où on veut se sentir triste . . . . . . il faut apprécier le crachin, la brume.
A: j'aime la côte sud de la Bretagne. Mais à l'intérieur, le paysage est très différent . . . . . .?
B: Oui, ... l'intérieur est très beau, très boisé. Et puis il y a le bocage.
A: Qu'est-ce que c'est comme paysage . . . . . .?
B: Des petits prés, ..., entourés de haies.
A: . . . . . . la Bretagne, c'est le pays de rêves?
B: Oui, ..., quand on a ses ancêtres qui sont nés là-bas, pourquoi on irait ailleurs?

moi je trouve que;	finalement;
je dois avouer;	c'est sûr
et puis;	tu ne vas pas me dire;
alors, pour toi;	tu vois;
après tout;	non?
tu sais;	exactement.

D.4.3.2

You are asked by a French friend to tell them which is your favourite region of France. You have time to prepare what you want to say. Below you will find some suggestions for (a) expressions you might need to describe the region, and (b) some of the expressions which help the flow of conversation.

(a) la plus belle région de la France;
    la côte déchiquetée;
    le climat maritime;
    les montagnes couvertes de neige;
    le climat méditerranéen;
    les forêts et les petits bois;
    un paysage vallonné;
    de petites villes pittoresques,
    les plus beaux châteaux et les vieux manoirs;
    un riche passé;
    les plaisirs de la table;
    le climat doux;

(b) Tu vois, pour moi . . .
    Bien sûr . . . mais.
    Et puis . . . Je dois avouer que . . . quand même.
    N'oubliez pas que . . . finalement.
    Moi, je crois que . . . si vous voulez.
    Enfin, voilà . . .

LA VILLE DE PARIS

In an earlier passage Duhamel spoke of France as le pays de la variété. Only a part of that variety can be hinted at in this book, though the passages chosen for *Promenades Littéraires II*, give a taste of some of the richness of regional patterns. Given limited space, some of the areas one would like to include have to be put to one side for another occasion. But Paris cannot be omitted. Paris is more than a part of that French variety, more than a capital city. Paris is a legend, a marvellous product of the genius of French history and civilisation. Of the passages chosen here, from the innumerable possibilities, that from *Paris que j'aime* touches with poetry some of the less-known as well as the better-known parts of the town. The story of the ultra-modern Centre Pompidou is told in the second passage, and André Maurois's evocation of the flavour of the Latin Quarter is given as an extra reading passage.

5.1 LA DÉCOUVERTE DE PARIS

Ainsi Paris se découvre lentement, à la petite semaine, pas à pas. Et c'est justement à pied qu'il faut arpenter ses rues, l'explorer comme une jungle. La vie de Paris n'est pas seulement celle des grands édifices. Elle est aussi dans ses pavés, ses herbes folles, ses maisons vétustes qui ont l'air d'avoir été des auberges de bord de route. Elle est dans chacun de ses pans de murs, décrépits et riches de cette matière que cherchent aujourd'hui les photographes et les peintres abstraits, dans les innombrables graffiti que dessinent les gosses, ces coeurs tendres percés d'une flèche, ces têtes de mort parfois affublées de cheveux . . . .

Elle est dans la forme tronquée des vieux becs de gaz qui ressemblent à des potences. Elle est dans la paille et le rotin des chaises que les concierges installent devant leur porte avec un travail d'aiguille.

Pour visiter Paris il faut choisir ses heures, ses jours, le temps qu'il fait. La place du Tertre à l'aube en fin d'hiver, quand le froid découpe encore la ligne chevrotante des toits et les bras morts des platanes. Les quais de la Seine en fin d'après-midi, l'été, quand le soleil rouge comme un ballon d'enfant redescend très lentement derrière la Cité. La zone de la porte des Lilas en plein mois de janvier, par les froids les plus rigoureux, quand le vent glacé balaie les talus chauves et durs pour les transformer en paysage de toundra sibérienne. Et les Champs-Elysées à dix heures du matin au mois de juin.

Marcel Aymé and Jean-Paul Clébert
Paris que j'aime
(© Éditions Sun, Paris)

5.2 EXERCISES

Section A
Attempt the following exercises without first looking at the Explanations or consulting the Select Vocabulary.

5.2.1 Word Study
The main difficulty with this passage lies in its use of a number of rather unusual words, for poetic effect. To help with some of these words, the column on the left gives a definition, but the words in the column on the right have been jumbled, so that they do not appear opposite their definitions. Use the definitions, and the sense of the words in the context of the passage, to pair up the correct words with their definitions.

(a) vieux, abîmé par le temps	bec de gaz
(b) partie plus ou moins grande d'un mur	tronqué
(c) habillé bizarrement, ridiculement	vétuste
(d) instrument de supplice pour la pendaison	arpenter
(e) tremblant	rotin
(f) terrain en pente très inclinée	chevrotant
(g) parcourir à grands pas	potence
(h) plante sauvage	pan de mur
(i) réverbère	affublé
(j) partie de la tige des branches d'une variété de palmier	herbe folle
(k) coupé en retranchant une partie importante	talus

5.2.2
In the adapted passage below, a number of words have been underlined. Write out the words to which these underlined ones refer.
Example: In ses murs, ses refers to Paris; in qui ressemblent, qui refers to becs de gaz.

C'est à pied qu'il faut arpenter ses rues. La vie de Paris n'est pas seulement celle des grands édifices. Elle est aussi dans ses pavés, ses maisons qui ont l'air d'avoir été des auberges de bord de route. Elle est dans chacun de ses pans de murs, riches de cette matière que cherchent les photographes. Elle est dans la paille des chaises que les concierges installent devant leur porte. Pour visiter Paris il faut choisir ses heures.

5.3 EXPLANATIONS

5.3.1 Select Vocabulary

justement	precisely, exactly
arpenter	to stride about
une herbe folle	weed
vétuste	antiquated; the worse for wear
un pan de mur	section of a wall
le gosse	kid; small child
affubler	to rig out; dress up
tronquer	to truncate; mutilate
le bec de gaz	gas-lamp
la potence	gallows
le rotin	rattan cane
chevrotant	tremulous; quavering
le talus	slope; bank
chauve	bald; bare

5.3.2 Expressions and Idioms

à la petite semaine	without any long-term plan
en fin d'hiver	at the end of winter
en fin d'après-midi	at the end of the afternoon
en plein mois de janvier	in the middle of January

5.3.3 Grammar

The following are the grammatical points in the text which form the basis for the exercises used in Section B.

(a) **Past infinitive (avoir été)** - *see grammar section 5.5.5*

(b) **Expressions with months, seasons, weather** - *see grammar section 7 (e); 5.4.4 (i)*

(c) **Uses of preposition de:** in adverbial phrases (percés d'une flèche); in adjectival phrases (un ballon d'enfant); after certain verbs (avoir l'air de) - *see grammar section 7 (d)*

5.4 EXERCISES

Section B

5.4.1

Rewrite the following passage inserting de or des in the gaps, without referring back to the reading text.

La vie . . . . . . Paris n'est pas seulement celle . . . . . . grands édifices. Elle est aussi dans ses maisons vétustes qui ont l'air . . . . . . avoir été . . . . . . auberges . . . . . . bord . . . . . . route. Elle est dans chacun . . . . . . ses pans . . . . . . murs, riches . . . . . . cette matière que cherchent les photographes, dans les graffiti, ces coeurs tendres percés . . . . . . une flèche. Elle est dans la forme . . . . . . vieux becs . . . . . . gaz qui ressemblent à . . . . . . potences. Pour visiter Paris il faut choisir ses heures. La Place du Tertre à l'aube en fin . . . . . . hiver, quand le froid découpe les bras morts . . . . . . platanes. Les quais . . . . . . la Seine en fin . . . . . . après-midi, quand le soleil rouge comme un ballon . . . . . . enfant redescend derrière la Cité. Et les Champs-Elysées à dix heures du matin au mois . . . . . . juin.

5.4.2

The Past Infinitive (for example, avoir été), may either be used after a verb such as avoir l'air de or, more commonly, after après (for example, après avoir vu – after having seen; après être tombé – after having fallen). Translate the following sentences using this construction.

(a) The ancient houses look as though they had been wayside inns.
(b) After visiting the old streets you should (il faut) take a walk along the quays of the Seine.
(c) After going to the Place du Tertre you should visit Sacré Coeur.
(d) The graffiti look as though they had been drawn by children.

5.4.3

Beginning each sentence Il faut visiter, choose elements from the lists below to construct sentences:

Il faut visiter	les maisons vétustes	(at the end of winter)
	la Place du Tertre	(at dawn)
	les quais de la Seine	(at the end of the afternoon)
	les Champs Elysées	(at ten in the morning, in June)
	la Cité	(at dawn, towards the end of spring)
	la porte des Lilas	(right in the middle of January)

5.5 LE CENTRE POMPIDOU – RÔLE ET RAISON D'ÊTRE

En 1977, tout un quartier de Paris fit soudain un bond dans le futur, grâce à une seule et unique construction, toute de verre et d'acier. Cinq ans auparavant, le Président Pompidou avait déclaré: "... je voudrais passionnément que Paris possède un centre culturel ... qui soit à la fois un musée et un centre de création où les arts plastiques voisineraient avec la musique, le cinéma, les livres, la recherche audio-visuelle, etc." C'était une pensée à la fois visionnaire et réaliste. Les centres culturels étaient éparpillés à Paris et en province et le Président souhaitait que les Français puissent trouver, à Paris, en un seul lieu, les ressources culturelles dont la ville et le pays manquaient sérieusement. Il n'y avait pas en France de précédent, ce qui rendait l'entreprise périlleuse et expérimentale.

Fig. 4   *Le Centre Pompidou*

. . . La France traversait alors une période critique dans le domaine de l'architecture. L'architecture contemporaine n'était plus qu'une imitation du modèle américain, pour la formation comme pour la pratique. Les étudiants étaient tenus dans l'ignorance de toutes techniques et méthodes nouvelles et les postes d'enseignants étaient réservés à un nombre limité d'architectes établis, refusant à la fois les nouveaux venus en ne leur donnant pas l'opportunité d'exprimer leurs idées créatrices. C'est dans ce contexte que le projet "Beaubourg" fut lancé.

. . . Le plan libre reste depuis longtemps l'une des qualités les plus recherchées en architecture, surtout dans ce type de construction, mais on a rarement réussi à l'appliquer sur une si grande échelle et dans une structure abritant des disciplines et des activités aussi variées. Afin d'obtenir un espace maniable et évolutif, tous les éléments structuraux, toutes les installations techniques sont exposés à l'extérieur. Le bâtiment est comme un corps humain dont tous les organes et les systèmes seraient mis à nu, y compris le squelette. Cet étalage a quelque chose de très honnête tout en étant surprenant.

. . . Beaubourg est la première institution culturelle française dédiée entièrement à l'art moderne et à une nouvelle culture pour tous. Le Centre a été conçu non seulement comme un moyen de diffuser l'art moderne mais aussi comme un lieu de rencontre entre l'artiste et le public.

Ivan Zaknić
Le Centre Pompidou
(© Flammarion, 1982)

5.6 EXERCISES

Section A

Attempt the exercises in this section before reading the Explanations or consulting the Select Vocabulary.

5.6.1 Gist Comprehension

(a) What was the visionary idea of President Pompidou?
(b) What are said to be the limitations of architecture in France in the 1970s.
(c) What are the main characteristics of the architecture of the centre?

5.6.2

Fill in the gaps in the following passage, choosing link words from the list given below the text.

En 1977 un quartier de Paris fit un bond dans le futur . . . . . . une seule construction. Cinq ans . . . . . . le Président Pompidou avait déclaré: 'Je voudrais que Paris possède un centre culturel.' C'était une pensée . . . . . . visionnaire et réaliste. Il n'y avait pas de précédent, ... rendait l'entreprise expérimentale.

La France traversait . . . . . . une période critique dans le domaine de l'architecture. Le plan libre reste . . . . . . longtemps l'une des qualités les plus recherchées en architecture . . . . . . on a rarement réussi à l'appliquer sur une . . . . . . grande échelle. Le Centre a été conçu non seulement comme un moyen de diffuser l'art moderne, ... comme un lieu de rencontre entre l'artiste et le public.

à la fois; alors; mais aussi; si; grâce à; ce qui; depuis; auparavant; mais.

5.7 EXPLANATIONS

5.7.1 Select Vocabulary

éparpillé	scattered
la formation	training
abriter	to give shelter to
maniable	easily-handled; flexible
évolutif	adaptable;
dédier	to dedicate

5.7.2 Expressions and Idioms

faire un bond	to take a leap
à la fois	at the same time; both
reste depuis longtemps	has been for a long time
sur une si grande échelle	on such a large scale
afin de (+ infinitive)	in order to
des activités aussi variées	such varied activities
quelque chose de très honnête	something very honest
tout en étant surprenant	while, at the same time, being surprising

5.7.3 Grammar

The following are the grammatical points in the text which form the basis for the exercises in Section B.

(a) Use of **tout, toute, tous, toutes,** adjectivally and adverbially – *see grammar section 3.2.8 (1)*

(b) Subjunctive after **je voudrais que; souhaiter que** – *see grammar section 5.5.3 (i)*

(c) Relative pronoun **dont** – *see grammar section 4.4.2 (e)*

(d) Tenses of Passive Voice (fut lancé; étaient tenus; sont exposés) – *see grammar section 5.4.2*

(e) Use of en plus Present Participle (*gerund*, en donnant; tout en étant) – *see grammar section 5.5.6 (a)*

5.8 EXERCISES

Section B

5.8.1

In the list on the right-hand side below are a number of statements in the negative. Rewrite these sentences using je voudrais que, or, je souhaite que, to express the desire that this state of affairs should be changed.

Model: Paris ne possède pas de centre culturel.
Response: Je voudrais que Paris possède un centre culturel.

Je voudrais que . . .
Je souhaite que . . .

(a) Les Français ne peuvent pas trouver des ressources culturelles en un seul lieu.
(b) Ce centre n'est pas un musée.
(c) On ne réussit pas à appliquer le plan libre sur une grande échelle.
(d) Toutes les installations techniques ne sont pas exposées à l'extérieur.
(e) Le centre n'est pas un lieu de rencontre.

5.8.2

The following sentences are expressed in the Active Voice. Rewrite the sentences in the Passive Voice, while retaining the tense given in the original sentence.

Model: On tenait les étudiants dans l'ignorance de techniques modernes.
Response: Les étudiants étaient tenus dans l'ignorance de techniques modernes.

(a) On réservait les postes d'enseignants à un nombre limité d'architectes.
(b) On éparpillait les centres culturels à Paris et en province.
(c) On exposait toutes les installations techniques à l'extérieur.
(d) Dans ce contexte on lança le project "Beaubourg".
(e) On obtint un espace maniable et évolutif.
(f) On dédia Beaubourg entièrement à l'art moderne.
(g) On a conçu le centre comme un moyen de diffuser l'art moderne.
(h) On a bâti le centre pour être un lieu de rencontre.

5.8.3
Rewrite the following sentences using the construction tout en étant,
found in the text.

Model: L'étalage a quelque chose de très honnête mais aussi de très surprenant.
Response: L'étalage a quelque chose de très honnête tout en étant surprenant.

(a) Le plan libre est très recherché, mais pourtant difficile à appliquer.
(b) Le centre est un moyen de diffuser l'art moderne, mais aussi un lieu de
rencontre.
(c) Je voudrais que Paris possède un centre qui soit un musée mais aussi un
centre de création.

5.8.4
Rewrite the following sentences using the construction en plus Present
Participle as in the model.

Model: On refusait les nouveaux venus et ne leur donnait pas l'opportunité d'exprimer leurs idées.
Response: On refusait les nouveaux venus en ne leur donnant pas l'opportunité d'exprimer leurs idées.

(a) Le Président Pompidou a lancé le projet et a déclaré que Paris avait
besoin d'un centre culturel.
(b) La France traversait alors une période critique dans le domaine de l'
architecture et n'imitait que les modèles américains.
(c) Les architectes ont réussi à appliquer le plan libre et ont abrité dans la
structure des disciplines très variées.

5.8.5 Retranslation
The following sentences represent English versions of statements found in
the text. Try to render them into French as close as possible to the original,
and from memory.

(a) In 1977 a whole district of Paris suddenly made a leap into the future,
thanks to a unique construction entirely of glass and steel.
(b) The President wanted the French to find, in Paris, the cultural resources
which the town and the country were lacking.
(c) The students were kept in ignorance of all new techniques and methods.
(d) All the structural elements and all the technical installations are exposed to view on the outside.
(e) The building is like a human body all of whose organs and systems are
laid bare, including the skeleton.

5.9 LE QUARTIER LATIN

Je vous ai jadis montré les trois coeurs de Paris. En voici le cerveau. La Montagne Sainte-Geneviève demeure, depuis le Moyen Âge, le quartier des Écoles. De ce quartier, quel est le centre? Je propose la Place de la Sorbonne. Là vous verrez la population la plus jeune de Paris. Presque tous les passants ont entre dix-huit et vingt-cinq ans . . . La plupart vont par couples, d'autres par bandes. Les uns remontent le boulevard Saint-Michel, allant vers la faculté de droit, le lycée Henri-IV, le lycée Saint-Louis; d'autres le descendent pour gagner la Sorbonne. Les visages français dominent, mais les types étrangers ou exotiques sont nombreux. Du monde entier des étudiants viennent suivre les cours de l'université de Paris . . . On se croirait ici sur le *campus* d'une des grandes universités américaines. Toutefois il y a des différences. À Paris les étudiants ne vivent pas dans les bâtiments de la Sorbonne, mais soit dans des familles françaises, soit à la Cité universitaire . . . Dans un collège américain, les adultes sont rares: professeurs ou personnel de service. Au Quartier Latin la vie de l'arrondissement est mêlée à celle des étudiants. Pourtant, à la terrasse des grands cafés, les couples adolescents forment la majorité . . . Le Boul' Mich est aujourd'hui surtout remarquable par ses belles librairies.

André Maurois
Paris
(© Fernand Nathan)

5.10 EXERCISE

Attempt this exercise before consulting the section giving explanations and select vocabulary.

The following text omits certain words crucial to an understanding of the passage. Rewrite the passage choosing from the list of words given below. (Note that there are more words in the list than there are gaps, so you must make a choice).

Je vous ai . . . . . . montré les trois coeurs de Paris . . . . . . le cerveau. De ce quartier, ... est le centre? Je propose la Place de la Sorbonne . . . . . . vous verrez la population la plus jeune de Paris . . . . . . tous les passants ont entre dix-huit et vingt-cinq ans. Les uns remontent le boulevard Saint-Michel, ... le descendent pour gagner la Sorbonne. On se croirait sur le *campus* d'une des grandes universités américaines . . . . . . il y a des différences. Les étudiants français vivent . . . . . . dans des familles françaises . . . . . . à la Cité universitaire. Au Quartier Latin la vie de l'arrondissement est mêlée à . . . . . . des étudiants . . . . . ., à la terrasse des cafés, les couples adolescents forment la majorité.

soit . . . soit; néanmoins; d'autres; quel; ou; jadis; déjà; mais; celui; celle; pourtant; en voici; là; presque; toutefois.

5.11 EXPLANATIONS AND SELECT VOCABULARY

jadis	previously; formerly
en voici le cerveau	here is its brain
les Écoles	used here in a general sense to refer to a collection of seats of learning
gagner	to reach; get to
du monde entier	from all over the world
on se croirait	one would think one was . . . .
un arrondissement	arrondissements are the administrative units into which Paris is divided.
le Boul'Mich	affectionate abbreviation for le Boulevard Saint-Michel
remarquable par	remarkable because of . . .

LA FRANCE ADMINISTRATIVE

It has often been seen as an anomaly that the French, with all that has been said about their individualism, should traditionally have one of the most centralised administrative systems of any European state. Although the first passage in this chapter credits Napoleon with the founding of the modern bureaucracy, the tradition of centralised government goes back even earlier, certainly back as far as Louis XIV. But it is of course Napoleon, as with so much of the French state and educational apparatus, who created the existing pattern. Perhaps the anomaly mentioned above can best be explained by Kupferman's thesis that the French are more concerned with equality before the law than with personal liberty. The extract from a public opinion poll published in *L'Express* gives some interesting figures concerning the current attitudes of the French towards the state. Finally, there is a passage which gives more detail about one aspect of the great state machine, the process of voting.

6.1 LA BUREAUCRATIE FRANÇAISE

En cette fin de siècle, la France ne cesse de commémorer l'éveil des Lumières. Nous avons célébré, en 1976, le bicentenaire de la démocratie américaine, à laquelle nous devons bien plus qu'elle ne nous doit: les droits de l'individu, les devoirs de l'État et les limites mises à son autorité nous sont venus des États-Unis. La jeune démocratie a donné à l'Europe l'exemple contagieux de sujets devenant citoyens et s'administrant eux-mêmes. Message reçu en France? Pas tout à fait. Nous avons été, nous sommes toujours plus fascinés par l'égalité que par la liberté. Pour les contemporains de Ronald Reagan comme pour ceux de George Washington, la démocratie, c'est la prise en main par chacun de son destin. Pour un Français, c'est l'égalité de tous devant la loi. Faut-il suggérer à celui qui sera notre Président en l'an 2000 de célébrer le plus important des anniversaires français: la naissance de l'Administration, le 17 février, 1800?

– Voyez-vous, monsieur le Sénateur, ici il nous faudrait un pont. . .

Ce jour-là, Bonaparte installe un préfet dans chaque département. Malgré la grogne, malgré les flambées occasionnelles de poujadisme, huit générations de Français se sont habituées à l'intervention constante des bureaux dans leur vie: l'Administration, raillée et chansonnée, survit à tous les changements de régime. Le Français, faute de secouer cette tutelle, la nomme bureaucratie quand il en est mécontent. Mais ce système qui ne trouve aucun laudateur n'en est pas moins 'l'Administration que le monde entier nous envie'. L'histoire des relations entre le Français et l'État montre que celui-ci a su jouer à merveille de cette contradiction. Le pouvoir central n'a jamais rencontré de véritables résistances au cours de ces deux siècles, où il n'a cessé de restreindre l'espace de liberté des Français. Parce que l'existence d'une Administration omniprésente est la seule garantie, pour les sujets d'hier et les citoyens d'aujourd'hui, d'être, comme ils le désirent, égaux et irresponsables.

F. Kupferman
(© *L'Express*, 14 octobre 1983)

6.2 EXERCISES

Section A
Attempt the exercises in this section before reading the Explanations or consulting the Select Vocabulary.

6.2.1 Gist Comprehension
Answer the following questions in English.

(a) What are the features of American democracy which have influenced Europe?
(b) What does the author see as the main difference between the French and the American views of democracy?
(c) What sort of guarantee, offered by a centralised administration, leads to its acceptance by the French?

6.2.2 Word Study
Find, in the text, the words or phrases which best fit the dictionary definitions given below:

(a) qui se communique facilement.
(b) expression de mécontentement.
(c) explosion d'un sentiment, d'une action.
(d) tourné en ridicule par des moqueries.
(e) personne qui fait un éloge.
(f) ramener à des limites plus étroites.

6.2.3
In the passage below, the words omitted all relate to aspects of politics and the state. Rewrite the passage, inserting the most appropriate words chosen from the list given after the passage. Try this without looking back at the original text.

Nous avons célébré, en 1976, le bicentenaire de la . . . américaine. Les . . . de l'individu, les devoirs de . . . nous sont venus des États-Unis. La jeune démocratie a donné à l'Europe l'exemple de . . . devenant citoyens. En France, nous avons toujours été plus fascinés par l'égalité que par la . . . . Pour un Français, la démocratie, c'est . . . devant la loi. L'Administration survit à tous les changements de . . . . Le . . . central n'a jamais rencontré de véritables résistances, et n'a cessé de restreindre l'espace de . . . des Français.

liberté; sujets; droits; liberté; l'égalité; l'État; démocratie; régime; pouvoir.

6.3 EXPLANATIONS

6.3.1 Select Vocabulary

un éveil	awakening
un droit	right
la naissance	birth
la grogne	complaints; grumbles
la flambée	outburst; flare-up
railler	to mock
la tutelle	guardianship; tutelage
le laudateur	someone who praises
jouer de	to make use of

6.3.2 Expressions and Idioms

la fin de siècle	the final years of the century
les Lumières	The Age of Enlightenment of the eighteenth century is called, in French, le siècle des Lumières.
à laquelle nous devons bien plus qu'elle ne nous doit	to which we owe a good deal more than it owes to us
pas tout à fait	not entirely; not altogether
la prise en main	the taking of personal responsibility
Préfet	the administrative head of a département – a post created by Napoleon to help set the country on its feet again by implementing the law of 17 February 1800 which organised the regional and local administration of the country
département	the administrative areas into which France is divided. They were created by the Constituent Assembly in the constitution of 12 September 1791, and given purely geographical names, such as rivers and mountains, in order to wipe out the memory of earlier historical unities, such as the old Provinces
poujadisme	Pierre Poujade was a small shopkeeper and demagogue who led a vociferous movement against centralised bureaucracy in the fifties.
faute de	failing to
ce système n'en est pas moins	this system is nonetheless . . . .

6.3.3 Grammar

The following are the grammatical points in the text which form the basis for the exercises in Section B.

(a) Comparative statements followed by clause with ne (bien plus qu'elle ne nous doit) – *see grammar section 6.6 (c)*

(b) Personal pronoun objects leur; la; lui – *see grammar section 4.1.2*

(c) Relative pronoun laquelle (and other forms, lequel, etc.) – *see grammar section 4.4.1; 4.4.2 (d)*

(d) Demonstrative pronouns celui; celle; ceux; celles – *see grammar section 4.3*

(e) Dates and years (le 17 février, 1800, etc.) – *see grammar section 3.2.1 (a)*

6.4 EXERCISES

Section B

6.4.1

Translate the following sentences into French:

(a) We owe American democracy far more than it owes us.
(b) Equality fascinates us more than liberty interests us.
(c) The Frenchman is more satisfied with the Administration than he thinks.
(d) The influence of the American example was more contagious than was realised at the time.

6.4.2

Replace the phrases in brackets with the appropriate object pronoun.

Model: Le monde entier admire (*aux Français*) leur Administration.
Response: Le monde entier leur admire leur Administration.

(a) Les devoirs de l'État et les droits de l'homme sont venus (*aux Français*) des États-Unis.
(b) Les Français nomment (*cette tutelle*) bureaucratie.
(c) Les Américains ont donné (*à la France*) l'exemple d'une jeune démocratie.
(d) Il faut suggérer (*à notre Président*) de célébrer l'anniversaire de la naissance de l'Administration.

6.4.3

Rewrite the following pairs of statements so that each pair becomes a complete sentence linked by the appropriate form of lequel, or à qui (for a person).

Model: C'est le bicentenaire de la démocratie américaine. Nous lui devons beaucoup.

Respnse: C'est le bicentenaire de la démocratie américaine. à laquelle nous devons beaucoup.

(a) Il faut reconnaître l'autorité de l'État. Des limites y sont mises.

(b) C'est l'Europe. La jeune démocratie lui a donné un exemple contagieux.

(c) C'est le futur Président. Il faut lui suggérer de célébrer la naissance de l'Administration.

(d) Il y a, dans la vie des Français, une intervention de l'Administration. Ils s'y sont habitués.

6.4.4

Rewrite the following sentences replacing the words underlined with the appropriate form of the demonstrative pronoun.

Model: Faut-il suggérer à la personne qui sera notre Président en l'an 2000. . .?

Response: Faut-il suggérer à celui qui sera notre Président en l'an 2000. . .?

(a) Pour les contemporains de Reagan comme pour les contemporains de Washington.

(b) Les relations entre les Français et l'État montrent que l'État a su jouer à merveille de cette contradiction.

(c) C'est la commémoration du dix-huitième siècle, le siècle qu'on appelle 'Siècle des Lumières'.

(d) Il faut des limites au pouvoir de l'État et à son autorité, mais cette autorité est très marquée en France.

(e) Ce pouvoir existe pour les Français qui s'y sont habitués et pour les Français qui protestent.

(f) C'est la seule garantie pour les citoyens d'hier et pour les citoyens d'aujourd'hui.

6.4.5 Translation

Write out the following dates in French

(a) in the year 2000.

(b) in 1976.

(c) on 7 February, 1800.

(d) the constitution of 14 September, 1791.

(e) the article appeared on 14 October, 1983.

6.5 LES FRANÇAIS JUGENT L'ÉTAT
(Sondage *L'Express* Louis Harris—TF1)

Souhaiteriez-vous que les institutions actuelles de la Ve République soient maintenues telles qu'elles sont ou qu'elles soient modifiées?

Maintenues	43%
Modifiées	41%
Sans opinion	16%

Voudriez-vous que soit renforcé le pouvoir qu'exerce?

	Oui	*Non*	*Sans Opinion*
Le Parlement	43%	40%	17%
Le Président de la République	18%	72%	10%
Le gouvernement	26%	62%	12%

Pour l'élection des députés, quel type de scrutin préféreriez-vous? (Une seule réponse possible.)

Un scrutin de type majoritaire actuel	35%
Un scrutin de type proportionnel	21%
Un scrutin de type majoritaire, mais qui introduirait en plus une certaine dose de proportionnalité	25%
Sans opinion	19%

Des deux objectifs suivants, lequel vous semble le plus important?

Garantir à chacun la liberté de créer une entreprise	47%
Assurer la sécurité économique de chacun	47%
Sans opinion	6%

Souhaiteriez-vous voir le rôle de l'État dans l'économie?

S'accroître	30%
Rester le même	28%
Diminuer	36%
Sans opinion	6%

D'après vous, qui, de l'État ou des entreprises, est le plus apte pour faire effectuer à l'économie française les mutations qui sont rendues nécessaires par les nouvelles techniques?

L'État	19%
Les entreprises	66%
Sans opinion	15%

Souhaiteriez-vous vivre dans une société où l'État s'occupe beaucoup des individus ou dans une société où ils s'en occupe le moins possible?

S'occupe beaucoup	38%
S'occupe le moins possible	55%
Sans opinion	7%

Des deux attitudes suivantes, laquelle choisiriez-vous?

Accepter des prélèvements plus importants, afin de conserver le même niveau de protection sociale	50%
Refuser tout accroissement du niveau de ces prélèvements même si cela signifie une baisse du niveau de protection sociale	38%
Sans opinion	12%

Avez-vous l'impression que les lois actuelles et l'application qui en est faite garantissent bien les libertés des citoyens?

Oui	42%
Non	52%
Sans opinion	11%

Des deux opinions suivantes, avec laquelle êtes-vous le plus d'accord?

La France doit renoncer progressivement à vendre des armes aux pays n'ayant pas les mêmes idéaux qu'elle, même si cela crée du chômage en France	54%
La France doit continuer à vendre des armes à tous les pays quels qu'ils soient, afin de maintenir le niveau de son activité économique	35%
Sans opinion	8%

D'après vous, la France doit-elle agir auprès des pays étrangers pour qu'ils respectent les mêmes idéaux qu'elle?

| Oui | 46% |

Non	46%
Sans opinion	8%

Estimez-vous que depuis le 10 mai, 1981, la France s'est engagée dans un changement de société?

Oui	62%
Non	33%
Sans opinion	5%

(© *L'Express*, 9 décembre, 1983)

6.6 EXPLANATIONS

6.6.1 Select Vocabulary

le scrutin	ballot
s'accroître	to grow; increase
d'après vous	in your opinion
une entreprise	firm; business undertaking
le prélèvement	deduction from salary
le chômage	unemployment
tous les pays quels qu'ils soient	any countries whatever

6.6.2 Grammar

The following points of grammar are selected from the public-opinion poll to form the basis for the Exercises.

(a) Formation of questions – *see grammar sections 3.2.7; 4.5; 9.1*

(b) Use of lequel, laquelle in questions – *see grammar sections 4.5.1; 4.5.2 (d)*

6.7 EXERCISES

6.7.1

Reword the following questions by making use of an expression for 'would you like . . .?', that is, souhaiteriez-vous? or voudriez-vous?

Model: Est-ce que les institutions actuelles devraient être maintenues?

Response: Souhaiteriez-vous que les institutions actuelles soient maintenues?

(a) Est-ce que le pouvoir du Président devrait être renforcé?
(b) Est-ce que le rôle de l'État dans l'économie devrait diminuer?
(c) Est-ce que l'État devrait s'occuper beaucoup des individus?
(d) Est-ce qu'on devrait garantir à chacun la liberté de créer une entreprise?

6.7.2

Choose expressions from the left-hand column and combine them with statements from the right-hand column to make questions asking people their opinions.

D'après vous	(a) Les institutions doivent rester les mêmes.
Estimez vous que . . .	(b) Le pouvoir du gouvernement doit être renforcé.
Avez-vous l'impression que . . .	(c) Un scrutin de type majoritaire est préférable.
Selon vous . . .	(d) Le rôle de l'État dans l'économie devrait s'accroître.
Croyez-vous que . . .	(e) Les entreprises sont les plus aptes à effectuer les mutations nécessaires.
À votre avis	(f) On devrait accepter des prélèvements plus importants.
Êtes-vous d'accord que . . .	(g) La France doit renoncer à vendre des armes.

6.7.3 Translate into French

(a) Which of the following two aims seems to you to be more important?
(b) Which of the following two attitudes would you choose?
(c) With which of the following two opinions are you in agreement?
(d) Which of the following types of ballot would you prefer?

6.8 LE PEUPLE SOUVERAIN

C'est dimanche. Tout est calme dans la cité, il n'est pas encore huit heures du matin. Pourtant, devant l'école qui d'habitude – les autres dimanches – demeure un îlot désertique au milieu d'une cité qui vit autrement, mais qui vit, devant l'école donc: un remue-ménage intrigue le regard.

En vérité, ce dimanche est un dimanche inhabituel: c'est un dimanche d'élections. Il est huit heures moins dix. Voici la concierge de l'école, qui ouvre sa grille. Voice M. l'Adjoint au Maire qui entre, d'autres personnes aussi, toutes adultes.

Mais cette école, ce dimanche, est curieusement modifiée. Déjà, on avait remarqué depuis une quinzaine de jours des affiches nombreuses et changeantes sur des panneaux numérotés, les affiches électorales. Une autre affiche, blanche cella-là, convoquait les électeurs pour ce dimanche justement, afin d'élire leurs représentants à l'Assemblée Nationale: les députés.

Ce jour est arrivé. Et notre école est bien transformée, pour servir de décor à l'accomplissement de cet acte: l'élection.

Ici, plusieurs salles de classe sont transformées en 'bureau de vote'. Là, on a divisé le grand réfectoire en deux parties et ainsi, deux 'bureaux de vote' occupent chaque extrémité du réfectoire.

M. l'Adjoint au Maire est donc entré, à huit heures moins dix. Plusieurs personnes sont avec lui, d'autres suivent. Il y a là des employés municipaux. Ils disposent, sur une table à l'entrée de chaque bureau de vote, des piles de papiers blancs imprimés portant le nom des candidates à ces élections: ce sont les bulletins de vote. Il y a aussi une pile d'enveloppes bleues.

Pendant ce temps, l'adjoint au maire – désigné par le maire pour présider ce bureau de vote – s'installe derrière une autre table, qu'on aperçoit tout de suite en entrant dans le bureau. Sur cette table, une caisse en bois, avec un couvercle muni d'une fente comparable à celle d'une boîte à lettres: c'est l'urne.

L'adjoint au maire: 'Mesdames, Messieurs, nous allons procéder à la constitution du bureau. Y a-t-il des candidats pour être assesseurs?' (assesseurs: plus simplement, des assistants. Ils assistent le Président, ils l'aident.)

Le bureau de vote est en effet constitué publiquement par les électeurs présents à son ouverture. N'importe quel électeur peut participer à cette ouverture, et être volontaire pour faire partie du bureau de vote.

Mais pour être sûr qu'il y ait quelqu'un, les candidats aux élections ont désigné des assesseurs et des délégués. Désignés et reconnus comme tels par l'adjoint au maire qui préside le bureau de vote, ils vont s'installer derrière une grande table qui supporte: au centre l'urne, et de part et d'autres de grands registres à couverture noire cartonnée. S'il manque un de ces assesseurs, le président du bureau demandera à n'importe quel électeur parmi les premiers qui se présentent pour voter, de faire partie du bureau, au moins pour un petit moment. Car on peut être remplacé à cette tâche: l'essentiel est qu'il y ait toujours un citoyen pour présider le bureau (généralement c'est un membre du Conseil Municipal de la commune désigné par le Maire) et d'autres citoyens pour l'assister.

Peut-on commencer à voter? Non: il faut d'abord fermer l'urne. Pour fermer l'urne, il faut d'abord l'ouvrir: ce n'est pas un tour de prestidigitation, c'est la vérification que les opérations électorales se déroulent honnêtement. Ouverte, l'urne est présentée par le Président à toutes les personnes qui sont dans le bureau: l'urne est bien vide. Le Président rabat le couvercle: un cadenas est installé, un tour de clef et l'urne est fermée. Le Président peut déclarer ouvertes les opérations électorales: il est huit heures.

Michel Cardoze

A Voté

(© Editions de la Farandole)

6.9 EXERCISES

Section A
The following exercises should be attempted before reading the Explanations or consulting the Select Vocabulary.

6.9.1 Summary
Make a list to summarise, in French, the sequence of actions preceding the opening of the polling station.

For example: La concierge ouvre sa grille à huit heures moins dix.
L'Adjoint au Maire entre . . . etc., etc.

6.9.2 Word Study
Can you suggest appropriate English equivalents for the following specialist words referring to aspects of the French process of voting:

Les affiches électorales; les électeurs; élire; le représentant; l'Assemblée Nationale; le député; le bureau de vote; le bulletin de vote; une urne; le Conseil Municipal.

6.10 EXPLANATIONS

6.10.1 Select Vocabulary

le remue-ménage	commotion
l'Adjoint au Maire	deputy mayor
le panneau	sign; notice
convoquer	to convene; call together
afin d'élire	in order to elect
le député	member of parliament
désigner	to nominate; appoint
la fente	slit; crack
une urne	ballot-box
cartonné	bound in boards (compare: un livre carto a hard-back book)
un tour de prestidigitation	conjuring trick
rabattre le couvercle	to close the lid
le cadenas	padlock

6.10.2 Expressions and Idioms

n'importe quel électeur	any elector at all
reconnu comme tel	recognised as such
de part et d'autres	on either side

6.10.3 Grammar

The following are the grammatical points in the text which form the basis of the exercises in Section B.

(a) Use of pour with infinitive: pour présider; pour être sûr – *see grammar section 5.5.4 (f)*

(b) Subjunctive after the expressions, pour être sûr que; l'essentiel est que; il faut que – *see grammar section 5.5.3 (iv); 5.5.3 (xv)*

6.11 EXERCISES

Section B

6.11.1

Rewrite the following sentences using a construction with **pour** plus infinitive.

Model: L'école est ouverte à huit heures moins dix, et va servir de bureau de vote.

Response: L'école est ouverte à huit heures moins dix pour servir de bureau de vote.

(a) Le maire désigne son adjoint qui va présider ce bureau.
(b) L'adjoint demande s'il y a des candidats qui vont être assesseurs.
(c) Il faut d'abord ouvrir l'urne et on peut ensuite la fermer.

6.11.2

Answer the following questions, using the expression **pour être sûr que**. The statement in brackets after the question gives you the substance for your answer.

Model: Pourquoi est-ce que les assesseurs sont désignés?
(Il faut avoir quelqu'un.)
Response: Pour être sûr qu'il y ait quelqu'un.

(a) Pourquoi est-ce que le maire désigne son adjoint?
(Il faut avoir quelqu'un pour présider).
(b) Pourquoi est-ce que la concierge ouvre l'école à huit heures moins dix?
(Il faut que tout soit prêt pour l'ouverture).
(c) Pourquoi est-ce qu'il faut vérifier l'urne?
(Il faut ne rien avoir là-dedans).

6.11.3
Below are a series of statements of things which must take place to ensure
that the electoral law is followed. Write these out as sentences preceding
each statement either by il faut que, or l'essentiel est que.

Model: Ouvrir le bureau de vote à huit heures moins dix.
Response: L'essentiel est que le bureau de vote soit ouvert à huit heures
moins dix.

(a) Convoquer les électeurs d'avance.
(b) Disposer sur les tables les papiers portant le nom des candidats.
(c) Choisir les assesseurs.
(d) Avoir toujours un citoyen pour présider le bureau.
(e) Ouvrir l'urne.
(f) Vérifier que les opérations électorales déroulent honnêtement.
(g) Rabattre le couvercle de l'urne et la fermer avec un cadenas.

6.11.4 Reconstruction of the Text
Use the list of actions which you constructed for Exercise 6.9.1 (in Section
A), and the outline given below, to construct your own narrative, in
French, of the start to a typical French polling day. Do not try to recall
the original text word for word, but to put together a passage of French
conveying the same information.

Dimanche — calme — l'école — élections — concierge — adjoint au maire —
convoquer les électeurs — transformer les salles de classes — employés
municipaux — pile d'enveloppes — une caisse en bois — la constitution du
bureau de vote — assesseurs — n'importe quel électeur — l'urne et les
registres — fermer l'urne — déclarer ouvertes les opérations électorales.

D.6 DIALOGUE 🔲

What is the famed French bureaucracy like for the individual caught
up in its coils? In this conversation we are given a worm's eye view
of Napoleon's enduring creation.

Isabelle: Alors, Jocelyne, vous avez vécu d'abord en France. Après, vous
êtes venue vivre pendant quinze ans en Angleterre, et maintenant vous
venez de repartir vous installer en France, seule avec quatre enfants.
Alors, l'administration, vous devez connaître. Qu'est-ce que vous en
pensez?
Jocelyne: Oui, je connais; malheureusement, je connais. Quand j'ai quitté
la France j'étais trop jeune pour la connaître. Mes parents s'occupaient
de tous les papiers. J'avais juste à faire faire un passeport et une carte

d'identité. Mais enfin, il ne me semblait pas avoir beacucoup de soucis. Alors, je suis repartie en France, et moi, je pensais qu'il y aurait beaucoup de problèmes là-bas, mais je n'ai pas du tout pensé à l'administration.

Isabelle: Pourtant, il faut y penser.

Jocelyne: Je me suis rendu compte que j'avais besoin de papiers qui ne m'étaient jamais nécessaires en Angleterre. On vit très bien en Angleterre sans carte d'identité. On n'a qu'à donner son nom et les gens nous acceptent. Voilà. Tandis qu'en France, il faut d'abord la carte d'identité. Il faut des tas, des tas, des tas de papiers. Un exemple. J'ai fait faire un dossier de bourse pour mes enfants. Je crois que j'ai dû joindre cinq ou six papiers, mais j'ai dû les faire chacun en trois exemplaires.

Isabelle: C'est incroyable.

Jocelyne: J'envoie le dossier et puis on me le renvoie parce qu'il manque une petite croix là, ou alors il manque un détail. Il faut toujours joindre à tous les dossiers qu'on fait le relevé d'identité bancaire. On espère que c'est pour nous payer de l'argent, mais on se demande parfois si c'est pour autre chose. Et puis, on ne sait pas à qui s'adresser.

Isabelle: Ah, oui, ça c'est un autre problème.

Jocelyne: Alors, on nous envoie à ce bureau, puis là on nous dit non, c'est pas là, c'est Madame un tel parce que c'est un autre secteur. Alors on va voir Madame un tel, et on se rend compte que c'est seulement le matin, on ne peut pas la voir l'après-midi.

Isabelle: Et justement, on est venu l'après-midi.

Jocelyne: On est venu l'après-midi. Alors, on retourne chez soi et on revient le lendemain. Bon, Madame un tel est en vacances, et personne ne la remplace. Et les papiers qu'il fallait donner, il faut absolument les donner en février.

Isabelle: C'est un système qui me semble personnellement très anonyme. On est un numéro, et c'est trop bien organisé, dans un sens.

Jocelyne: Moi, je pense que c'est très mal organisé, ou alors, c'est si bien organisé que l'administration s'y perd. Elle s'y perd elle-même. Vous recevez un papier disant ceci, le lendemain vous recevez un autre papier disant cela. Ça ne confirme pas le premier, ça dit le contraire.

Isabelle: Donc, il n'y aurait pas assez de co-ordination entre les différentes branches?

Jocelyne: Voilà. Et puis, aussi, si on gardait peut-être les mêmes personnes, dans le même bureau, on reconnaîtrait la personne et on saurait à qui on parle. Mais non! Un jour, c'est une personne, le lendemain, c'est une autre. On nous renvoie sans nous dire toujours ce dont on a besoin. Alors, on retourne chez soi, et on se rend compte qu'il fallait un autre papier de plus. On y passe des jours.

Isabelle: Alors, finalement, s'il y avait beaucoup moins de personnel dans l'administration, ou, par exemple, des gens qui prennent un dossier complètement en charge et deviennent responsables d'une personne et qui suivent le problème, ça deviendrait plus simple.

Jocelyne: Ça serait plus simple. Mais par contre, j'ai oublié de dire que quand même, il y a quelque chose de très bien, c'est la Mairie. C'est la Mairie qui aide les gens quand même à se débrouiller. Avec n'importe quel problème, on peut toujours aller voir le secrétaire de la Mairie et puis, s'il sait qu'on a un problème, il nous aidera.

Isabelle: Le secrétaire de la Mairie, c'est un peu le médiateur entre le citoyen et l'administration?

Jocelyne: Pas toute l'administration, malheureusement, seulement l'administration de la Mairie. Mais enfin, vu sa position, il a quand même beaucoup de connaissances. Il peut nous diriger.

Isabelle: Mais on disait dans ce texte, finalement, que l'administration serait toute-puissante si les Français ne savaient pas détourner la loi, s'ils ne savaient pas contourner l'administration. Est-ce que vous êtes d'accord avec ça?

Jocelyne: Je pense que c'est une question d'honneur. Trouver des petits trucs, ne pas payer ceci, ne pas envoyer tel ou tel papier. Il y a énormément d'exemples où il est très facile d'induire l'administration en erreur.

Isabelle: Ah bon, on peut les induire en erreur, malgré les papiers qu'ils réclament? Donc, le Français arrive quand même à s'en sortir avec son administration, si je comprends bien. On arrive toujours à se débrouiller. Et je pense que, finalement, l'administration est elle-même consciente de ce caractère typiquement français qui consiste à toujours trouver une faille dans le règlement et arriver à, justement, utiliser cette faille. Et c'est ça, finalement, qui nous sauve de cette administration toute-puissante.

Jocelyne: Autrement ce serait invivable. Ça serait un cauchemar.

D.6.1 EXERCISES

Section A
Attempt the exercises in this section before consulting the Explanations and Vocabulary.

D6.1.1 Gist Comprehension
(a) From the beginning as far as **pas du tout pensé à l'administration**.

What was Jocelyne's only acquaintance with the Administration before she decided to move back to France?

(b) From **Pourtant, il faut y penser** as far as **à qui s'adresser.**

What papers are necessary in France but not in England? What further item of information is needed with every submission of papers?

(c) From **Ah oui, ça c'est un autre problème** as far as **en février.**

What is the particular problem touched on here?

(d) From **C'est un système** as far as **On y passe des jours.**

What example is given of the way in which the Administration gets lost in its own complexity?

(e) From **Alors, finalement** as far as **il peut nous diriger.**

Jocelyne finds one saving grace in the whole system. Where can one get help?

(f) From **Mais on disait** as far as the end.

How do the French manage to cope with their Administration and its many demands?

D.6.1.2 Multiple Choice

For each of the questions below, decide which of the possible answers suggested is correct, and then write out the phrase which you hear on the tape and which gives the answer.

Model: **Pendant combien de temps Jocelyne a-t-elle vécu en Angleterre?**
      (i) 15 ans.
      (ii) 50 ans.
      (iii) 5 ans.
Response: (i) Vous êtes venue vivre pendant quinze ans en Angleterre.

(a) **Quel est le document qui est obligatoire en France mais pas en Angleterre?**
    (i) le permis de conduire.
    (ii) la carte de visite.
    (iii) la carte d'identité.

(b) **Quand on envoie un dossier, combien d'exemplaires faut-il?**
    (i) 13 exemplaires.
    (ii) 3 exemplaires.
    (iii) trop d'exemplaires.

(c) **On quitte le bureau et on ne nous dit pas toujours**
    (i) tout ce qui est nécessaire.
    (ii) où il faut aller.
    (iii) quand il faut revenir.

(d) **Pour améliorer le système il faudrait**

    (i) des gens responsables de tout le bureau.
    (ii) des gens sans responsabilité personnelle.
    (iii) des gens responsables d'une personne.

(e) **Une partie du rôle du secrétaire de la Mairie, c'est de**

    (i) méditer sur les problèmes des gens.
    (ii) faire l'intermède entre les gens et les bureaux.
    (iii) mendier dans la rue.

(f) **Un caractère typiquement français consiste à**

    (i) se noyer dans la paperasserie.
    (ii) trouver la possibilité de détourner le règlement.
    (iii) régler les comptes régulièrement.

D.6.2 Explanations and Vocabulary

l'administration, vous devez connaître	you *must* know what the administration is like
le souci	worry
on n'a qu'à donner son nom	you only have to give your name
j'ai fait faire un dossier de bourse	I had a file prepared for a grant
j'ai dû joindre cinq ou six papiers	I had to attach 5 or 6 documents
Madame un tel	Mrs so and so
disant ceci . . . disant cela	saying one thing . . . saying another
sans nous dire ce dont on a besoin	without telling us what we need
se débrouiller	to manage; to cope; to get by
vu sa position	given his position; seeing what a position he holds
détourner	to divert; to reroute
contourner	to by-pass; to skirt; to get round
des petits trucs	little dodges; little tricks
induire en erreur	to lead astray; to mislead
la faille	flaw; weakness
invivable	impossible to live with
le cauchemar	nightmare

D.6.3 EXERCISES

Section B

D.6.3.1

Below are a series of statements made to you by an official. Report them to a friend in the past tense, making use of the phrases given below:

Model: Vous devez faire faire un dossier de bourse.
Response: J'ai dû faire faire un dossier de bourse.

(a) Vous ne savez pas que vous avez besoin de papiers?
(b) Vous devez les faire en trois exemplaires.
(c) Il suffit de donner son nom.
(d) Vous n'avez pas dit qu'il y a la Mairie.

j'ai dû; je me suis rendu compte; on n'avait qu'à; j'ai oublié de.

D.6.3.2

Below are the answers to an interview you carry out with a French friend concerning their experience of bureaucracy. Write out the questions you would put to receive these answers.

(a) Oui, je connais l'administration.
(b) Non, quand j'ai quitté la France j'étais trop jeune.
(c) Non, on n'a qu'à donner son nom en Angleterre.
(d) On espère que c'est pour payer de l'argent.
(e) Non, il n'y a pas assez de co-ordination entre les membres.
(f) Pas le médiateur pour toute l'administration, malheureusement.
(g) Oui, je suis d'accord, et je crois que les Français savent contourner l'administration.
(h) Oui, dans ce cas, ce serait invivable.

PROMENADES LITTÉRAIRES II

PROMENADES LITTÉRAIRES II

The variety of French landscape, and of regional customs, is richly represented in the literature of all periods. Having made an initial acquaintance with some writers of the seventeenth and eighteenth centuries in the first section of *Promenades Littéraires*, we shall turn to the nineteenth century for some examples of this regional diversity.

PL.II.1 EN TOURAINE

Honoré de Balzac was born at Tours in 1799, and throughout his life remained strongly attached to his beloved Touraine, making it the setting for several of his works, including *Le Lys dans la Vallée*, from which the following extract is taken. The sheer energy and creative drive of Balzac are astounding. In the twenty years from his first novel in 1829 until his death in Paris, in 1850, he published some ninety novels, thirty stories and five plays. Within the overall framework of the *Comédie Humaine*, he created a whole detailed world of characters, societies and periods.

L'amour infini . . . je le trouvais exprimé par ce long ruban d'eau qui ruisselle au soleil entre deux rives vertes, par ces lignes de peupliers qui parent de leurs dentelles mobiles ce val d'amour, par les bois des chênes qui s'avancent entre les vignobles sur des côteaux que la rivière arrondit toujours différemment, et par ces horizons estompés qui fuient en se contrariant. Si vous voulez voir la nature belle et vierge comme une fiancée, allez là par un jour de printemps; si vous voulez calmer les plaies saignantes de votre coeur, revenez-y par les derniers jours de l'automne . . . . Ne me demandez plus pourquoi j'aime la Touraine. Je ne l'aime ni comme on aime son berceau, ni comme on aime un oasis dans le désert; je l'aime comme un artiste aime l'art; je l'aime moins que je ne vous aime, mais sans la Touraine, peut-être ne vivrais-je plus.

Honoré de Balzac
Le Lys dans la Vallée (1835–36)

PL.II.2 UN MARIAGE NORMAND

Whereas Balzac produced a stream of novels, Gustave Flaubert was almost painfully reticent by comparison, turning away from the world to an almost fanatical cult of his art, seeing the careful working and reworking of his literary style as the core of his existence. Born at Rouen in 1821, he spent most of his life in Normandy, despite studies in Paris and journeys to Egypt and Tunisia. In *Madame Bovary*, Flaubert demonstrates the profundity of his insight into the psychology of his characters, and an intimate and detailed knowledge of rural life in nineteenth century Normandy. Flaubert died in 1880, at his property of Croisset, near Rouen, where he had spent the greater part of his life.

La mairie se trouvant à une demi-lieue de la ferme, on s'y rendit à pied, et l'on revint de même, une fois la cérémonie faite à l'église. Le cortège d'abord uni comme une seule écharpe de couleur, qui ondulait dans la campagne, le long de l'étroit sentier serpentant entre les blés verts, s'allongea bientôt et se coupa en groupes différents qui s'attardaient à causer. Le ménétrier allait en avant avec son violon empanaché de rubans à la coquille; les mariés venaient ensuite, les parents, les amis tout au hasard; et les enfants restaient derrière, s'amusant à arracher les clochettes des brins d'avoine, ou à se jouer entre eux, sans qu'on les vît. La robe d'Emma, trop longue, traînait un peu par le bas; de temps à autre elle s'arrêtait pour la tirer, et alors, délicatement, de ses doigts gantés, elle enlevait les herbes rudes avec les petits dards des chardons, pendant que Charles, les mains vides, attendait qu'elle eût fini . . . .

C'était sous le hangar de la charretterie que la table était dressée. Il y avait dessus quatre aloyaux, six fricassées de poulet, du veau à la casserole, trois gigots, et, au milieu, un joli cochon de lait, rôti, flanqué de quatre andouilles à l'oseille. Aux angles se dressait l'eau-de-vie, dans des carafes. Le cidre doux en bouteilles poussait sa mousse épaisse autour des bouchons et tous les verres, d'avance, avaient été remplis de vin jusqu'au bord.

Gustave Flaubert
Madame Bovary, 1857

PL.II.3 LE MAQUIS CORSE

Neither in his literary ambitions nor in his final achievement can Prosper Mérimée be compared either to Balzac or Flaubert. Within his chosen form of the nouvelle, however, he is a considerable artist. Certain aspects of his work reveal the fact that, born in 1803, he belongs to the generation of Romanticism, as is shown by his love for powerful passions, local colour and mystification. But his critical intelligence and objectivity temper the Romantic elements with realism and with a technique ideally suited to the discipline of the short story or nouvelle. His travels as an Inspector of Historical Monuments took him to Spain, from which he returned with the subject of his best-known work, *Carmen*, and to Corsica, which gave him material for *Colomba*, and for *Mateo Falcone*, the story from which the following description of the maquis is taken.

En sortant de Porto-Vecchio et se dirigeant au nord-ouest, vers l'intérieur de l'île, on voit le terrain s'élever assez rapidement, et, après trois heures de marche par sentiers tortueux, obstrués par de gros quartiers de rocs, et quelquefois coupés par des ravins, on se trouve sur le bord d'un *maquis* très étendu. Le maquis est la patrie des bergers corses et de quiconque s'est brouillé avec la justice. Il faut savoir que le laboureur corse, pour s'épargner le peine de fumer son champ, met le feu à une certaine étendue de bois: tant pis si la flamme se répand plus loin que besoin n'est; arrive que pourra, on est sûr d'avoir une bonne récolte en semant sur cette terre fertilisée par le cendre des arbres qu'elle portait. Les épis enlevés, car on laisse la paille, qui donnerait de la peine à recueillir, les racines qui sont restées en terre sans se consumer poussent, au printemps suivant, des cépées très épaisses qui, en peu d'années, parviennent à une hauteur de sept ou huit pieds. C'est cette manière de taillis fourré que l'on nomme maquis.

Prosper Mérimée
Mateo Falcone (1829)

106

PL.II.4 CHANSON DE LA SEINE 🔊

To return to evocations of Paris, this selection of reading material moves into the twentieth century, and to a poem of Jacques Prévert. Born in 1900, Prévert has a marvellous gift for poetry which is intimate and natural, free from overblown rhetoric, and playful in its use of words and its choice of images.

La Seine a de la chance
Elle n'a pas de soucis
Elle se la coule douce
Le jour comme la nuit
Et elle sort de sa source
Tout doucement sans bruit
Et sans se faire de mousse
Sans sortir de son lit
Elle s'en va par la mer
En passant par Paris
La Seine a de la chance
Elle n'a pas de soucis
Et quand elle se promène
Tout le long de ses quais
Avec sa belle robe verte
Et ses lumières dorées
Notre-Dame jalouse
Immobile et sévère
Du haut de toutes ses pierres
La regarde à travers
Mais la Seine s'en balance
Elle n'a pas de soucis
Elle se la coule douce
Le jour comme la nuit
Et s'en va vers Le Havre
Et s'en va vers la mer
En passant comme un rêve
Au milieu des mystères
Des misères de Paris.

Jacques Prévert
(From *Spectacles* (1951), © Gallimard)

PL.II.5 JE VOUS SALUE MA FRANCE

As the last selection in this series relating to aspects of France, I have
chosen a poem which Aragon wrote in 1943, and which was addressed to
those who had been imprisoned and deported. It conjures up a similar
image to that portrayed in the extract from de Gaulle, an image of France
which surpasses any specific physical or geographical reality.

Lorsque vous reviendrez car il faut revenir
Il y aura des fleurs tant que vous en voudrez
Il y aura des fleurs couleur de l'avenir
Il y aura des fleurs lorsque vous reviendrez

Vous prendrez votre place où les clartés sont douces
Les enfants baiseront vos mains martyrisées
Et tout à vos pieds las redeviendra de mousse
Musique à votre coeur calme où vous reposer

Haleine des jardins lorsque la nuit va naître
Feuillages de l'état profondeur des prairies
L'hirondelle tantôt qui vint sur la fenêtre
Disait me semble-t-il Je vous salue Marie

Je vous salue ma France arrachée aux fantômes
O rendue à la paix vaisseau sauvé des eaux
Pays qui chante Orléans Beaugency Vendôme
Cloches cloches sonnez l'angélus des oiseaux

Je vous salue ma France aux yeux de tourterelle
Jamais trop mon tourment mon amour jamais trop
Ma France mon ancienne et nouvelle querelle
Sol semé de héros ciel plein des passereaux

Je vous salue ma France où les vents se calmèrent
Ma France de toujours que la géographie
Ouvre comme une paume aux souffles de la mer
Pour que l'oiseau du large y vienne et se confie

Patrie également de la colombe ou l'aigle
De l'audace et du chant doublement habitée
Je vous salue ma France où les blés et les seigles
Mûrissent au soleil de la diversité

108

Je vous salue ma France où le peuple est habile
A ces travaux que font les jours émerveillés
Et que l'on vient de loin saluer dans la ville
Paris mon coeur trois ans vainement fusillé

Heureuse et forte enfin qui portez pour écharpe
Cet arc-en-ciel témoin qui ne tonnera plus
Liberté dont frémit le silence des harpes
Ma France d'au-delà le déluge salut

Louis Aragon (1897–1983)
(From *Le Musée Grévin*, août–septembre, 1943.
© Editeurs Français Réunis)

NOTES

PL.II.1 En Touraine

ruisseler	to run, to flow
la dentelle	lace
estompé	blurred, misty
la plaie	wound

PL.II.2 Un Mariage Normand

le ménétrier	fiddler
empanaché	adorned
les clochettes des brins d'avoine	heads of the sprigs of oats
le dard	barb
le chardon	thistle
un aloyau	sirloin
l'oseille	sorrel

PL.II.3 Le Maquis Corse

se brouiller avec	to fall out with
arrive que pourra	whatever happens
un épi	ear of corn
la cépée	cluster of shoots
le taillis	thicket
fourré	tangled

PL.II.4 Chanson de la Seine

elle se la coule douce	she takes her time; goes her own way

sans se faire de mousse	without getting worried about anything
doré	golden
elle s'en balance	she doesn't care; makes fun of things

PL.II.5 Je vous salue ma France

las	weary
une hirondelle	swallow
le vaisseau	vessel, ship
la tourterelle	turtle-dove
le passereau	sparrow
la paume	palm (of the hand)
l'oiseau du large	bird from the open sea
la colombe	dove, pigeon
un aigle	eagle
le blé	wheat
le seigle	rye
la harpe	harp
frémir	to tremble
le déluge	flood

PART III
SOCIÉTÉ FRANÇAISE

LA FAMILLE

In common with other European societies, France has experienced considerable upheavals in family life in recent years. The article *Sacrées Familles* explores the statistics of some aspects of these changes, particularly in the changing patterns of marriage, divorce and childbirth, presenting, as the author says, un extraordinaire désarroi des sociétés industrielles. Perhaps the picture of change and disarray is not wholly gloomy, however, if grandparents are, after all, able to find a role as suggested in the second passage here.

7.1 SACRÉES FAMILLES

Le premier signe extérieur de changement concerne le mariage. On sait depuis longtemps qu'on ne fonde pas le même type de famille au nord qu'au sud de la France, en ville qu'à la campagne, en milieu bourgeois qu'en milieu ouvrier. Mais le moyen unique de créer ce foyer restait le mariage. Depuis quelques années, cette institution a, en quelque sorte, des états d'âme. Les chiffres sont sans appel: entre 1972 et 1981, le nombre des mariages a diminué de 25%, alors que la population des 'mariables' était en augmentation . . . Il s'agit là d'une tendance commune à toute l'Europe . . . Les sociologues et les démographes hésitent encore à se prononcer sur les causes de cet affaiblissement. Pour l'expliquer, certains évoquent un simple changement de calendrier: on se marierait plus tard que dans les années 60. Mais personne n'exclut l'hypothèse d'une désaffection plus profonde et plus durable à l'égard de cette institution.

La nature même du mariage semble s'être largement transformée. Hier, acte essentiel aux yeux de la religion, le mariage fondait une famille conforme aux intérêts de l'État et à ceux de la société. Aujourd'hui, pour beaucoup de conjoints, ce n'est plus qu'une simple formalité. Ce détachement ne sonne pourtant pas le glas de la famille. Au contraire, face aux agressions du monde moderne, le foyer se fait refuge, abri . . . La raison

114

d'État cède la place au coeur. L'amour constitue le fondement du couple qui considère le mariage comme une affaire privée . . .

Peut-on voir là l'explication d'une deuxième donnée clef de ces dernières années; la montée des divorces? . . . Un mariage sur quatre contractés en 1982 devrait aboutir à un divorce . . . Fréquent, banalisé, mieux accepté socialement, le divorce, s'il constitue souvent encore un drame personnel, ne menace pas forcément la famille. La nouvelle logique du mariage inclut des périodes où le couple n'est plus le pivot de la famille. On compte aujourd'hui environ 800 000 familles monoparentales, constituées à 50% par des personnes divorcées.

La baisse des mariages et l'augmentation des divorces s'accompagnent d'une troisième observation significative de ces états divers de la famille: le développement de la cohabitation. Sans faire de bruit, le concubinage a pignon sur rue: entre 1975 et 1981, le nombre de cohabitations où l' homme est âgé de moins de 35 ans est passé de 155 000 à 400 000. La moitié des personnes qui se marient déclarent avoir déjà eu une expérience de vie commune. Actuellement, sous la pression sociale, la majorité des concubins se marient lorsque l'enfant paraît. Mais on assiste à un accroissement non négligeable du nombre des naissances illégitimes. Aujourd'hui, un enfant sur neuf naît en dehors des liens du mariage. En 1965, il n'y en avait qu'un sur seize. On peut penser que, à l'époque où les femmes possèdent une maîtrise jamais atteinte auparavant sur leur fécondité, ces naissances traduisent la volonté définitive de ne pas passer devant M. le Maire.

La baisse du taux de fécondité constitue le quatrième indice de cette mutation silencieuse qui affecte la famille . . . . Baisse du mariage, montée du divorce, augmentation de la cohabitation et chute de la fécondité . . . Faut-il avoir peur? On constate un extraordinaire désarroi des sociétés industrielles. Elles ont toujours pensé que les grands équilibres, la reproduction biologique et la reproduction sociale, se fondaient sur l'institution familiale. Peut-on faire fonctionner la société à travers d'autres institutions?

Ou bien sommes-nous simplement à une époque charnière, dans laquelle un système bascule d'un équilibre ancien à un équilibre nouveau qu'on n'arrive pas encore à discerner? L'institution familiale – l'Histoire le démontre amplement – a su s'adapter à bien d'autres changements culturels, économiques et sociaux.

Sylvie O'Dy
(© L'Express, le 28 janvier, 1983)

7.3 EXERCISES

Section A
Attempt to answer the exercises in this section before consulting the Explanations or the Select Vocabulary.

7.2.1 Gist Comprehension
Answer the following questions in English:

(a) What trend does the author believe is common to the whole of Europe?
(b) If the role of the State has declined in demanding that couples should marry to conform to social conventions, what is the basis on which couples now come together?
(c) Fewer marriages, more divorces; these are two factors in the current situation. What does the author claim is the third significant element?
(d) Since women now have more control than ever before over their own fertility, how can one explain the number of illegitimate births?
(e) Must one be afraid? How does the author answer her own question?

7.2.2 Sentence Matching
Without referring back to the text in the first instance, write out complete sentences by combining a phrase from the left-hand column with an appropriate phrase from the right-hand column.

(a) On sait que	(i) se prononcer sur les causes
(b) Il s'agit de	(ii) est passé à 400 000
(c) Les sociologues hésitent à	(iii) on ne fonde pas le même type de famille
(d) On se marierait plus tard que	(iv) a su s'adapter
(e) Ce n'est plus que	(v) dans laquelle un système bascule
(f) Le couple considère le mariage	(vi) avoir eu une expérience de vie commune
(g) On compte 800 000 familles monoparentales	(vii) une simple formalité
(h) Le nombre de cohabitations	(viii) une tendance commune à toute l'Europe
(i) La moitié des personnes déclarent	(ix) constituées à 50% par des personnes divorcées

116

(j) Sommes-nous à une époque
    charnière

(x) dans les années 60

(k) L'institution familiale

(xi) comme une affaire privée

7.2.3
Insert punctuation and accents into the following passage.

Hier acte essentiel aux yeux de la religion le mariage fondait une famille
conforme aux interets de l'Etat et a ceux de la societe aujourd'hui pour
beaucoup de conjoints ce n'est plus qu'une simple formalite ce detache-
ment ne sonne pourtant pas le glas de la famille au contraire face aux
agressions du monde moderne le foyer se fait refuge abri

7.3 EXPLANATIONS

7.3.1 Select Vocabulary
le foyer	home (literally, 'fireplace'; 'hearth')
le chiffre	figure
la désaffection	dissatisfaction
un abri	shelter
la fécondité	fertility
le taux	rate
la chute	fall; drop
le désarroi	disarray
la charnière	hinge; joint
basculer	to tip over; to see-saw

7.3.2 Expressions and Idioms
en milieu bourgeois (ouvrier)	in a middle-class (working-class) environment
en quelque sorte	to some extent; in a way
un état d'âme	state of mind; mood
les chiffres sont sans appel	there can be no denying the figures
alors que	whereas
il s'agit là d'une tendance	we are dealing here with a tendency
dans les années 60	in the sixties
à l'égard de	with regard to; concerning
ne sonne pas le glas	doesn't sound the death-knell
cède la place à	gives way to
une donnée clef	a key piece of information
a pignon sur rue	is a thriving business

passer devant M. le Maire	marriages in France are legal only if a civil ceremony is carried out by the Mayor
l'institution a su s'adapter	the institution has known how to adapt itself
bien d'autres changements	plenty of other changes

7.3.3 Grammar
The following are the grammatical points in the text which form the basis for the exercises in Section B.

(a) **Uses of negative expressions:** ne . . . plus; ne . . . personne; ne . . . que; ne . . . plus que; ne pas + infinitive - *see grammar sections 6.2; 6.6*

(b) **Expressions with numerals:** un sur quatre; constitué à 50% par; and larger numbers, 800 000 etc. - *see grammar section 3.2.1*

(c) **Use of on:** on sait que; on peut penser; etc. - *see grammar section 4.6 (d)*

7.4 EXERCISES

Section B

7.4.1
The following English sentences represent possible renderings of statements in the text where French uses a construction with on. Translate the sentences into French using a construction similar to that used in the original passage.

(a) It has been known for a long time that marriage is no longer the same.
(b) People don't establish the same sort of family in the north as in the south.
(c) One-parent families can be estimated at around 800,000.
(d) We are witnessing an increase in the number of illegitimate births.
(e) We can not yet manage to see the new equilibrium clearly.
(f) One might consider that these births reveal a determination not to get married.

7.4.2
The list of items below represents a page from your notebook where you have made some jottings about statistics concerning marriage. Write up these notes into complete French sentences, using expressions such as

diminuer de, augmenter de, constitué par, and other expressions with numbers which were used in the text. Where figures occur, you should write them out in full.

1972–81: 25% moins de mariages — 25% plus de divorces
1982:   ¼ de mariages — divorce — 800 000 familles monoparentales
          (50% personnes divorcées)
1975–81: cohabitation (homme moins de 35) de 155 000 à 400 000
1965:   1/16 naissances illégitimes
1982:   1/9 naissances illégitimes

7.4.3

Rewrite the following passage, filling in the gaps with appropriate words or expressions chosen from the list below:

. . . . . . quelques années, cette institution a, ..., des états d'âme. Les chiffres sont . . . . . . Entre 1972 et 1981, le nombre de mariages a diminué . . . . . . 25%, ... la population des 'mariables' était en augmentation. . . . . . . d'une tendance commune à toute l'Europe. Pour l'expliquer, ... évoquent un simple changement de calendrier: on se marierait plus tard que . . . . . . Mais . . . . . . n'exclut l'hypothèse d'une désaffection plus profonde . . . . . . cette institution. Aujourd'hui, pour beaucoup, le mariage . . . . . . une simple formalité, et le couple n'est . . . . . . le pivot de la famille. Il y a, paraît-il, une volonté définitive de . . . . . . passer devant M. le Maire.

à l'égard de; il s'agit là; plus; certains; personne; ne pas; sans appel; dans les années 60; alors que; de; n'est plus que; en quelque sorte; depuis

7.5 LES GRANDS-PARENTS RETROUVÉS

Entre les grands-parents et les petits enfants, il existe un lien privilégié fait, d'une part, de tendresse, de douceurs et de gâteries, et, de l'autre, de confiance et de conscience de leur importance. 'Ils arrivent, hélas, à l'heure où nous fuyons', dit avec mélancolie le professeur Leibovici, pédo-psychiatre. Ce n'est plus tout à fait vrai; l'allongement de la durée de la vie, les activités de la mère de famille rendent les grands-parents de plus en plus présents et de plus en plus longtemps.

   Leur rôle est d'autant plus grand aujourd'hui que celui des oncles, tantes et autres collatéraux est pratiquement réduit à rien. Psychiatres et psychologues sont unanimes à affirmer l'importance de l'image des grands-parents dans la formation de la conscience de soi chez le jeune enfant. C'est par le contact des grands-parents, par les histoires de famille mille fois répétées et enjolivées, qu'il acquerra la représentation de ses racines, de

Fig. 6 *Les grands-parents retrouvés*

ses origines, de la chaîne des générations qui aboutit à sa petite personne. Un passé dont il se sentira en quelque sorte dépositaire, et que, selon toute vraisemblance, il souhaitera également transmettre lorsqu'il aura des enfants à son tour.

L'importance des liens entre grands-parents et petits-enfants est reconnue partout. Papi et mamie font partie intégrante de la famille, quel que soit le milieu social. Les enfants les voient fréquemment, parfois même, ils sont pris en charge par eux.

Un tiers des enfants de moins de trois ans dont les mères travaillent sont gardés par les grands-parents, généralement par une grand-mère. Chez les plus défavorisés, c'est parfois le seul moyen pour la mère de continuer à travailler: il n'est pas question de prendre une employée de maison à demeure ou une jeune fille au pair, modes de garde réservés aux gens aisés. Crèches ou nourrices sont rares ou onéreuses.

Mais la raison majeure invoquée n'est pas d'ordre financier, c'est la sécurité morale: 'Il est mieux chez sa grand-mère. Chez ma mère, c'est comme s'il était avec moi, elle le dorlote, elle le câline ... Une étrangère, c'est pas pareil.' Plus on descend dans l'échelle sociale, plus on est réticent devant les modes de garde collectifs, plus on tient aux 'liens du sang'.

Pour les enfants, la présence des grands-parents compte d'autant plus que, dans les couches populaires, la famille est souvent le mode unique de socialisation. Chez les gens aisés on se reçoit, on s'invite, les enfants rencontrent fréquemment des 'étrangers', nombreux et variés. Au contraire, chez les gens simples, la famille est plus isolée, repliée sur elle-même.

Mais, à tous les niveaux de la société, les vacances des petits chez les grands-parents sont fréquentes. Au moins la moitié des grands-parents voient leurs petits-enfants chaque année pendant les vacances, plus souvent chez les cadres supérieurs (64%) que chez les ouvriers (41%). 47% des grand-mères de plus de cinquante-cinq ans choisissent leurs dates de vacances en fonction de celles de leurs petits enfants.

La solidarité familiale n'est donc pas morte. D'autant moins qu'elle n'est plus obligation, mais plaisir. Les grands-parents se permettent rarement d'intervenir dans l'éducation des enfants: tacitement, ils reconnaissent la prééminence des parents.

Liliane Delwasse
(© *Le Monde de l'Éducation*, janvier, 1981)

7.6 EXERCISES

Section A
Attempt the exercises in this section before reading the Explanations or consulting the Select Vocabulary.

7.6.1 Gist Comprehension
Answer the following questions in English:

(a) What are the factors which mean that grandparents might have a larger part to play than in the past?
(b) What elements in the relationship between grandparents and grandchildren are seen as particularly valuable by psychologists?
(c) Grandparents are an integral part of families at all social levels. In what ways does the position of the working-class family differ from that of the better-off?
(d) If financial considerations are not the major reason for working mothers to place their children with the grandparents, what are the major reasons?

(e) What is the situation between grandparents and grandchildren at holiday-time?

(f) Do grandparents tend to have a say in educational matters?

7.6.2 Word Study

(a) Write out a list of adjectives, each of which corresponds to one of the nouns below:

tendresse; confiance; conscience; sécurité; présence; solidarité; prééminence.

(b) Now try to deduce the correct nouns which are formed from the following adjectives:

unanime; reconnu; majeure; financier; moral; simple; isolé; fréquent; supérieur.

(c) Guess at the meaning of the following words from the context in which they appear in the passage. To help yourself in this task, write down also other French words which appear to you to be related in some way to those given here, and which can give clues to meaning.

lien; gâterie; allongement; collatéraux; enjolivé; dépositaire; tiers; aboutir; nourrice; dorloter; câliner; replié; onéreux.

7.6.3 Vrai ou Faux

The following statements relate to the theme of the passage, but some of them do not represent the views of the author. Make lists of those statements which are true and of those which are false:

(a) Il existe un lien entre grands-parents et petits-enfants.

(b) L'allongement de la durée de la vie rend les grands-parents de plus en plus présents.

(c) Le rôle des tantes et des oncles est tout aussi important que celui des grands-parents.

(d) L'enfant acquerra le sentiment de ses racines en écoutant ses grands-parents.

(e) L'enfant n'aura jamais envie de transmettre l'histoire familiale à son tour.

(f) Plus on descend dans l'échelle sociale, plus il y a de socialisation.

(g) Les grands-parents interviennent rarement dans l'éducation des enfants.

7.7 EXPLANATIONS

7.7.1 Select Vocabulary

le lien	link; bond
le pédo-psychiatre	child-psychologist
le collatéral	relative
enjoliver	to ornament; embellish
la racine	root
le tiers	third (that is, $33\frac{1}{3}\%$)
la nourrice	nurse; child-minder
dorloter	to pamper; cosset
câliner	to cuddle
le mode	mode; form; method. (Do not confuse with la mode = fashion.)

7.7.2 Expressions and Idioms

la conscience de soi	consciousness of self
qui aboutit à sa personne	which ends up with himself
selon toute vraisemblance	according to all the evidence
papi et mamie	child's pet names for grand-père and grand-mère
une employée de maison à demeure	a living-in home help
n'est pas d'ordre financier	is not of a financial nature
les couches populaires	the working-classes
repliée sur elle-même	turned-in upon itself
les cadres supérieurs	the executive classes
en fonction de	according to

7.7.3 Grammar

The following are the grammatical points in the text which form the basis for the exercises in Section B.

(a) **Various forms of comparative statement**: plus isolé; plus de 55 ans; de plus en plus; d'autant plus; d'autant moins; plus . . . plus – *see grammar sections 3.1.3; 6.2 (j); 6.2 (a); 8.3 (d)*

(b) **Impersonal expressions**: il existe; il n'est pas question de – *see grammar section 5.4.4*

(c) **Use of quel que + Subjunctive** – *see grammar section 3.2.8 (e); 5.5.3 (vii); 8.3 (d)*

(d) **Use of chez** – *see grammar section 7 (i)*

7.8 EXERCISES

Section B

7.8.1
Rewrite the following sentences using the structures indicated by the model in each section:

(a) *Model:* **Les grands-parents sont présents plus longtemps?**
   Response: **Oui, ils sont présents de plus en plus longtemps.**

 (i) La vie se prolonge plus longtemps pour les personnes âgées.
 (ii) Les enfants voient leurs grands-parents plus fréquemment?
 (iii) Les mères qui travaillent sont défavorisées?
 (iv) Les crèches sont rares?
 (v) Les vacances sont fréquentes?

(b) *Model:* **On descend dans l'échelle sociale et les gens sont plus réticents.**
   Response: **Plus on descend dans l'échelle sociale, plus les gens sont réticents.**

 (i) Les grands-parents passent du temps avec leurs petits-enfants et le lien entre eux se serre.
 (ii) La durée de la vie s'allonge et les grands-parents prennent de l'impor-tance.
 (iii) Il y a des rapports entre grands-parents et petits-enfants et les petits comprennent la chaîne des générations.

(c) *Model:* **Leur rôle est plus important. Il y a moins de parents collaté-raux.**
   Response: **Leur rôle est d'autant plus important qu'il y a moins de parents collatéraux.**

 (i) La présence des grands-parents compte beaucoup. C'est l'unique mode de socialisation des enfants.
 (ii) Les grands-parents s'entendent bien avec les enfants. Il y a un lien privilégié entre eux.
 (iii) Les enfants dans les familles aisées ont plus de possibilités de socialisa-tion. Dans leur milieu on reçoit et on invite souvent.

7.8.2
Following the examples of the model, recast the following jottings to form sentences using quel que; quelle que; quels que; quelles que, followed by a Subjunctive.

Model: Milieu social — grands-parents — partie intégrante de la famille.
Response: Quel que soit le milieu social, les grands-parents font partie intégrante de la famille.

(a) Passé — petit-enfant — se sentir dépositaire — histoires de famille répétées.
(b) Couche sociale — petits-enfants — gardés par la grand-mère.
(c) Niveau de la société — vacances — chez grands-parents.
(d) Rôle des grands-parents — vie de famille — pas d'intervention dans l'éducation.
(e) Histoires de famille — enfant — représentation des racines.

7.8.3 Retranslation
The following sentences are English renderings of parts of the French text. Without referring back to the passage attempt to provide a translation as close as possible to the original French.

(a) There exists a privileged bond consisting, on the one hand, of tenderness and on the other of confidence.
(b) Their role is all the more important today since that of the uncles and aunts is practically reduced to nothing.
(c) A past which he will wish to transmit also, when he has children in his turn.
(d) Where people are most deprived it is sometimes the only way for the mother to continue working.
(e) There is no question of taking a living-in home help.
(f) With people who are well-off, the children frequently meet strangers.
(g) At least half of all grandparents see their grandchildren during the holidays, more often than that in the executive classes.
(h) 47% of grandmothers of more than 55 years old choose their holiday dates according to those of their grandchildren.

D.7 DIALOGUE

Isabelle and her mother discuss the role of grandparents in modern society.

Isabelle: On dit que, aujourd'hui, on retrouve les grands-parents. Est-ce que tu trouves que c'est vrai?
Maman: Oui, on les retrouve peut-être plus parce que les femmes travaillent, et elles sont contentes de confier un peu la surveillance de leurs enfants à une personne plus mûre. Moi, je crois que ça vient de là, parce que je me rappelle que quand j'étais petite fille, maman ne travaillant

pas, eh bien, ma grand-mère n'avait pas à s'occuper de moi. Elle n'estimait pas avoir à s'occuper de moi, sinon très peu.

Isabelle: Alors, est-ce que les liens avec les grands-parents à cette époque-là étaient beaucoup plus distants?

Maman: Je pense que les enfants allaient voir leurs grands-parents mais plutôt en visite. Tandis que maintenant, les grands-parents gardent assez souvent les petits-enfants.

Isabelle: Il me semble que c'est presque les grands-parents qui commencent à élever les enfants maintenant.

Maman: Très souvent, quand une femme travaille, si sa mère ne travaille pas, elle lui confie ses enfants, plutôt que de les donner à des nourrices.

Isabelle: Oui, et est-ce que tu penses que c'est une bonne idée, ça?

Maman: C'est peut-être pas tout à fait une bonne idée, parce que les grands-parents n'ont pas la même façon de voir la vie, et puis, couvent les enfants peut-être davantage et les gâtent peut-être davantage. Mais c'est tout de même aussi bien qu'une nourrice. Mais les grands-parents ne sont pas là pour élever les enfants, ils sont là pour les gâter.

Isabelle: Oui, mais à partir du moment où ils leur sont confiés, il faut quand même qu'ils aient un rôle différent.

Maman: Oui, il faut qu'ils aient un rôle différent. Je pense que dans ce cas-là, ils doivent être un petit peu plus fermes et se rendre compte que l'éducation de l'enfant compte aussi, et que les gâter, c'est bien, mais quand même, à ce moment-là, il faut être un petit peu plus ferme.

Isabelle: Oui, c'est ça, donc le rôle des grands-parents change.

Maman: Il doit changer, s'ils ont la charge complète d'un enfant.

Isabelle: Oui, ils prennent le rôle des parents, alors. Mais quand même, pour un enfant, c'est très bien, non, d'être élevé par les grands-parents?

Maman: Je crois que les grands-parents apportent, quand même, beaucoup à un enfant, et qu'il a besoin et de ses parents et de ses grands-parents, parce qu'il ne trouve pas la même chose auprès des uns et auprès des autres. Une personne âgée n'apporte pas la même chose qu'une personne jeune.

Isabelle: Alors, qu'est-ce qu'elle lui apporte en plus, surtout?

Maman: Je ne sais pas, vraiment, mais on a l'impression que les enfants se sentent très en confiance avec les grands-parents, et puis, ils ne racontent pas les mêmes choses à leurs grands-parents et à leurs parents.

Isabelle: C'est peut-être une question de temps aussi, non? Les grands-parents sont plus disponibles.

Maman: Les grands-parents ont plus de temps à consacrer à leurs petits-enfants, et puis, ils sont plus patients.

Isabelle: Oui, c'est ça. Alors toi, est-ce que tu as les petits-enfants souvent?

Maman: J'ai souvent ceux qui se trouvent, bien sûr, dans ma ville, qui vivent tout près de moi. Comme leur maman travaille, ils viennent

126

souvent me voir. Et chaque fois qu'ils sont en vacances, ils viennent chez moi, parce qu'ils savent qu'on va faire quelque chose ensemble, que je vais les emmener quelque part. Ceux qui n'habitent pas la même ville que moi sont toujours contents de me voir, parce qu'ils pourront faire plus de choses avec moi qu'ils font avec leurs parents, au point de vue gâterie. Ils en profitent.

Isabelle: Oui, mais ce n'est pas seulement une question de gâterie, il y a aussi le fait qu'ils se rendent compte qu'il y a un lien quand même beaucoup plus proche qu'avec, par exemple, un ami qui vient et qui les gâte aussi.

Maman: Ils sentent la différence entre une grand-mère et une amie de leur mère. Il y a certainement le lien de famille qui joue. Ils distinguent, ils font une grande nuance entre les amis et les parents.

Isabelle: Mais toi, par exemple, même ceux qui sont au loin, tu viens les garder de temps en temps.

Maman: Ah oui, j'aime bien venir les garder, puis j'aime bien les entendre au téléphone, avoir de leurs nouvelles, et puis eux-mêmes sont contents de m'entendre. Je crois qu'ils ne me perdent jamais complètement de vue.

D.7.1 EXERCISES

Section A
Attempt the exercises in this section before consulting the Explanations and Vocabulary.

D.7.1.1 Gist Comprehension
(a) **From the beginning as far as sinon, très peu.**

Does the grandmother speaking agree that grandparents have an enhanced role nowadays, and what reasons does she give for her point of view?

(b) **From Alors, est-ce que les liens, as far as à des nourrices.**

What difference is seen between visits to grandparents nowadays and in previous times?

(c) **From Oui, et est-ce que tu penses, as far as pour les gâter.**

What is the difference in attitude between grandparents and parents?

(d) **From Oui, mais à partir du moment, as far as d'être élevé par les grands-parents.**

How do grandparents have to change in their approach to grandchildren if they are to play a more significant role in bringing up children?

(e) **From Je crois que les grands-parents, as far as ils sont plus patients.**

What particular qualities are mentioned here in the relationship between grandchildren and grandparents?

(f) **From Oui, c'est ça, as far as the end.**

How are grandparents different, for a child, from friends of the family?

D.7.1.2
Listen again to the tape, and then rewrite the following sentences, filling in the gaps.

(a) On les retrouve, peut-être, parce que les femmes travaillent . . . . . . de leurs enfants à une personne plus mûre.

(b) Je pense que les enfants allaient voir leurs grands-parents, ... maintenant, les grands-parents gardent . . . . . . les petits-enfants.

(c) Les grands-parents n'ont pas . . . . . . et puis, couvent les enfants peut-être davantage.

(d) Oui, il faut qu'ils aient un rôle différent . . . . . . compte aussi.

(e) Est-ce que tu as les petits-enfants souvent? . . . . . . ville.

(f) Oui, mais ce n'est pas seulement . . . . . . qu'il y a un lien quand même beaucoup plus proche . . . . . . qui vient.

(g) J'aime bien venir les garder, ... contents de m'entendre.

D.7.2 Explanations and Vocabulary

mûr	mature; ripe
moi, je crois que ça vient de là	For myself, I think that *is* the reason
ma grand-mère n'avait pas à s'occuper de moi	my grandmother didn't have to look after me
sinon	except
plutôt que de les donner à des nourrices	rather than hand them over to nannies
couver un enfant	to be protective with a child
gâter	to spoil
disponible	available
au point de vue gâterie	when it comes to being spoiled

D.7.3 EXERCISES

Section B

D.7.3.1
The following exercise gives you a chance to take alternative points of view in a discussion. Imagine that you have to respond to the questions,

and that you can choose to do so either positively or negatively, as shown in the boxes. The boxes contain some ideas to help you support your point of view, but you can add any other arguments which you can phrase in French.

(a) **On dit qu'aujourd'hui on retrouve les grands-parents. Vous trouvez que c'est vrai?**

(b)

NON	OUI
pas d'accord; isolation des grands-parents dans le monde moderne; rupture des liens de famille.	d'accord, parce que les femmes travaillent; grands-parents gardent les enfants.

(c) **Alors, le fait que les femmes travaillent davantage n'a rien changé, à votre avis?**　　**Vous croyez que c'est un avantage pour l'enfant, d'être élevé par un grand-parent?**

(d)

NON	OUI	NON	OUI
Dans certains cas mais beaucoup de grands-parents loin de famille.	Changement oui, mais pas toujours positif.	Trop gâté. Pas de discipline.	Confiance; liens de famille.

(e) **Pour résumer, alors quelle est votre attitude envers le rôle des grands-parents dans la société d'aujourd'hui?**

(f)

Résumer votre point de vue.

D.7.3.2

The sentences below represent possible answers to a series of questions about the role of grandparents in modern society. Write out the questions which, in your opinion, elicited these answers.

(a) Oui, on retrouve les grands-parents, peut-être.
(b) Je pense que les liens étaient peut-être plus distants.
(c) Parce que la femme travaille, et elle confie ses enfants à sa mère.
(d) Ce n'est peut-être pas une bonne idée parce que les grands-parents n'ont pas la même façon de voir la vie.
(e) C'est vrai, ils doivent être un petit peu plus fermes.
(f) Oui, les grands-parents ont plus de temps à confier à leurs petits-enfants.
(g) Oui, j'aime bien venir les garder.

JEUNES ET VIEUX

After the relative optimism of the article in Chapter 7, which spoke encouragingly about the role of grandparents, Simone de Beauvoir's views on the way society treats old people come like a slap in the face. For her, the place which society assigns to old people is the scrap-heap. Her plea is for a political policy to cope with the awful rejection of the old. Political policies of any kind, it is claimed in the second passage, fail to permeate the apathy of the current generation of young people. If the opinions expressed here are representative, one might well ask what has happened to the political demonstrations of the generation that was young in 1968.

8.1 UNE POLITIQUE DE VIEILLESSE

C'est le crime de notre société. Sa 'politique de la vieillesse' est scandaleuse. Mais plus scandaleux encore est le traitement qu'elle inflige à la majorité des hommes au temps de leur jeunesse et de leur maturité. Elle préfabrique la condition mutilée et misérable qui est leur lot dans leur dernier âge. C'est par sa faute que la déchéance sénile commence prématurément, qu'elle est rapide, physiquement douloureuse, moralement affreuse parce qu'ils l'abordent les mains vides. Des individus exploités, aliénés, quand leur force les quittent, deviennent fatalement des 'rebuts' et des 'déchets'.

C'est pourquoi tous les remèdes qu'on propose pour pallier la détresse des vieillards sont si dérisoires: aucun d'eux ne saurait réparer la systématique destruction dont les hommes ont été victimes pendant toute leur existence. Même si on les soigne, on ne leur rendra pas la santé. Si on leur bâtit des résidences décentes, on ne leur inventera pas la culture, les intérêts, les responsabilités qui donneraient un sens à leur vie. Je ne dis pas qu'il soit tout à fait vain d'améliorer au présent leur condition; mais cela n'apporte aucune solution au véritable problème du dernier âge: que devrait être une société pour que, dans sa vieillesse, un homme demeure un homme? La réponse est simple. Par le sort qu'elle assigne à ses membres

130

Fig. 7 *Personne âgée traversant la rue*

inactifs, la société se démasque: elle les a toujours considérés comme du matériel. Elle avoue que pour elle, seul le profit compte et que son 'humanisme' est de pure façade. Au XIXe siècle, les classes dominantes assimilaient explicitement le prolétariat à la barbarie. Les luttes ouvrières ont réussi á l'intégrer à l'humanité. Mais seulement en tant qu'il est productif. Les travilleurs vieillis, la société s'en détourne comme d'une espèce étrangère.

Voilà pourquoi on ensevelit la question dans un silence concerté. La vieillesse dénonce l'échec de toute notre civilisation. C'est l'homme tout entier qu'il faut refaire, toutes les relations entre les hommes qu'il faut récréer si on veut que la condition du vieillard soit acceptable. Un homme ne devrait pas aborder la fin de sa vie les mains vides et solitaire. Si la culture n'était pas un savoir inerte, acquis une fois pour toutes puis oublié, si elle était pratique et vivante, si par elle l'individu avait sur son environnement une prise qui s'accomplirait et se renouvellerait au cours des années, à tout âge il serait un citoyen actif, utile.

Simone de Beauvoir
La Vieillesse (© Gallimard, 1970)

8.2 EXERCISES

Section A
Attempt the exercises in this section before consulting the Explanations or referring to the Select Vocabulary.

8.2.1 Gist Comprehension
(a) If you had to select *one* sentence from the whole passage which would sum up the theme of the whole, which would it be?
(b) From each of the three paragraphs, select what you consider to be the key sentence, the one which establishes the topic of that paragraph.
(c) In the following sentences, one word is underlined which establishes a link with a preceding or following sentence in the text. Rewrite the sentences, in French, and using the word referred to in your answer, for example:

Model: Aucun d'eux ne saurait réparer la systématique destruction.
Response: Aucun des remèdes ne saurait réparer la systématique destruction.

   (i)   C'est le crime de notre société.
  (ii)   Elle préfabrique la condition mutilée qui est leur lot.
 (iii)   Même si on les soigne, on ne leur rendra pas la santé.
  (iv)   Mais cela n'apporte aucune solution au véritable problème.
   (v)   Par le sort qu'elle assigne à ses membres inactifs . . . .
  (vi)   Les luttes ouvrières ont réussi à l'intégrer à l'humanité.
 (vii)   La société s'en détourne comme d'une espèce étrangère.
(viii)   Si par elle l'individu avait sur son environnement une prise.

8.2.2 Word Study
Below are the dictionary definitions of some of the words in the passage. Use these definitions to make a list of the words.

(a) Ce que le hasard, la nature réserve à quelqu'un.
(b) Le fait de tomber dans un état inférieur à celui où on était.
(c) Arriver à un lieu inconnu ou qui présente des difficultés.
(d) Ce qu'il y a de plus mauvais dans un ensemble.
(e) N'apporter qu'une solution provisoire.
(f) Rendre meilleur, plus satisfaisant, changer en mieux.
(g) Se faire connaître pour ce qu'on est, sous des apparences trompeuses.
(h) Tourner d'un autre côté pour éviter, pour ne pas voir.
(i) Mettre au tombeau. Enterrer en cachant.

132

8.2.3
Rewrite the following passage inserting link words omitted, and choosing from the list given below:

La déchéance sénile commence prématurément. C'est . . . . . . tous les remèdes qu'on propose sont . . . . . . dérisoires; aucun . . . . . . ne saurait réparer la systématique destruction . . . . . . les hommes ont été victimes . . . . . . toute leur existence . . . . . . il soit tout à fait vain . . . . . . au présent, leur condition, mais . . . . . . n'apporte aucune solution au véritable problème du dernier âge: . . . . . . devrait être une société . . . . . ., dans sa vieillesse, un homme demeure un homme.

d'améliorer; si; pourquoi; que; pendant; mais; en efft; d'eux; je ne dis pas que; dont; cela; de toute façon.

8.3 EXPLANATIONS

8.3.1 Select Vocabulary

le lot	fate; lot
la déchéance	decline; degeneration
aborder	to approach; reach
le rebut	cast-off
le déchet	refuse; rubbish; scraps
pallier	to cover up; disguise
se démasquer	to drop one's mask; reveal oneself
ensevelir	to bury; smother
un échec	failure

8.3.2 Expressions and Idioms

mais plus scandaleux encore . . .	but even more scandalous
les mains vides	with empty hands
que devrait être une société?	what ought a society to be like?
en tant qu'il est productif	as long as he is productive
une fois pour toutes	once and for all

8.3.3 Grammar
The following grammatical points from the text form the basis for the exercises in Section B.

(a) **Use of aucun** – *see grammar section 3.2.8 (a); 4.6 (a)*

(b) **Object pronouns les; leur,** (on les soigne; on leur bâtit des résidences – *see grammar section 4.1.2*

(c) **Uses of Subjunctive**: after negative; after pour que; after il faudrait que; after vouloir que – *see grammar section 5.5.3 (i), (iv), (viii)*

8.4 EXERCISES

Section B

8.4.1

From the following jottings, compose complete sentences using the object pronouns les, or leur to replace the noun in the left-hand list. When you have completed the exercise in the present tense, put the sentences into the perfect tense, taking care with agreement of the past participle after a preceding direct object.

Model: Les jeunes travailleurs. (La société inflige un traitement scandaleux).

Response: La société leur inflige un traitement scandaleux.
La société leur a infligé un traitement scandaleux.

(a) Des individus. (La société exploite et aliène.)
(b) Les vieillards. (La société ne soigne pas.)
(c) Les vieillards. (La société ne bâtit pas de résidences décentes.)
(d) Les membres inactifs. (La société considère comme du matériel.)
(e) Les vieux travailleurs. (Il faut rendre la santé.)

8.4.2

The following sentences make a series of negative statements. React to this by stating what ought to be done, for example:

Model: La société ne soigne pas les vieillards.
Response: Il faudrait qu'elle les soigne.

(a) On ne leur bâtit pas de résidences décentes.
(b) On ne leur donne pas une culture.
(c) La société n'améliore pas leur condition de vie.
(d) La société n'assigne pas de sort acceptable aux vieillards.

8.4.3

In the list below, on the left-hand side, are a series of statements useful for stating opinions and for supporting an argument. Write sentences using these phrases in combination with the statements in the right-hand list. There are a variety of possibilities. See how many such sentences you can

134

form, taking account of those expressions which are followed by the Subjunctive.

C'est par sa faute que . . .	La politique de vieillesse est scandaleuse.
C'est pourquoi . . .	La déchéance sénile commence prématurément.
Je ne dis pas que . . .	Il est tout à fait vain d'améliorer leur condition.
Il faudrait que . . .	Tous les remèdes sont dérisoires.
	Il a toujours été traité en homme.
Si on veut que . . .	On ensevelit la question dans un silence concerté.
	Seul le profit compte.
Voilà pourquoi . . .	La condition du vieillard est acceptable.
	Un homme ne devrait pas aborder la fin de sa vie, les mains vides.
	La culture est un savoir inerte.

8.4.4 Retranslation
Translate into French, getting as close as possible to the original passage.

(a) Even more scandalous is the treatment inflicted on the majority of men at the time of their youth and their maturity.

(b) All the remedies proposed are so derisory; not one of them could possibly repair the systematic destruction of which men have been victims throughout their existence.

(c) I am not saying that it is entirely useless to improve their condition at the present time; but that brings no solution to the real problem of old age.

(d) What ought a society to be, so that, in his old age, a man remains a man?

(e) That is why the question is buried beneath a generally agreed silence.

8.5 LES JEUNES: 'MARRE DE LA POLITIQUE'

À l'occasion d'un concours d'entrée dans la Fonction publique, on a demandé à presque cinq cents jeunes de plus de dix-huit ans (un tiers bacheliers, deux tiers niveau DEUG ou plus) d'expliquer la relative indifférence de la jeunesse à l'égard de la politique.

Cette épreuve, par ses conditions et son objectif, ne saurait avoir valeur de test représentatif; néanmoins, l'incontestable intérêt porté au sujet, le caractère souvent spontané et la relative homogénéité des réponses permettent de dégager une certaine image de ce qu'il faut bien appeler 'la génération lasse'. Qu'est-ce qui caractérise une génération? Vouloir se distinguer de celle qui la précède. Les diverses manifestations lycéennes et étudiantes des années 1970 donnaient l'image d'une jeunesse révoltée, mais qui participait à sa façon à la vie politique. Aujourd'hui l'iceberg s'est retourné, il reste l'indifférence. D'abord, l'indifférence de la situation. 'La politique nous entoure; au bureau, à la télé, chez le boulanger, la politique est partout, elle est là, tel un mur couvert d'affiches électorales.' Désormais, ce qui gêne le plus, c'est moins 'la magouille', que cette présence permanente, cet 'abrutissement progressif' d'autant plus vite atteints qu'on n'est pas disposé à écouter.

En effet, 'l'uniformité du langage politique' et la lassitude qui en résulte, renforce ce sentiment de saturation. Le rejet, général, de la forme même du discours politique, 'basé sur la sonorité des mots, donnant la priorité à la forme et à la polémique sans fins à propos de détails insignifiants', paraît être un trait majeur de cette génération.

Exercice imposé sur un ton monotone, la politique est aussi un exercice d'adultes. Bien sûr, il y a 'les vieillards', mais il y a aussi tous les autres, y compris 'les jeunes déjà vieux', car, 'derrière le mot ''homme politique'' il y a le stéréotype, le monsieur en cravate, faux, préoccupé; alors, pour ne pas correspondre à cette étiquette, certains jeunes refusent en bloc le mot ''politique'', simplement pour ne pas leur ressembler.'

On pourrait dire qu'il n'y a rien de bien nouveau dans tout cela. D'une part, le monde des adultes et plus encore son reflet déformant qu'est la politique, présentent naturellement des caractéristiques incompatibles avec les exigences d'un âge. D'autre part, cette indifférence est aussi l'expression moderne de l'antiparlementarisme et antipolitisme toujours prêts à se manifester.

Cependant, l'opposition presque unanime au 'discours spectacle' ne saurait se résumer au seul réflexe d'une jeunesse qui a un autre langage ou utilise d'autres codes: elle a également une véritable portée politique. Qu'on le veuille ou non, en démocratie, la politique est aussi l'art de convaincre. En refusant la forme même du discours, la jeunesse s'attaque à son symbole, c'est à dire, à la politique elle-même. Par ailleurs, cette réaction est à plus d'un titre plus profonde, plus réfléchie, en un mot, plus adulte que beaucoup d'autres.

La jeunesse doute du pouvoir politique, parce qu'en définitive, elle le sent impuissant. Par cette indifférence, la jeunesse accuse en silence. Cette indifférence n'est pas seulement le privilège ou l'insolence d'un âge, un refus naïf d'être dupé ou trahi, un appel contradictoire au rêve et à l'emploi, c'est à la fois une revendication d'une jeunesse infirme par manque d'illusions et une sanction, c'est à dire un choix de citoyen.

À 20 ans, l'indifférence est une conséquence ou un choix: et puis, très vite, elle se transforme en habitude.

Nicolas-Jean Bréhon
(© *Les Nouvelles Littéraires*, 17 février, 1983)

8.6 EXERCISES

Section A
Attempt the exercises in this section before reading the Explanations or consulting the Select Vocabulary.

8.6.1 Gist Comprehension
Decide which of the following statements represent ideas to be found in the text, and which have no relationship to the text. Then make a list of the French sentences which express these ideas.

(a) This is a highly representative sample of young people.
(b) The answers were spontaneous and tended to support each other.
(c) Generations are distinguished from each other by their mutual hostility.
(d) Young people are made indifferent by the constant presence of politics in their lives.
(e) A major feature is the rejection of political speech-making.
(f) Young people admire the image of the competent elder-statesman.
(g) Anti-parliamentarianism has never been a feature of French society.
(h) The reaction of young people might be seen as carefully considered and adult.
(i) Young people believe that political power is impotent.

8.6.2
Write sentences, in French to describe what the author means by the following phrases:

(a) la génération lasse.
(b) un exercice d'adultes.
(c) son reflet déformant.
(d) une portée politique.
(e) un refus náif.

8.6.3
Rewrite the following passage adding punctuation and accents.

Cependant l'opposition presque unanime au discours spectacle ne saurait se resumer au seul reflexe d'une jeunesse qui a un autre langage ou utilise d'autres codes elle a egalement une veritable portee politique qu'on la veuille ou non en democratie la politique est aussi l'art de convaincre en refusant la forme meme du discours politique la jeunesse s'attaque a son symbole c'est a dire a la politique elle-meme par ailleurs cette reaction est a plus d'un titre plus profonde, reflechie en un mot plus adulte que beaucoup d'autres.

8.7 EXPLANATIONS

8.7.1 Select Vocabulary
un concours d'entrée	competitive entrance examination
néanmoins	nevertheless
dégager	to derive (an impression); to draw conclusions
las (lasse)	weary
la magouille	graft, chicanery
un abrutissement	mental exhaustion; mindless or moronic state
y compris	including
une exigence	demand
une portée	significant; impact
douter de	to doubt; to question; have doubts as to
trahir	to betray

8.7.2 Expressions and Idioms
marre	compare the expression, avoir marre de, to have enough of; to be sick to death with.
un bachelier	a student who has passed his Baccalauréat.
DEUG	Diplôme d'Études Universitaires Générales. This is the Diploma awarded after two years of university study
la Fonction publique	public service (that is, the French Civil Service)
ne saurait avoir valeur de	could not possibly have any value as
à sa façon	in its own way
la forme même	the very form
et plus encore	and even more
par ailleurs	moreover; furthermore
à plus d'un titre	for a number of reasons
en définitive	when all is said and done

8.7.3 Grammar

The following grammatical points from the text form the basis of the exercises in section B.

(a) **Some uses of the Infinitive.** For example, vouloir se distinguer; complement of verb without intervening preposition, (paraît être;) complement of verb taking de, (permettent de dégager;) complement of verb taking à (réussir à intégrer in 8.1;) dependent on impersonal expression, (il faut bien appeler;) and in a number of other constructions, (un refus d'être; prêt à;) – *see grammar section 5.5.4*

(b) **Developing written French.**

8.8 EXERCISES

Section B

8.8.1 Translate into French

(a) What characterises a generation? Wishing to distinguish itself from its predecessors.

(b) This test could not possibly have any value as a sample.

(c) The rejection of political speeches seems to be a major feature of this generation.

(d) Some youngsters reject the word 'politics' so as not to resemble the stereotype.

(e) Nevertheless the spontaneous nature of the answers allows one to draw out a certain image of this young generation.

(f) Almost 500 young people were asked to explain the relative indifference of youth with regard to politics.

(g) One could say that there is nothing very new in all that.

(h) Antiparliamentarianism is always ready to reveal itself.

(i) This indifference is not simply a refusal to be duped.

8.8.2

In studying the passages so far in this book, you have encountered many ways in which writers try to convince you of their point of view, but not many exercises have so far asked you to write a French passage of your own. This exercise aims to look more closely at the organisation of a text, and at ways to help you improve your expression in written French.

Starting off
(a) A statement followed by a qualification.

For example:

    (i) Les livres de géographie . . . disent . . . *mais* ils devraient dire . . .
    (ii) Les étrangers aiment la France . . . *mais*, généralement, ils n'aiment pas les Français.
    (iii) Avec son museau pointu, le T.G.V. ressemble à un avion . . . *pourtant* le T.G.V. n'est pas un avion.

(b) Factual statement, followed by illustration.

For example:

    (i) Supers ou hypers, c'est toujours pareil. On entre par la droite . . .
    (ii) En cette fin de siècle, la France ne cesse de commémorer l'éveil des Lumières. Nous avons célébré, en 1976 . . .

Developing the argument
(a) By the use of a rhetorical question.

For example:

    (i) Qu'est-ce qui caractérise une génération?
    (ii) Que devrait être une société . . . ?

(b) By broadening the range of reference.

For example:

    (i) *d'une part* le monde des adultes . . . *d'autre part* cette indifférence . . .
    (ii) les achats de réflexion, *autrement dit*, ce dont on peut se passer.
    (iii) Leur rôle est *d'autant plus grand*, aujourd'hui, que celui des tantes . . .

(c) By offering explanations, alternatives or reinforcements.

For example:

    (i) *Il s'agit là* d'une tendance commune à toute l'Europe.
    (ii) Le nombre des mariages a diminué *alors que* la population des 'mariables' était en augmentation.
    (iii) Les champs sont *certes* petits . . .
    (iv) *Bien sûr*, il y a les vieillards . . .

(d) Preparing for a summing up

(i) La solidarité familiale n'est *donc* pas morte.

(ii) *Voilà pourquoi* on ensevelit la question . . .

(iii) *En fait*, je ne pense pas que les Français soient aussi différents qu'ils le prétendent.

(iv) *Ainsi*, quand vous apercevez . . . des kilomètres d'un produit, ce n'est peut-être pas une excellente affaire.

(v) *Tel* est le fruit d'une lente appropriation d'un peuple à une terre.

Of course, the above list of possibilities is in no sense exhaustive, and is intended to give readers an idea of ways in which they might begin to analyse texts, and to construct their own. Taking some ideas from the suggestions given, construct a paragraph of about 150–200 words, couched in the form of a letter to a newspaper, and reacting *either* to Simone de Beauvoir's views about old-age, *or*, to the view that the youth of today is politically indifferent. Remember that a formal letter starts Monsieur, or Madame, and ends with one of the following formulas:

Veuillez agréer, Monsieur, l'expression de mes sentiments dévoués;

or

Je vous prie d'agréer, Monsieur, l'expression de mes sentiments distingués.

LES FEMMES

The last ten years have seen in France, as in other countries of the western world, a growing awareness of the inequalities and injustices suffered by women, and a series of legislative measures to right some of the long-standing wrongs. In the three passages chosen for study on this theme, that by Christiane Chombeau presents a balanced view, claiming that the more vociferous campaigners have had the wind taken out of their sails by some of the legislation, but that the movement towards a genuine equality of opportunity goes on. Marguerite Yourcenar, the first woman to be elected to the Académie Française, rejects the aggressive side of the feminist movement, whereas the passage from Benoîte Groult's book, 'Ainsi soit-elle' smoulders with aggression and anger at the prejudices of centuries.

9.1 LA FEMME DANS LA SOCIÉTÉ FRANÇAISE

'Vous ne pouvez plus vous plaindre aujourd'hui, les femmes, vous avez obtenu tout ce que vous désirez!' Qui n'a pas encore entendu ce nouveau leitmotiv, justifié, il est vrai, par une percée féminine dans presque tous les secteurs professionnels, y compris la plupart des grands bastions masculins: élection de Marguerite Yourcenar à l'Académie Française, femmes P.-D.G., pilotes de lignes, soudeuses . . . les exemples ne manquent pas, mais, justement, restent des exemples. Cette poussée est encore lente, et, toujours handicappées par une lourdeur culturelle, les filles continuent de subir une pression de la part de leur famille pour choisir à l'école des filières tradi-tionnelles et s'engouffrent plus tard dans les métiers où leur présence semble aller de soi. Salaires plus faibles que ceux de leurs collègues entrés pourtant en même temps dans l'entreprise et remplissant les mêmes fonctions, promotions plus lentes sont toujours le lot commun des femmes. Une loi sur 'l'égalité professionnelle entre les hommes et les femmes' présentée par Mme Roudy, ministre des droits de la femme, et votée au printemps 1983, devrait aider à gommer ces inégalités.

Dans la vie politique, les dernières élections municipales ont montré que le sexe qu'on appelle faible n'a plus peur de se jeter à l'eau. En revanche, les portes des appareils des partis, toutes tendances confondues, continuent de grincer dès qu'une femme se présente à leur seuil.

Dans les foyers, on assiste aussi à une mutation: les femmes, lasses de jouer à l'épouse soumise s'affirment de plus en plus en tant que compagnes à part entière, et les couples remettent en question la répartition des rôles. Qu'on ne se leurre pas cependant: les papas-poules continuent d'être des exceptions: un grand décalage persiste entre le discours et la pratique. Les femmes essaient tant bien que mal d'assumer leur travail, leur rôle de mère . . . .

Jusqu'à présent, les statistiques le montrent, elles persistent sur le marché du travail, crise ou pas, et même sans doute à cause de cette crise: conscientes qu'un jour ou l'autre leur conjoint risque de se trouver au chômage, elles restent à leur poste. Elles ne veulent peut-être plus être à la merci d'un divorce, d'un décès les laissant sans ressources . . . Il arrive aussi, et pourquoi pas, qu'elles aiment leur métier! Reste à savoir si cette persistance des femmes sur le marché du travail se maintiendra à long terme.

Si l'on entend par féminisme une volonté d'équité entre les hommes et les femmes, on le voit, celui-ci survit et même bien. En revanche, les féministes ont perdu leurs ténors; désemparées par leurs victoires (notamment la législation de l'avortement et le remboursement de celui-ci), elles ont du mal à retrouver un autre souffle. L'arrivée de la gauche au pouvoir et la nomination d'une d'entre elles à la tête du ministère des droits de la femme, enfin doté d'un budget, ont ajouté à la confusion.

Christiane Chombeau
(© *Le Monde*, Dossiers et Documents, 1983)

9.2 EXERCISES

Section A
Attempt the exercises in this section before reading the Explanations or consulting the Select Vocabulary.

9.2.1 Gist Comprehension
Explain, in English, the sense of the following statements made in the passage:

(a) Cette poussée est encore lente.
(b) Une loi . . . devrait aider à gommer ces inégalités.
(c) Les couples remettent en question la répartition des rôles.

(d) Elles persistent sur le marché du travail.

(e) Les féministes ont perdu leurs ténors.

9.2.2 Word Study

Find words in the text which correspond to the following dictionary definitions:

(a) Ouvrière spécialisée dans l'opération par laquelle on réunit deux métaux.

(b) Manifestation subite d'une force.

(c) Action de rompre les défenses de l'ennemi.

(d) Produire un son aigu et prolongé, désagréable.

(e) Qui ne sait plus où il en est; qui ne sait plus que dire, que faire.

(f) Fourni en équipement, en matériel.

9.2.3

Write a summary, in French, of the article. Limit your summary to no more than 100 words, and make use of the framework below as a guide:

Percée féminine dans les secteurs professionnels — poussée lente — subir une pression — le lot commun des femmes — gommer les inégalités — vie politique — foyers — marché du travail — volonté d'équité — féministes — ministre.

9.3 EXPLANATIONS

9.3.1 Select Vocabulary

la percée	breakthrough
la soudeuse	female welder
la poussée	push; thrust
la filière	stream (in school); grade
s'engouffrer	to rush into
gommer	to erase
grincer	to grate
le décalage	gap; discrepancy
le chômage	unemployment
désemparé	bewildered; distraught
un avortement	abortion
doté de	equipped with; endowed with

9.3.2 Expressions and Idioms

y compris	including
P.-D.G.	Président-Directeur Général (Chairman and Managing Director of a business)
de la part de	from; on behalf of

144

sembler aller de soi	seems to be a foregone conclusion
se jeter à l'eau	to take the plunge
en revanche	on the other hand
toutes tendances confondues	*tendance* here refers to a political leaning, so the meaning is 'without any distinction between political parties'.
en tant que	in the role of; in the position of
qu'on ne se leurre pas cependant	let there be no mistake/no self-delusion, however
tant bien que mal	as well as can be expected; after a fashion
reste à savoir	it remains to be seen
elles ont perdu leurs ténors	they have run out of steam

9.3.3 Grammar

The following are the grammatical points in the text which form the basis for the exercises in Section B.

(a) **Further uses of the Past Participle**: as adjective (l'épouse soumise); or in verbal phrases (justifié par; désemparé par); or invariable and used prepositionally (y compris) – *see grammar section 3.1.4 (b) (v); 5.5.6 (b) (ii), (iii)*

(b) **Use of Subjunctive in phrases expressing a wish or exhortation** (que l'on ne se leurre pas) – *see grammar section 5.5.3 (i)*

(c) **Developing written discourse.**

9.4 EXERCISES

Section B

9.4.1

Fill in the gaps in the following text with past participles taken from the list given. The list contains too many examples, so you must make an appropriate choice, and also make agreements as necessary.

Qui n'a pas entendu le nouveau *leitmotiv* . . ., il est vrai, par une percée féminine dans presque tous les secteurs professionnels. Mais les filles sont toujours . . . par une lourdeur culturelle. Elles reçoivent des salaires plus faibles que leur collègues . . . pourtant en même temps dans l'entreprise. Enfin il y a une loi sur l'égalité, . . . par Mme Roudy et . . . en 1983. Les femmes sont lasses de jouer à l'épouse . . . mais néanmoins, les féministes, . . . par leurs victoires, ont perdu leurs ténors.

arrivé; voté; confondu; handicappé; entré; soumis; justifié; assisté; désemparé; présenté; voulu; entendu.

9.4.2 Retranslation
The following sentences are possible English renderings of sentences from the original text. Retranslate them into French, trying to get as close as possible to the original.

(a) Who has not yet heard this new leitmotiv, justified, it is true, by a feminine breakthrough in nearly all areas of professional life, including most of the main masculine bastions.

(b) In political life, the last municipal elections showed that the sex we call weak is no longer afraid to take the plunge.

(c) Women are tired of playing the role of submissive wife and are asserting themselves more and more in their role as completely equal partners.

(d) They no longer wish to be at the mercy of a divorce, perhaps, or of a death which leaves them with no resources.

(e) Let us not be guilty of self-deception.

9.4.3
Study the construction of this passage, along the lines suggested in Chapter 8 (8.8.2). Here is a possible analysis:

(a) Quotation as initial statement of theme.

(b) Rhetorical question to develop the argument, reinforced by, il est vrai, and by examples/illustrations, then countered by mais, justement. Further illustrations provide the basis for the contradiction of the first position, and of the opening quotation.

(c) Three examples follow, of women's position in society, dans la vie politique; dans les foyers; sur le marché du travail. In each case, the pros and cons of the present situation are put, as follows:
  (i) Dans la vie politique, statement countered by en revanche.
  (ii) Dans les foyers, statement countered by que l'on ne se leurre pas cependant.
  (iii) elles persistent sur le marché du travail, statement developed by examples, countered by a warning, reste à savoir si . . .

(d) Preparing to sum up. Guarded conclusion, si l'on entend . . ., countered by en revanche, to describe the position of the feminist movement within the general climate of changing attitudes described in the passage.

Use this framework, and some of the vocabulary of the text, to write a short passage, in French, expressing your own views about the present position of women in each of the three areas of society mentioned. You can find further points of view and forms of expression in the passages by Yourcenar and Groult which are also printed in this chapter.

9.5 OBJECTIONS AU FÉMINISME

J'ai de fortes objections au féminisme tel qu'il se présente aujourd'hui. La plupart du temps, il est agressif, et ce n'est pas par l'agression qu'on parvient durablement à quelque chose. Ensuite, et ceci sans doute vous paraîtra paradoxal, il est conformiste, du point de vue de l'établissement social, en ce sens que la femme semble aspirer à la liberté et au bonheur du bureaucrate qui part chaque matin, une serviette sous le bras, ou de l'ouvrier qui pointe dans une usine. Cet *homo sapiens* des sociétés bureau-cratiques et technocratiques est l'idéal qu'elle semble vouloir imiter sans voir les frustrations et les dangers qu'il comporte, parce qu'en cela, pareille aux hommes, elle pense en termes de profit immédiat et de 'succès' indivi-duel. Je crois que l'important, pour la femme, est de participer le plus possible à toutes les causes utiles et d'imposer cette participation par sa compétence. Même en plein XIXe siècle, les autorités anglaises se sont montrées brutales et grossières envers Florence Nightingale, à l'hôpital de Scutari: elles n'ont pas pu se passer d'elle. Tout gain obtenu par la femme dans la cause des droits civiques, de l'urbanisme, de l'environnement, de la protection de l'animal, de l'enfant, des minorités humaines, toute victoire contre la guerre, contre la monstrueuse exploitation de la science en faveur de l'avidité et de la violence, est celle de la femme, sinon du fémininisme, et ce sera celle du féminisme par surcroît. Je crois même que la femme peut être plus à même de se charger de ce rôle que l'homme, à cause de son contact journalier avec les réalités de la vie, que l'homme ignore souvent plus qu'elle.

Marguerite Yourcenar et Matthieu Galey
Les Yeux Ouverts
(© Éditions du Centurion, 1980)

9.6 EXERCISES

Section A
Attempt the exercises in this section before reading the Explanations or consulting the Select Vocabulary.

9.6.1 Gist Comprehension
(a) What are the two main objections that Marguerite Yourcenar levels at the feminist movement?
(b) What is important, in her view, for women?

(c) What are the areas in which she feels that women have a special contribution to make?

(d) Why might these areas be a more suitable area of activity for women than for men?

9.6.2 Word Study

The first list below contains nouns related to adjectives which can be found in the text, (for example, agressivité - agressif). The second list contains verbs which are in the text, and for which you must suggest a possible noun, (for example, aspire - aspiration). Make two lists, one of adjectives and one of nouns.

agressivité	aspirer
durabilité	imiter
conformisme	participer
force	imposer
individualité	obtenir
utilité	ignorer
grossièreté	
civisme	
humanité	

9.7 EXPLANATIONS

9.7.1 Select Vocabulary

parvenir à	to achieve
la serviette	brief-case
pointer	to clock in (at a factory)
grossier	coarse; crude
se passer de	to do without
l'avidité	greed

9.7.2 Expressions and Idioms

en ce sens que	in the sense that . . .
elle semble vouloir imiter	she seems to want to imitate
sinon	if not
par surcroît	what is more
à même de	in a position to

9.8 EXERCISES

Section B

There are no particular grammatical points selected for more detailed

148

study from this text. The following translation exercise does not require retranslation from the reading passage, but combines expressions and vocabulary from both the passages so far encountered in this chapter. Try to translate as freely as you can, from memory.

9.8.1

(a) The advance of women in the professions has been slow, in the sense that attitudes towards women have not changed fundamentally.
(b) In the world of work, women seem to want to imitate men, but they are in a position to contribute to more useful causes.
(c) Up until now, women have not really taken the plunge in political life. On the other hand, we are witnessing a change in the home.
(d) Yourcenar believes that the important thing for a woman is to prove her competence in her capacity as a woman and not by imitating male values.

9.9 ÉCRIRE UN OUVRAGE FÉMINISTE

Pendant tous ces siècles, happées dans un vertige climatisé, nous vivions comme on nous enjoignait de vivre, pensions comme on nous imposait de penser, jouissions, comme on nous permettait de jouir. Ici, vous pouvez . . . là, c'est laid. Et notre docilité devant les lois de la société camouflées en décrets de la Providence paraissait si congénitale, on s'était si bien habitué en haut lieu à nous voir rester à notre place, que l'on est stupéfait, voire indigne aujourd'hui, devant cette soudaine agitation qui s'est emparée de tant de femmes. Harpies domestiques ou Messalines, saintes femmes ou putains, mères dévouées ou mères indignes, d'accord. Ce sont des types codifiés et admis et nous restons dans nos rôles. Mais que nous nous mêlions de repenser chaque acte de la vie selon notre optique à nous, de tout remettre en question depuis le 'Tu enfanteras dans la douleur' si longtemps subi comme une volonté divine, jusqu'au schéma du bonheur humble et passif mitonné pour nous par Freud, notre Petit Père, voilà qui paraît indécent et inadmissible. Les hommes ont toujours été ravis quand nous étions capricieuses, coquettes, jalouses, possessives, vénales, frivoles . . . excellents défauts, soigneusement encouragés parce que rassurants pour eux. Mais que ces créatures-là se mettent à penser, à vivre en dehors des rails, c'est la fin d'un équilibre, c'est la faute inexpiable.

Je sais tout cela. Quelle femme peut l'ignorer? C'est donc bien consciente de mon démérite et sachant que je ne bénéficierai plus du sourire paternel réservé aux ouvrages de dames que j'entreprends d'écrire un ouvrage féministe.

Benoîte Groult, *Ainsi soit-elle*
(© Grasset et Fasquelle, 1975)

9.10 EXERCISES

Section A
Attempt the exercises in this section before reading the Explanations or consulting the Select Vocabulary.

9.10.1
Write an explanation, in French, of what you understand the following statements to mean:

(a) Les lois de la société camouflées en décrets de la Providence.
(b) Des types codifiés et admis.
(c) Excellents défauts, soigneusement encouragés parce que rassurants pour eux.
(d) Je ne bénéficierai plus du sourire paternel réservé aux ouvrages de dames.

9.10.2
Répondez en français aux questions suivantes:

(a) Pourquoi est-ce qu'on est stupéfié devant l'agitation qui s'est emparé de beaucoup de femmes?
(b) Alors qu'on accepte si bien qu'une personne reste dans son rôle, pourquoi trouve-t-on choquant qu'elle en sorte?
(c) Expliquez ce qui a été subi comme une volonté divine.

9.11 EXPLANATIONS

9.11.1 Select Vocabulary

happé	caught up; snatched; seized
enjoindre à quelqu'un de faire quelque chose	to charge someone to do something
jouir	some care is necessary with this verb. Jouir de means 'to enjoy', but jouir, without the preposition refers to sexual pleasure
voire	indeed; nay
la putain	prostitute
subir	to be subjected to; to suffer
mitonner	to simmer; to prepare a dish
vénal	mercenary; venal
le démérite	lack of merit

150

9.11.2 Expressions and Idioms

que nous nous mêlions de repenser . . .	that we should get involved in rethinking
selon notre optique à nous	according to our own perspective
'Tu enfanteras dans la douleur'	'In sorrow thou shalt bring forth children' (Genesis 3 xvi)
en dehors des rails	away from the tracks laid down for us

9.11.3 Grammar

The following grammatical points from the text form the basis for the exercises in Section B.

(a) **Use of Pluperfect**: on s'était habitué à . . . – *see grammar section 5.5.1 (e)*

(b) **Verbal constructions with enjoindre; permettre; imposer** (à quelqu'un de faire quelque chose) - *see grammar section 5.5.4 (c)*

(c) **Use of depuis . . . jusqu'à** – *see grammar section 7 (f)*

(d) **More verbal constructions with à or de** (se mettre à; entreprendre de) – *see grammar section 5.5.4 (c), (d)*

(e) **Subjunctive in preceding noun clause** (que nous nous mêlions de repenser . . . voilà qui . . .) – *see grammar section 5.5.3 (v)*

9.12 EXERCISES

Section B

9.12.1

Rewrite the following passage putting the verbs underlined into the Pluperfect tense:

Pendant tous ces siècles nous <u>vivions</u> comme on nous <u>enjoignait</u> de vivre, <u>pensions</u> comme on nous <u>imposait</u> de penser, <u>jouissions</u> comme on nous <u>permettait</u> de jouir. Notre docilité <u>paraissait</u> si congénitale, que l'on était stupéfait devant cette agitation qui s'était emparée des femmes.

9.12.2

Form sentences from the lists below, choosing from each column the parts of speech appropriate. The verb in the left-hand column should be put into the Pluperfect with the subject on.

Model: enjoindre: les femmes: penser d'une certaine façon
Response: On avait enjoint aux femmes de penser d'une certaine façon.

enjoindre	les femmes	penser d'une certaine façon
imposer	la société	des habitudes de penser
permettre	nous	des libertés
demander	les féministes	se taire
ordonner	quelqu'un	se jeter à l'eau
interdire	les hommes	exploiter les femmes

9.12.3

Note the pattern of the sentences where a noun clause precedes the main clause, and is summed up by the use of voilà qui; cela est or c'est.

For example: que ces créatures-là se mettent à penser, c'est la faute inexpiable; que nous nous mêlions de repenser chaque acte de notre vie, voilà qui paraît indécent.

Following this pattern, rewrite the following sentences:

(a) Il est probable qu'elle ne bénéficiera plus du sourire paternel.
(b) C'est facile à comprendre que les filles choisissent, à l'école, les filières traditionnelles.
(c) Il est incompréhensible que les femmes reçoivent des salaires plus faibles que leurs collègues.
(d) Je suis convaincu que la femme est plus à même de se charger d'un rôle responsable.

9.12.4 Translate into French

(a) From biblical times right up until the present day women had been subjected to the same rules.
(b) What woman can be ignorant of all this?
(c) They are starting to think and will no longer enjoy the paternal smile.

D.9 DIALOGUE

Two young French women discuss with Isabelle their attitudes to the feminist movement and their views on the Yourcenar text.

Anne-Marie: Alors toi, tu trouves que le féminisme a besoin d'une certaine agressivité?

Chantal: Oui, il me semble que c'est un peu du fait de cette agressivité que l'on à réussi à imposer des progrès dans la condition féminine. Je veux dire, par exemple, que, si les féministes du dix-neuvième siècle n'avaient pas été agressives voire violentes, elles n'auraient pas réussi à contribuer à changer cette image de la femme douce et passive. C'est au contraire par la violence qu'elles ont changé l'image de la femme. Je trouve que dans ce cas-là, l'agressivité avait un rôle important à jouer.

Isabelle: Je ne suis pas d'accord avec Yourcenar quand elle dit que ce n'est pas par agression qu'on vient durablement à faire quelque chose. Il y a beaucoup de choses qui ont été faites dans l'agression, des révolutions, etc, et qui ont pourtant été très, très durables. Tu trouves pas?

Anne-Marie: D'un autre point de vue, c'est vrai que les féministes de nos jours sont moins agressives et violentes qu'elles l'ont été. Elles sont moins extrêmes, parce qu'elles ont des acquis sur lesquels baser leur lutte. Elles ont moins besoin d'être agressives.

Isabelle: Oui, mais justement, là elle a l'air de dire qu'elles le sont toujours, ou presque toujours autant. Pour ce qui est du conformisme: vous êtes d'accord que les féministes sont conformistes, finalement, ou pas?

Chantal: Bien sûr, elles sont, dans un certain sens, assez conformistes. C'est normal. Elles subissent, quand même, le poids de leur éducation. Pour obtenir la libération, il faut qu'elles se conforment à un modèle qui est le plus libre qu'on leur offre, et c'est celui de l'homme, du travail. Peut-être qu'elles arriveront à s'éloigner du conformisme dans un deuxième temps, une fois qu'elles auront acquis les mêmes droits. Elles auront à ce moment-là la possibilité de créer une forme de société nouvelle. On commence à en parler maintenant, d'une nouvelle éducation. La scolarité est faite pour l'homme, elle n'est pas faite pour la femme. Elle est moins adaptée aux femmes qu'aux hommes. Même l'art, la création artistique, c'est un domaine qui a été construit sur des critères masculins.

Anne-Marie: Moi, je ne suis pas d'accord qu'il faille passer par un stade d'assimilation au modèle de l'homme, hein? Je pense que, justement, c'est pas en passant par le modèle de l'homme que le féminisme réussira à quelque chose.

Isabelle: Mais est-ce que ce n'est pas un stade nécessaire?

Chantal: C'est peut-être un stade nécessaire.

Anne-Marie: Mais non, parce que les femmes, quand elles vont changer comme ça, les hommes changeront aussi, de leur côté. Tout cela, ça marche ensemble, je veux dire. Les femmes ne vont pas se mettre à arriver au niveau de l'homme, et puis ensuite, ça va changer tout d'un coup.

Chantal: Il me semble qu'au moins, il leur fallait arriver au niveau de l'homme pour montrer aux hommes, que, puisqu'elles étaient à leur niveau, elles devaient avoir les mêmes droits. Et à partir des mêmes droits, elles peuvent aspirer à d'autres choses.

Anne-Marie: Oui, si tu parles de droits.

Chantal: C'est une question de droits, pas uniquement une vision différente du monde.

Isabelle: Mais est-ce que vous êtes d'accord avec Yourcenar quand elle dit que l'important pour la femme c'est de participer à toutes les causes utiles? Parce qu'on a l'impression de retomber là dans le rôle feminin qui est toujours celui de la dame de charité, qui s'occupe des bonnes causes.

Anne-Marie: On a l'impression que le féminisme qu'elle préfère c'est un féminisme humble. Elle s'occupe de petites choses, et puis elle laisse à l'homme encore de s'occuper des grandes choses.

Isabelle: Oui, mais elle redéfinit les rôles d'importance, justement. Elle a peut-être aussi l'air de dire que l'importance, c'est pas l'économique, c'est peut-être aussi le social davantage.

Anne-Marie: Oui, mais on a l'impression qu'elle opère une sorte de substitution, si tu veux un déplacement du rôle de la femme. En fait, il faudra toujours des hommes politiques, toujours un état, un appareil militaire, etc.; elle voudrait faire comme si on pouvait se passer de ça.

Isabelle: De nouveau, elle donne à la femme le rôle de s'occuper des choses humanitaires et sociales, et à l'homme de s'occuper des choses économiques et politiques.

Chantal: Elle n'en parle même pas, parce que, pour elle, effectivement, la femme est plus tournée vers le côté social et humain.

Isabelle: Oui, elle a l'air de penser que puisque la femme donne la vie, elle a davantage le respect de la vie.

Anne-Marie: Elle n'a pas tout à fait tort.

Chantal: Je crois que c'est même quelque chose de naturel, comme dans la nature où le mâle combat et où la femelle reproduit et est plus tournée vers les enfants.

Anne-Marie: Par ailleurs, on voit bien qu'il s'agit en plus d'une femme écrivain qui est peut-être un peu éloignée des problèmes des autres femmes, quand elle dit que les femmes semblent aspirer à la liberté et au bonheur de l'ouvrier qui pointe dans une usine. En fait, quand on parle de la libération des femmes, on sait très bien que, de tous temps, la femme a toujours des travaux durs dans certaines classes sociales. Donc ce n'est pas, pour ça, une identification à l'homme.

Isabelle: Je pense qu'il y a certaines femmes de la classe ouvrière pour qui il n'y a pas de choix. Il faut travailler parce qu'il n'y a pas assez d'argent dans la maison. En général, elles assument deux emplois.

Chantal: De toute façon, je crois que le féminisme a contribué à l'unification des femmes. Les femmes ont pris conscience qu'elles étaient une force réelle dans la société. Moi, je crois effectivement qu'il y a une espèce de rapprochement entre les femmes. Enfin, il y a encore beaucoup à faire.

Isabelle: Oui, malgré tout, ça, je trouve que c'est vrai. On a au moins une chose en commun, c'est qu'on est femme.

D.9.1 EXERCISES

Section A
Attempt the exercises in this section before consulting the Explanations and Vocabulary.

D.9.1.1 Vrai ou Faux
Listen to the tape and decide which of the following statements is a fair reflection of the views expressed by the speaker in each of the sections chosen.

(a) Chantal: 'Oui, il me semble . . . rôle important à jouer'.

(i) C'est avec l'agression qu'on a fait des progrès dans la condition féminine.
(ii) Les féministes du dix-neuvième siècle n'étaient pas violentes.
(iii) Les féministes du dix-neuvième siècle ont contribué à changer l'image de la femme.

(b) Chantal: 'Bien sûr, elles sont . . . des critères masculins'.

(i) Elles sont conformistes à cause de leur éducation.
(ii) Leur but sera toujours de se conformer au modèle de l'homme.
(iii) La création artistique n'est pas un domaine construit sur des critères féminins.

(c) Anne-Marie: 'Moi, je ne suis pas . . . à quelque chose'.

Il faut absolument que la femme s'assimile au modèle de l'homme.

(d) Isabelle: 'Mais est-ce que vous êtes d'accord . . . des bonnes causes'.

Participer a des causes utiles, c'est peut-être le vieux rôle féminin, après tout.

(e) Anne-Marie: 'Par ailleurs . . . une identification à l'homme'.

(i) Yourcenar ne comprend pas peut-être les problèmes des femmes en général.
(ii) La femme n'a jamais travaillé aussi dur que l'homme.

(f) Chantal: 'De toute façon . . . beaucoup à faire'.

Il y a eu une conscience plus nette de la solidarité des femmes.

D.9.1.2

The discussion on tape follows three main areas of debate; the need for an aggressive approach to feminism; the need to conform, at least in the first instance, to some existing, masculine model; the implications of Yourcenar's view that women should concentrate on 'causes utiles'.

Attempt to summarise the arguments of each of the speakers under each of the three headings. Write down your summary in English, as if to report these views to an English-speaking friend with no knowledge of French.

(a) Besoin d'agression

Chantal: . . .
Isabelle: . . .
Anne-Marie: . . .

(b) Conformisme à un modèle masculin

Chantal: . . .
Anne-Marie: . . .

(c) Participation à des causes utiles

Isabelle: . . .
Anne-Marie: . . .
Chantal: . . .

(d) Summarise the conclusion upon which all speakers seem to be agreed.

D.9.2 Explanations and Vocabulary

voire	indeed; even
un acquis	experience
la lutte	struggle
pour ce qui est du conformisme	as far as conformity is concerned
dans un deuxième temps	in a second phase
une fois qu'elles auront acquis	once they have gained . . .
la scolarité	schooling
à partir de	starting with
elle voudrait faire comme si on pouvait se passer de ça	she would like to act as if one could do without all that
elle n'a pas tout à fait tort	she could be right; she's not far wrong
par ailleurs	moreover
de tous temps	from time immemorial

| de toute façon | in any case; however that may be |
| les femmes auraient pris conscience | women have become aware |

D.9.3 EXERCISES

Section B

D.9.3.1
From a study of the text, as well as listening to the tape, make a list of expressions which fulfil the following functions in a discussion:

(a) Stating an opinion (for example, il me semble que. . .)
(b) Asking for an opinion
(c) Expressing agreement
(d) Expressing disagreement
(e) Expressing an alternative point of view
(f) Expressing agreement, but with reservations

D.9.3.2
Having listened to the tape, and looked at the written version, try now to summarise, in French, the course of the debate. Your summary may be oral or written, and may make use of the outline below:

Progrès dans la condition féminine — besoin d'agression — changer l'image de la femme — les acquis des féministes — conformistes? — le poids de l'éducation — la scolarité faite pour l'homme — stage nécessaire? — les mêmes droits — les causes utiles — les rôles d'importance — le féminisme et le rapprochement des femmes.

L'ENSEIGNEMENT

The received wisdom about French education, that the system was set up by Napoleon and has hardly changed since, no longer has even a shred of truth to justify it. The pressures of *les événements* of 1968 accelerated reforms in Higher Education, and the process of moving towards a system of comprehensive secondary schools was begun in the 1960s, and pushed through finally by the Haby reforms of 1975. Since then, the report of 1983, produced under the direction of Professeur Legrand, has brought new proposals, referred to in one of the following articles, whereas a recent survey in *L'Express* conveys some of the flavour of the current university scene. We begin, however, with a historical document, Victor Hugo's plea of 1850 for compulsory, free education for all children; a plea which was finally granted by the law of 1881, brought in by the Minister, Jules Ferry.

10.1 PARTOUT OÙ IL Y A UN CHAMP, QU'IL Y AIT UN LIVRE

Voici donc, selon moi, l'idéal en question: l'instruction gratuite et obligatoire . . . Un grandiose enseignement public, donné et réglé par l'État, partant de l'école de village et montant de degré en degré jusqu'au Collège de France, plus haut encore, jusqu'à l'Institut de France. Les portes de la science toutes grandes ouvertes à toutes les intelligences. Partout où il y a un champ, partout où il y a un esprit, qu'il y ait un livre. Pas une commune sans une école, pas une ville sans un collège, pas un chef-lieu sans une faculté. Un vaste ensemble, ou, pour mieux dire, un vaste réseau d'ateliers intellectuels, lycées, gymnases, collèges, chaires, bibliothèques, mêlant leur rayonnement sur la surface du pays, éveillant partout les aptitudes et échauffant partout les vocations. En un mot, l'échelle de la connaissance humaine dressée fermement par la main de l'État, posée dans l'ombre des

Fig. 8   *Ecole primaire*

masses les plus profondes et les plus obscures, et aboutissant à la lumière. Aucune solution de continuité: le coeur du peuple mis en communication avec le cerveau de France.

Victor Hugo
(le 15 janvier, 1850, pendant un débat à l'Assemblée législative)

10.2 EXERCISES

Attempt these exercises before consulting the Explanations or the Select Vocabulary.

10.2.1
Summarise, in English, the content of this passage, explaining the significance of the title.

10.2.2
Read the passage again, and then, without further reference, attempt the following exercise. Fill in the gaps with either past participles or present participles, as appropriate, and chosen from the list below:

Un grandiose enseignement public, ... et . . . . . . par l'État, ... de l'école de village et . . . . . . de degré en degré jusqu'au Collège de France.

Un vaste ensemble d'ateliers intellectuels, ... leur rayonnement sur la surface du pays, ... partout les aptitudes, et . . . . . . partout les vocations. En un mot, l'échelle de la connaissance humaine . . . . . . fermement par la main de l'État, ... dans l'ombre des masses et . . . . . . à la lumière.

mêlant; posé; aboutissant; donné; réglé; échauffant; partant; éveillant; montant; dressé.

10.3 EXPLANATIONS

10.3.1 Select Vocabulary
le chef-lieu	principal town of a département
le réseau	network
un atelier	workshop; studio
la chaire	university chair
le rayonnement	influence
échauffer	to fire; to excite
aboutir à	to culminate in
le cerveau	brain

10.3.2 Expressions and Idioms
de degré en degré	stage by stage
Collège de France	Institution founded in Paris in 1530, by François 1er.
Institut de France	The Institut is composed of the 5 premier learned societies of France: the Académie Française (1635) Académie des Inscriptions et Belles-Lettres (1663) Académie des Sciences (1666) Académie des Beaux-Arts (1795) Académie des Sciences Morales et Politiques (1795)
ou, pour mieux dire	or, rather

10.4 LES COLLÈGES À L'HEURE DE LA RÉFORME

Nous avons tous entendu parler de la 'Réforme Legrand', mais nous savons que moins de 150 établissements-tests fonctionnent déjà sur ce principe. Et ils seront plus nombreux cette année. Les avis sont partagés sur ce nouveau style de 'collège démocratique' . . . Qu'en est-il exactement?

Le changement commence dès l'entrée en sixième. L'admission au collège se base sur deux critères: l'âge (onze ans dans l'année) et le niveau de lecture de l'enfant. S'il ne sait pas lire, il pourra éventuellement redoubler; mais à douze ans, tous les élèves entrent au collège.

Innovation importante; le collège rénové abandonne la classe traditionnelle. Les élèves, après un temps d'observation, sont répartis par groupe de niveau dans les matières principales: les 'lents', c'est à dire les faibles, sont réunis en groupe trois, les moyens en groupe deux, les rapides (les forts) en groupe un. Chaque groupe ne doit pas avoir plus de 26 élèves. Ces groupes, au nombre de trois ou quatre maximum, font partie d'un ensemble hétérogène auquel est affectée une équipe de professeurs.

Le 21 mai dernier, dans tous les établissements intéressés, enseignants, parents et élèves ont réfléchi sur le nouveau collège. Un premier bilan a donné un tiers d'établissements unanimement favorables aux groupes de niveau, un tiers d'avis partagés et dix pour cent d'opposition totale. Les 'pour' estiment que le fait de travailler au rythme des enfants est positif et que les groupes sont particulièrement adaptés aux élèves en difficulté. Les 'contre' craignent de voir l'écart s'accroître entre les forts et les faibles, ou alors, soulignent les risques d'inadaptation quand un élève passe d'un groupe à l'autre. Ainsi, dans certains collèges, on estime plus raisonnable de demeurer pour l'instant au statu quo de la classe.

Ceux qui acceptent la formule sont conscients des problèmes qui en découlent: 'La réforme demande énormément de travail de co-ordination auprès des enseignants et des programmes différents se suivant de près,' explique M. Bourdèche, principal du collège Coyesvox dans le XVIIIe arrondissement. 'Au départ, pour que cela fonctionne, il faut une équipe stable, des enseignants qui s'entendent, discutent, acceptent leurs divergences,' pense Mme. Soumet, principal du collège de Sucy-en-Brie.

Autre innovation: l'arrivée du professeur-tuteur. Son rôle: aider les enfants en état d'échec, leur apprendre à travailler de façon autonome. Les enseignants se montrent souvent sceptiques à l'égard de cette nouvelle fonction, voire réticents, tout en reconnaissant qu'elle va améliorer les contacts entre les 'profs' et les élèves. Le tutorat va entraîner un allongement du temps de présence, des tâches supplémentaires pour le professeur intéressé.

Autre innovation importante: les disciplines vont bouger. Les besoins d'expression des élèves, leurs besoins d'action et de communication ne sont pas satisfaits dans le collège traditionnel. On va donc rééquilibrer les activités. Le sport, l'enseignement artistique, l'étude des sciences et techniques tiendront une grande place.

Le nouveau collège, enfin, doit s'ouvrir sur la vie. 'Cet objectif est aussi important à nos yeux que l'enseignement proprement dit,' déclare Mme. Soumet. L'an dernier, 520 élèves de cet établissement ont été concernés.

Ils ont créé un club UNESCO, se sont intéressés à la Pologne, aux personnes âgées, ont étudié les génocides et ethnocides des Indiens.

Si, dans l'ensemble, le bilan des réflexions sur la réforme souligne la générosité des objectifs, on souhaite le maintien d'un programme et d'examens nationaux. Et l'on émet surtout des réserves sur les moyens qui seront accordés aux établissements (crédits, création de postes), sur la formation des professeurs qui devront travailler en équipe, etc.

C. Sacase
(© *Marie France*, septembre, 1983)

10.5 EXERCISES

Section A
Attempt the exercises in this section before reading the Explanations or consulting the Select Vocabulary.

10.5.1
Can you explain, with a French sentence, what you understand by each of the following expressions. Even if they are rather technical educational terms which you have not met before, attempt an explanation from your understanding of them in the context of the passage.

(a) un établissement-test
(b) l'entrée en sixième
(c) redoubler
(d) les groupes de niveau
(e) la crainte de voir l'écart s'accroître entre les forts et les faibles
(f) demeurer au statu quo de la classe
(g) une équipe stable
(h) le professeur-tuteur
(i) les disciplines vont bouger
(j) s'ouvrir sur la vie

10.5.2
Write a short summary, in English, conveying the essential content of this passage to an English reader interested in recent educational developments in France, but unable to read French. Structure your summary around the following sequence of main points made:

(a) The start of the change
(b) Important innovation in grouping
(c) Results of a first survey of opinion
(d) Main problems of the new approach

(e) Two further important innovations
(f) Reservations about the possibilities of the new reform

10.6 EXPLANATIONS

10.6.1 Select Vocabulary

le niveau de lecture	reading level; reading age
éventuellement	possibly (*not* 'eventually')
redoubler	to repeat a class; to stay down
affecter	to allocate; to appoint
le bilan	assessment; results of survey
découler	to ensue; to follow
le tutorat	tutorial system
le maintien	retention
émettre	to express
les moyens	means; resources
les crédits	funds

10.6.2 The Educational Background

In the winter of 1974–5, the then Minister of Education, Monsieur René Haby, published a document putting forward plans for a fundamental reorganisation of French secondary schools on comprehensive lines. Although a number of reforms in the 1950s and 1960s had introduced the comprehensive CES (Collège d'Enseignement Secondaire), it was felt by the Minister that the changes had not been sufficiently radical and far-reaching. One of the major elements in his proposals was the abolition of filières, that is, streaming by ability, in the first three years of the collège. After a period of debate, Haby's plans became law in July 1975. Dissatisfaction with a number of elements in the reform has led to the setting up of a commission, chaired by Professor Legrand, of Strasbourg University, and whose report was published in 1983 under the title, Pour un Enseignement Démocratique.

10.6.3 Expressions and Idioms

Qu'en est-il exactement?	What is it all about, exactly?
la sixième	Classes in the French secondary school are numbered in reverse order to those in England. The sequence of classes is, therefore, sixième, cinquième, quatrième, troisième, in the collège. In the lycée (Sixth Form College), the numbering of the classes continues: seconde; première; terminale.

le collège	the French equivalent of the 11–16 comprehensive school
le groupe de niveau	'set', that is, a group of children set by ability
un ensemble hétérogène	a band of mixed ability
un établissement	used here to refer to un établissement scolaire, a general term for any type of school
un enseignant	teacher; traditionally, French teachers were either professeur, for secondary education, particularly the old lycée, or instituteur for elementary education in primary schools. Although the term le corps enseignant existed to designate the whole profession, the word enseignant to mean any sort of teacher is a relatively recent introduction.
voir l'écart s'accroître	to see the gap widen
demeurer au statu quo	to stick with the status quo
en état d'échec	in a state of failure
le professeur-tuteur	it would be true to say, as a general rule, that the pastoral role which has always been part of the English school-teacher's job, alongside class teaching, has only recently begun to form part of the French teacher's activity.
la discipline	subject of study
l'enseignement proprement dit	teaching itself; teaching as such
la générosité des objectifs	the broad scope of the aims
la formation des professeurs	teacher training

10.6.3 Grammar

The following are the points of grammar found in the passage and forming the basis for the exercises in Section B.

(a) **Future tense formed by aller + infinitive** – *see grammar section 5.5.1 (g)*

(b) **Tenses of devoir** – *see grammar section 5.5.4 (b) (iii)*

(c) **Comparison aussi . . . que** – *see grammar section 3.1.3 (a); 6.2 (c)*

10.7 EXERCISES

Section B

10.7.1

From the assorted notes and jottings below, write a piece of continuous

French prose explaining what is likely to happen in the immediate future, that is, making use of the construction aller + infinitive.

Model: Amélioration — contacts élève/prof par tutorat.
Response: Le tutorat va améliorer les contacts entre professeurs et élèves.

Prof/tuteur — aide aux enfants en état d'échec. Amélioration — contacts élève/prof par cette fonction. Tutorat — entraîne allongement du temps de présence. Disciplines — bouger. Donc rééquilibrement des activités. Nouveau collège — ouvrir sur la vie.

10.7.2
Rewrite the following passage, but replace the verbs underlined with the appropriate tense of the verb **devoir** + infinitive, to express the necessity of these measures.

Model: Chaque groupe n'a pas plus de 26 élèves.
Response: Chaque groupe ne doit pas avoir plus de 26 élèves.

(a) Le nouveau college s'ouvre sur la vie.
(b) Les professeurs travailleront en équipe.
(c) Chaque ensemble hétérogène a une équipe de professeurs.
(d) Les groupes de niveau s'adaptent aux élèves en difficulté.
(e) L'équipe sera stable.
(f) Les professeurs se sont entendus.

10.7.3 Retranslation
(a) If he can't read, he will possibly be able to repeat the year.
(b) The opponents are afraid of seeing the gap widen between able and less-able pupils.
(c) Those who accept the formula are aware of the problems which follow from it.
(d) His role is to help the children who are failing and to teach them how to work independently.
(e) This objective is as important in our eyes as teaching itself.
(f) Reservations are expressed, above all, about the resources which will be granted to schools.

10.8 LE CLASSEMENT DES UNIVERSITÉS

L'Université? Ce mot tout rond, bizarrement, ne choque pas dans un pays incurablement centralisateur. Pourtant, il recouvre une réalité aussi multiple et contrastée que la tradition régionale. Qu'y a-t-il de commun, en effet, entre l'université d'Aix-Marseille III, multicentenaire, et celle de Corte, sortie des limbes depuis moins de deux ans? Entre Paris 127 951 étudiants, et Mulhouse, qui en a 1 772? Réponse: des enseignants fonctionnaires, des diplômes nationaux et un tuteur trésorier commun, le Ministre de l'Éducation nationale, qui, tel un garde-chasse consciencieux, aimerait connaître un peu mieux les allées et les détours de son immense domaine.

Son ministère ne fait pas un secret d'avoir du mal à cerner les mille et une particularités qui constituent chacune des universités. Ces dernières, bien abritées derrière une autonomie sans cesse réaffirmée depuis 1968, grandissent, se modernisent, évoluent ou régressent à l'abri des regards trop inquisiteurs. Le système universitaire français, en outre, est l'un des rares en Occident qui échappent à une évaluation périodique. Au fil des années, bien sûr, se sont forgés le prestige des unes et la mauvaise réputation des autres, tandis que des outsiders dynamiques, de temps à autre, occupaient le devant de la scène. Mais ce n'est que bouche à oreille, rumeur, et encore, celle-ci ne parvient-elle même pas jusqu'aux entreprises.

L'enquête menée . . . par l'*Express*, vise, précisément, à dissiper cette brume. Elle s'appuie sur un long questionnaire . . . Elle recouvre tout le champ des filières universitaires: sciences, droit, sciences économiques, gestion, lettres, sciences humaines et sociales, à l'exclusion, seulement, des instituts universitaires de technologie et de la médecine. En contrepoids de cette approche 'objective', deux sondages, l'un auprès des étudiants et l'autre auprès des entreprises, renvoient des mêmes universités une autre image: plus partiale, plus crue. . . Plutôt qu'un classement global qui n'aurait pas grands sens, nous avons préféré faire ressortir une typologie des universités centrée sur quelques points forts: l'aptitude à répondre aux besoins du monde professionnel, la faculté d'innovation, le 'rendement' en matière de diplômes, le rayonnement à l'étranger. Le bilan est loin d'être morose. Beaucoup d'universités que l'on retrouvera en tête d'un classement ou d'un autre font preuve d'une vitalité réconfortante, quand on les croyait, pour certaines, vouées à l'anonymat. Pour les deux premiers critères, ce sont les petites et moyennes universités, de création récente, qui font meilleure figure . . . Pour les deux autres critères, les grosses facs traditionelles gardent leurs avantages.

L'enquête nous aura permis, aussi, de mettre au jour quelques disparités frappantes: le pourcentage de la population étudiante féminine, dans les universités, varie de 72%, à Paris IV, à 20%, à Compiègne, reine des misogynes. Même hétérogénéité dans l'encadrement: il y a 647 docteurs d'État à Paris VI pour 13 344 étudiants, contre 146 à Lille I, autre fac scientifique, pour 12 000 inscrits. De curieuses lacunes sont mises en évidence: 6 universités ignorent encore l'informatique, 4 n'ont pas de labos de langues. Enfin, plus inquiétant peut-être, 31 universités seulement ont un service chargé des problèmes d'emploi. Soit 71 personnes dans toute la France pour quelque 600 000 étudiants.

Mais, confiance, les choses bougent, notre enquête le montre. Les universités ont le temps de s'améliorer d'ici au prochain palmarès.

Évelyne Fallot
(*L'Express*, le 10 juin, 1983)

10.9 EXERCISES

Section A
Attempt the exercises in this section before reading the Explanations or consulting the Select Vocabulary.

10.9.1 Gist Comprehension
Answer the following questions in English:

(a) Is the 'university' as universally the same everywhere in France as its name suggests?

(b) Does it appear to the writer that the Minister of Education is aware of all aspects of the system?

(c) Can you name some of the factors which the survey conducted by *L'Express* were intended to clarify?

(d) Can you give some examples of disparity among universities?

10.9.2
Give explanations in French for the expressions below, as far as you are able to understand them in the context of the piece:

(a) multicentenaire
(b) sortie des limbes
(c) bien abritées derrière leur autonomie
(d) en outre
(e) au fil des années
(f) bouche à oreille
(g) en tête d'un classement
(h) de création récente
(i) les choses bougent

10.9.3
Find words in the text which seem to you appropriate to the dictionary definitions given below:

(a) ayant une tendance à tout réunir dans un même centre
(b) personne chargée de l'administration des finances
(c) homme préposé à la garde du gibier, dans un domaine privé
(d) qui interroge de façon autoritaire

(e) s'aider, se servir comme d'un soutien, faire fond sur quelque chose
(f) paraître avec plus de relief, être saillant
(g) destiné irrévocablement à . . .
(h) interruption fâcheuse dans un texte, un enchaînement de faits ou d'idées
(i) liste des personnes qui remportent les prix dans un concours

10.9.4
In the following exercise certain words are underlined, which refer to other words or ideas in the text. Make a list of the words referred to by the underlined items.

Model: Ce mot ne choque pas dans un pays centralisateur. Pourtant il recouvre une réalité multiple.
Response: il = ce mot.

Qu'y a-t-il de commun entre l'université d'Aix-Marseille et celle de Corte? Entre Paris 127 951 étudiants, et Mulhouse qui en a 1772? Le système universitaire français est l'un des rares en Occident qui échappent à une évaluation périodique. Le prestige ou la mauvaise réputation ne sont que bouche à oreille, rumeur, et encore, celle-ci ne parvient-elle même pas jusqu'aux entreprises. Beaucoup d'universités que l'on retrouvera en tête d'un classement ou d'un autre font preuve d'une vitalité réconfortante, quand on les croyait vouées à l'anonymat. Mais les choses bougent, notre enquête le montre.

10.10 EXPLANATIONS

10.10.1 Select Vocabulary

recouvrir	to conceal; to hide (recouvrir une réalité); to cover; to be concerned with (recouvrir tout le champ)
multicentenaire	centuries-old
le trésorier	treasurer
le garde-chasse	gamekeeper
cerner	to delimit; to define
abrité	sheltered
une entreprise	business; firm
s'appuyer sur	to rely on
la gestion	management; administration
le sondage	opinion poll
faire ressortir	to make something stand out
le rendement	yield; output
l'encadrement	staffing

la lacune	gap; blank; deficiency
l'information	data processing; computer sciences
le palmarès	award of honours; prize-giving

10.10.2 Expressions and Idioms

ce mot tout rond	the directness of this word
sortie des limbes	emerged from limbo
en outre	besides
au fil des années	as the years go by
de temps à autre	from time to time
(de) bouche à oreille	by word of mouth; confidential
viser à faire quelque chose	to aim to do something
les filières universitaires	fields of study at university
en contrepoids de	as a counterbalance to
loin d'être morose	far from being miserable
les grosses facs	the big departments; the big faculties
mettre au jour	to reveal
le labo(ratoire) de langues	language lab(oratory)
soit 71 personnes	that is to say 71 people

10.10.3 Grammar

The following grammatical item occurring in the text forms the basis for the exercises in Section B.

(a) **Further use of verbal constructions**: verb + infinitive (for example: aimerait connaître; faire ressortir); verb + de + infinitive, (ne fait pas un secret d'avoir; permettre de; avoir le temps de); or verb + à + infinitive, (vise à dissiper) – *see grammar section 5.5.4*

10.11 EXERCISES

Section B

10.11.1

Make sentences by choosing items from each of the columns below.
For example: Les universités font preuve d'une vitalité réconfortante.
Attempt the exercise without reference to the reading passage.

ce mot tout rond	faire	à dissiper cette brume
le Ministre	s'appuie	d'avoir du mal à cerner les particuliarités
le ministère	est chargé	une autre image
le système français	nous aura permis	d'une vitalité réconfortante
l'enquête	recouvre	de mettre au jour des disparités

l'enquête	renvoient	une réalité multiple
les sondages	ont le temps	une évaluation périodique
nous avons préféré	varie	connaître son domaine
la typologie	vouées	de s'améliorer
les universités	vise	de 72% à 20%
on les croyait	échappe à	à l'anonymat
l'enquête	aimerait	sur quelques points forts
ce pourcentage	ne fait pas un secret	sur un long questionnaire
ce service	font preuve de	une autre image
les universités	est centrée	des problèmes d'emploi ressortir une typologie

10.11.2 Retranslation

The following sentences are English renderings of some of the statements contained within the passage. Translate them back into French, then compare your version with the original.

(a) The Minister of Education, like a conscientious gamekeeper, would like to be rather better acquainted with the drives and detours of his enormous estate.

(b) The French university system is, besides, one of the few in the western world which avoids periodic evaluations.

(c) Two public opinion polls, one given to the students and the other to businesses, present another image of the same universities.

(d) Rather than a global classification which would not make a lot of sense, we have preferred to emphasise a typology of universities which concentrates on a few significant points.

(e) The enquiry will have allowed us to reveal some striking disparities.

(f) The universities have got the time to make improvements between now and the next award of honours.

10.11.3

Fill in the gaps in the text below with appropriate link-words, chosen from the list given:

Le mot 'université' ne choque pas, ... il recouvre une réalité multiple et contrastée. Qu'y a-t-il de commun . . . . . . , entre Aix-Marseille et Corte? Le système universitaire français échappe, ... à une évaluation périodique. Au fil des années, ... , se sont forgées les réputations, ... des outsiders dynamiques de temps à autre, occupaient le devant de la scène.

tandis que; pourtant; en outre; en effet; bien sûr; mais; néanmoins.

10.12 LES UNIVERSITÉS FRANÇAISES EN 1984

Aix-Marseille I
Aix-Marseille II
Aix-Marseille III
Amiens
Angers
Avignon
Besançon
Bordeaux I
Bordeaux II
Bordeaux III
Brest
Caen
Chambéry
Clermont Ferrand I
Clermont Ferrand II
Compiègne
Dijon
Grenoble I
Grenoble II
Grenoble III
Le Mans
Lille I
Lille II
Lille III
Limoges
Lyon I
Lyon II
Lyon III-Jean Moulin
Metz
Montpellier I
Montpellier II
Montpellier III
Mulhouse
Nancy I

Nancy II
Nantes
Nice
Orléans
Paris I – Panthéon-Tolbiac
Paris II – Assas
Paris III – Censier
Paris IV – Sorbonne
Paris V – Descartes
Paris VI – P. et M. Curie
Paris VII – Jussieu
Paris VIII – Saint-Denis
Paris IX – Dauphine
Paris X
Paris XI – Orsay
Paris XII – Créteil
Paris XIII – Villétaneuse
Pau
Perpignan
Poitiers
Reims
Rennes I
Rennes II
Rouen
Saint-Étienne
Strasbourg I
Strasbourg II
Strasbourg III
Toulon
Toulouse I
Toulouse II – Le Mirail
Toulouse III – P. Sabatier
Tours
Valenciennes

D.10 DIALOGUE

Isabelle discusses with her nephew his life at school.

Isabelle: Alors, à quelle heure tu vas à l'école, toi, tous les matins?
Cédric: Oh, vers huit heures.

Isabelle: Huit heures! Mais jusqu'à quelle heure?

Cédric: Jusqu'à midi. À midi, on mange, et on reprend à treize heures quarante-cinq. Jusqu'à six heures du soir.

Isabelle: Dis donc! Ça vous fait combien d'heures de cours, alors?

Cédric: À peu près huit heures par jour.

Isabelle: Mais, c'est fou! Qu'est-ce que vous faites pendant huit heures?

Cédric: On travaille. On a une heure par matière.

Isabelle: Qu'est-ce que tu fais comme matières?

Cédric: Il y a des sciences naturelles, des sciences humaines, des sciences physiques, des maths, du français, de l'anglais et des tas de choses d'autre.

Isabelle: Qu'est-ce que tu appelles les sciences humaines?

Cédric: C'est la géographie et l'histoire.

Isabelle: Ah, c'est comme ça que ça s'appelle maintenant? Vous avez beaucoup de maths?

Cédric: À peu près deux heures par jour, de maths.

Isabelle: Et d'anglais, combien?

Cédric: D'anglais, toujours une heure par jour.

Isabelle: Et alors, au point de vue éducation physique, qu'est-ce que vous faites?

Cédric: Alors, l'éducation physique, on n'en a que trois heures par semaine.

Isabelle: Est-ce que vous avez des après-midis libres?

Cédric: Jamais. À part quand un professeur est malade.

Isabelle: Et quand tu rentres le soir, c'est fini?

Cédric: Alors, quand on rentre le soir à six heures, on fait les devoirs. Le professeur d'anglais, par exemple, il nous donne deux devoirs par semaine.

Isabelle: Et combien d'heures tu passes chaque soir sur tes devoirs à peu près?

Cédric: Plus d'une heure.

Isabelle: Alors tu rentres à six heures et tu as encore une heure de devoirs à faire. Mais dis donc! C'est une vie dure, hein?

Cédric: Oh, non, c'est bien. Il y a beaucoup de copains, c'est bien.

Isabelle: Vous n'avez pas le temps de faire du sport, ni rien du tout, alors?

Cédric: Extérieurement, non, moi, je n'en fais pas. Mais l'école, elle organise le mercredi des sports, du handball, du basket.

Isabelle: Ah, c'est vrai, vous êtes libres le mercredi.

Cédric: Oui, tout le mercredi on est en vacances. Mais on va a l'école le samedi matin.

Isabelle: Et en quelle classe tu es, toi?

Cédric: Je suis en cinquième, c'est à dire, seconde année du premier cycle.

Isabelle: Quel âge tu as, alors?

Cédric: J'ai douze ans. Je vais avoir treize ans au mois de mars.

Isabelle: Donc, on rentre en sixième quand on a onze ans.

Cédric: C'est ça.

Isabelle: Et la discipline, tu n'en as pas parlé.

Cédric: La discipline est très, très sévère. Quand c'est un professeur qui est assez gentil, il nous donne seulement une punition pour le lendemain ou alors, il ne dit rien, s'il est vraiment très gentil.

Isabelle: Qu'est-ce que c'est comme punition?

Cédric: Eh bien, de la copie, tout ça. Des choses à apprendre par coeur, des poésies.

Isabelle: Oui, c'est ça. C'est souvent des poésies à apprendre par coeur.

Cédric: Alors, si c'est un professeur très méchant, il met une très mauvaise note, et avec cette très mauvaise note on peut avoir des heures de colle, des heures de retenue.

Isabelle: Alors, les retenues, ça consiste en quoi?

Cédric: On va à l'école, et on nous donne un travail. Souvent les jours de vacances. Le mercredi soir ou le samedi soir, vers cinq heures, six heures.

Isabelle: Alors, tu est obligé de retourner à l'école. Et puis, qu'est-ce que tu fais là?

Cédric: On nous donne un travail.

Isabelle: Et qui est-ce qui vous surveille?

Cédric: Un surveillant.

Isabelle: Si un élève fait beaucoup de chahut pendant un cours, qu'est-ce qui se passe?

Cédric: Il se fait sortir du cours et il doit aller voir le professeur principal.

Isabelle: Et pour les notes de travail, comment ça se fait?

Cédric: Il y a des carnets de notes, et après, il y a les classements. A chaque demi-trimestre il y a le succès. On est classé, dans toute la classe, pour voir qui est le meilleur.

D.10 EXERCISE

Section A

Attempt this exercise before consulting the Explanations and Vocabulary.

Vrai ou Faux

After listening to the tape, decide whether the following statements are true or false:

(a) Cédric va à l'école à huit heures du matin.

(b) L'école finit à six heures du soir.

(c) Il y a à peu près six heures de cours par jour.

(d) Les sciences humaines sont la géographie et l'histoire.

(e) Il y a trois heures par jour de maths.

(f) Il y a trois heures par jour d'éducation physique.

(g) Le soir il faut faire des devoirs.

(h) Cedric déteste la vie à l'école.

(i) On va à l'école tout le samedi.

(j) On rentre en sixième à l'école à seize ans.

(k) Avec une mauvaise note on peut avoir une retenue

(l) On est classé, dans toute la classe, pour voir qui est le meilleur.

D.10.2 Explanations and Vocabulary

à quelle heure tu vas à l'ecole?	What time do you go to school? (Note that the direct word-order is often used for questions in conversation, where an inversion would be more correct grammatically, à quelle heure vas-tu . . .? *grammar 9.2.*)
une heure par matière	one hour per subject
au point de vue éducation physique	what about P.E.?
il y a beaucoup de copains	there are a lot of pals
le premier cycle	this is the compulsory period of schooling in the collège. The second cycle then follows at the lycée.
la colle (slang); la retenue	detention
le surveillant	a post in French schools with responsibility for discipline
le chahut	uproar; rumpus
le demi-trimestre	half-term

D.10.3 EXERCISE

Section B

Listen to the tape again, then prepare a series of questions that you might wish to put to a French schoolchild about life at school. Use the list of possible areas suggested below, and also make up questions relating to any other areas of school life not yet covered.

les heures

les matières

le nombre de cours par jour ou par semaine pour chaque matière

les devoirs

le sport et l'éducation physique

les jours de congé

la classe et l'âge

l'organisation en classes et en cycles
la discipline
les professeurs
les retenues
les notes de travail
les classements

D.10.4

Here, a French Inspector of Schools gives his reactions to the 'Réforme Legrand' referred to in the reading passage, 10.4.

Je pense que le mot 'réforme' n'est pas bon, dans ce cas. Nous avons eu des réformes avant. La dernière en date, c'est la réforme Haby. Le mot réforme signifie un changement radical. Monsieur Legrand n'est pas le Ministre. C'est un conseiller du Ministre qui a écrit un rapport. Ce rapport a été fait d'une façon relativement démocratique. C'est à dire que pendant deux journées consécutives, il y a eu une consultation générale au niveau des collèges, des professeurs, des représentants des élèves et des parents, sur des thèmes qui avaient été proposés plus ou moins par le ministère. Il y avait un système de fiches qu'il fallait remplir en travaillant en groupes, et chaque collège a renvoyé au ministère les conclusions de leur enquête. Donc, Monsieur Legrand a repris des idées qui avaient été exprimées sur le terrain. Alors, la procédure est différente de celle d'une réforme. La réforme Haby, c'était une expérience. Mais le système de sélection qu'on croyait supprimer s'est remis en place; même si on dit qu'on va démocratiser l'enseignement, il se trouve toujours les filières. La filière, ce sont les langues vivantes. C'est à dire, si on choisit en classe de sixième l'allemand, on est sûr que la classe sera d'un bon niveau. J'ai des amis qui envoient leur enfant en sixième en faisant de l'allemand alors qu'ils ont envie qu'il fasse de l'anglais, juste pour le mettre dans la bonne classe. La réforme Haby voulait supprimer les filières. Elle les a supprimées sur le papier, mais, de fait, les classes sociales informées ont pu continuer à envoyer leurs enfants dans les bonnes classes. La réforme Haby, à ce niveau-là, paraît avoir échoué, mais en même temps on peut se dire qu'il y a un plus grand nombre d'enfants qui ont accédé à un enseignement secondaire. Donc, dans un sens c'est aussi une réussite. Monsieur Legrand, lui, propose en gros, que dans chaque Académie, un certain nombre de collèges vont demander, volontairement, à entrer dans une expérience. En France, c'est toujours comme ça, hein? On n'applique jamais directement une réforme. On commence par tester sur des établissements pilotes. Chaque établissement va construire un projet. Alors, ces projets sont présentés devant une commission. Dans mon Académie on a eu soixante candidatures, et on en a retenu vingt-quatre. Pour les projets, il fallait par exemple proposer des programmes de rattrapage en maths et en français. Il y avait l'utilisation de différents médias, c'est à dire l'intention de faire des expériences audio-visuelles, l'utilisation des ordinateurs. Et puis, le coeur du système, c'est le travail en équipe. On demande aux professeurs d'accepter de faire un projet d'enseignement ensemble, et d'avoir une co-ordination entre eux. Il y a aussi les PEA, c'est à dire, les projects d'éducation active, c'est à dire tous les projets d'ouverture sur la ville, par exemple, aller faire des enquêtes à l'extérieur. Mais ce n'est qu'ensuite, dans une phase ultérieure, qu'on étendra, peut-être, le projet aux autres. Mais il est évident que cela ne va pas se faire du jour au lendemain, et que la plupart des professeurs ne sont pas d'accord, parce qu'ils estiment qu'ils étaient formés pour l'enseignement d'une discipline, et que, ce qu'on leur demande là, va bien au-delà de leur mission.

D.10.5 EXPLANATIONS AND VOCABULARY

la réforme Haby	see note on p. 162
plus ou moins	more or less; for the most part
la fiche	card; form; slip
une enquête	enquiry
sur le terrain	at the grass-roots
le système de sélection s'est remis en place	the selection system re-established itself
la filière	set or stream in school
supprimer	to do away with
sur le papier	on paper
paraît avoir échoué	seems to have failed
en gros	in general terms
une Académie	For the purposes of educational organisation, France is divided into a number of Académies, each of which is centred on a university and covers the area of two or three départements. The senior administrator responsible for both the university and the schools of the Académie, is the Recteur.
le rattrapage	catching up (that is, by a pupil who has fallen behind in a subject)
une expérience	experiment
un ordinateur	computer
dans une phase ultérieure	in a later phase
ne va pas se faire du jour au lendemain	won't take place overnight
ils étaient formés	they were trained

va bien au-delà de   goes well beyond their task
  leur mission

D.10.6 LISTENING EXERCISES

D.10.6.1
After studying the vocabulary above, and listening again to the tape, try to reconstruct the text by writing out the following passage and filling in the gaps.

Le mot réforme . . . . . . radical. Monsieur Legrand . . . . . . conseiller du Ministre qui a écrit un rapport. Ce rapport . . . . . . démocratique. C'est à dire que . . . . . . il y a eu une consultation générale . . . . . . sur des thèmes qui avaient été proposés . . . . ministère. Il y avait . . . . . . en travaillant en groupes, et chaque collège . . . . . . enquête. Donc, Monsieur Legrand a . . . . . . terrain. Alors . . . . . . une réforme.

D.10.6.2
Listen to the section from Pour les projets, il fallait as far as the end, and make a list of the elements which figure in the programme of schools following a Legrand project.

PROMENADES LITTÉRAIRES III

PROMENADES LITTÉRAIRES III

In the literature of the twentieth century, there is no lack of material one might choose to illustrate childhood or schoolday memories. Nostalgia for a past that has irrevocably disappeared has provided a rich vein for novels and for memoirs. Marcel Pagnol found his childhood an inexhaustible fund of stories and reminiscences. Both his childhood, and that of Sartre, seem to have been exceptionally happy times. Prévert's cancre (dunce) is not obviously as happy with his lot, but even he emerges victorious over les menaces du maître. The final passage chosen in this section refers not to childhood, school or even specifically to the family. It presents Camus's view of the meaninglessness of much of life for modern man in contemporary society, providing some of the philosophical background to changing values and mores in that society.

PL.III.1 LA RENTRÉE SCOLAIRE

C'est sans la moindre inquiétude, mais au contraire avec une véritable joie que je quittai la maison, un matin d'octobre, pour la rentrée au lycée, où j'étais admis en cinquième A2. Personne ne m'accompagnait: le cartable au dos, les mains dans les poches, je n'avais pas besoin de lever la tête pour regarder le nom des rues. Je n'allais pas vers une prison inconnue, pleine d'une foule d'étrangers: je marchais au contraire vers mille rendez-vous, vers d'autres garçons de mon âge, des couloirs familiers, une horloge amicale, des platanes et des secrets. J'enfermai dans mon casier la blouse neuve que ma mère avait préparée, et je revêtis la loque de l'année précédante que j'avais rapportée 'en cachette': ses accrocs, et la silencieuse mollesse du tissu devenu pelucheux marquaient mon grade. Mon entrée dans la cour fut triomphale.

Marcel Pagnol (1895–1974)
Le Temps des Amours
(© Editions Julliard, 1977)

PL.III.2 UNE ENFANCE HEUREUSE

C'était le Paradis. Chaque matin je m'éveillais dans une stupeur de joie, admirant la chance folle qui m'avait fait naître dans la famille la plus unie, dans le plus beau pays du monde. Les mécontents me scandalisaient: de quoi pouvaient-ils se plaindre? C'étaient des mutins. Ma grand-mère, en particulier, me donnait les plus vives inquiétudes: j'avais la douleur de constater qu'elle ne m'admirait pas assez. De fait, Louise m'avait percé à jour. Elle blâmait ouvertement en moi le cabotinage qu'elle n'osait reprocher à son mari ... J'étais d'autant plus indigne que je la soupçonnais de se moquer aussi de mon grand-père: c'était 'l'Esprit qui toujours nie'. Je lui *répondais*, elle exigeait des excuses; sûr d'être soutenu, je refusais d'en faire. Mon grand-père saisissait au bond l'occasion de montrer sa faiblesse; il prenait mon parti contre sa femme qui se levait, outragée, pour aller s'enfermer dans sa chambre. Inquiète, craignant les rancunes de ma grand-mère, ma mère parlait bas, donnait humblement tort à son père qui haussait les épaules et se retirait dans son cabinet de travail; elle me suppliait enfin d'aller demander mon pardon. Je jouissais de mon pouvoir: j'étais Saint Michel et j'avais terrassé l'Esprit malin. Pour finir, j'allais m'excuser négligemment. À part cela, bien entendu, je l'adorais: *puisque* c'était ma grand-mère.

Jean-Paul Sartre (1905–80)
Les Mots
(© Éditions Gallimard, 1964)

PL.III.3 LE CANCRE 🔲

Il dit non avec la tête
mais il dit oui avec le coeur
il dit oui à tout ce qu'il aime
il dit non au professeur
il est debout
on le questionne
et tous les problèmes sont posés
soudain le fou rire le prend
et il efface tout
les chiffres et les mots
les dates et les noms
les phrases et les pièges
et malgré les menaces du maître
sous les huées des enfants prodiges
avec des craies de toutes les couleurs

sur le tableau noir du malheur
il dessine le visage du bonheur.

Jacques Prévert (1900–   )
Paroles
(© Éditions Gallimard, 1949)

PL.III.4 LE SENTIMENT DE L'ABSURDE

Toutes les grandes actions et toutes les grandes pensées ont un commencement dérisoire. Les grandes oeuvres naissent souvent au détour d'une rue ou dans le tambour d'un restaurant. Ainsi de l'absurdité. Le monde absurde plus qu'un autre tire sa noblesse de cette naissance misérable. Dans certaines situations répondre: 'rien' à une question sur la nature de ses pensées peut être une feinte chez un homme. Les êtres aimés le savent bien. Mais si cette réponse est sincère, si elle figure ce singulier état d'âme où le vide devient éloquent, où la chaîne des gestes quotidiens est rompue, où le coeur cherche en vain le maillon qui le renoue, elle est alors comme le premier signe de l'absurdité.

Il arrive que les décors s'écroulent. Lever, tramway, quatre heures de bureau ou d'usine, repas, tramway, quatre heures de travail, repas, sommeil et lundi mardi mercredi jeudi vendredi et samedi sur le même rythme, cette route se suit aisément la plupart du temps. Un jour seulement le 'pourquoi' s'élève et tout commence dans cette lassitude teintée d'étonnement. 'Commence', ceci est important. La lassitude est à la fin des actes d'une vie machinale, mais elle inaugure en même temps le mouvement de la conscience.

Albert Camus (1913–60)
Le Mythe de Sisyphe
(© Éditions Gallimard, 1942)

NOTES

PL.III.1 La Rentrée Scolaire

revêtir	to put on
la loque	rag
un accroc	tear; rip
pelucheux	fluffy

PL.III.2 UNE ENFANCE HEUREUSE

le mutin	rebel
m'avait percé à jour	had seen right through me
le cabotinage	showing-off; play-acting

il saisissait au bond l'occasion	he seized hold of the opportunity
la rancune	grudge; ill-feeling
elle donnait humblement tort à	she humbly laid the blame on
hausser les épaules	to shrug one's shoulders
l'Esprit malin	the Devil

PL.III.3 Le Cancre

le fou rire le prend	he has a fit of giggles
le piège	trap
les huées	boos; hoots

PL.III.4 Le Sentiment de l'Absurde

le tambour	revolving door
la feinte	sham; pretence
le maillon	link (in a chain)
s'écrouler	to collapse; to fall apart
teintée de	tinged with

PART IV
CULTURE FRANÇAISE

LA CHANSON FRANÇAISE

There seems to be a great divide, in time at least, between the anonymous French folk-songs of past ages and the songs of Georges Brassens. But these two aspects of France's rich tradition of song are actually remarkably close, drawing on the genius of the language and its rhythms to create a unique aspect of French culture.

11.1 LA CHANSON FOLKLORIQUE

Un peuple cherchant sa véritable voie ne peut la trouver qu'en restant en accord avec les principes qui présidèrent à sa formation, commandèrent son histoire, développèrent sa personnalité, son âme. En demeurant lui-même, il communique avec l'unique source capable d'alimenter sa vie et de lui infuser, si besoin est, une nouvelle jeunesse.

Pour y parvenir, le meilleur et le plus sûr moyen est, pour lui, de puiser à son propre fonds, à ses traditions les plus pures, à celles qui furent, au long des siècles, gravées dans la mémoire héréditaire des générations et dont la plus précieuse est constituée par les chants anonymes traditionnels, les chants populaires, expressions fidèles des joies et des souffrances du peuple.

Presque toutes les nations ont fait, à un moment de leur histoire, ce retour. Plus que toute autre, la France trouverait profit à le faire car, plus que toute autre nation, elle est rattachée, par ses chants populaires, à ses origines les plus lointaines . . . Cette musique naturelle, produit du génie populaire, doit être jalousement protégée, car elle constitue l'une de nos plus précieuses valeurs nationales. Il est souhaitable que sa connaissance soit répandue, car elle peut avoir la plus bienfaisante influence sur la musique et la poésie de la nation. Le chant anonyme traditionnel, en effet, est le meilleur facteur de formation de goût, d'équilibre de la sensibilité.

J. Canteloube
Anthologie des Chants Populaires Français Tome II
(© 1951 Durand S.A. Éditions Musicales)

11.2 EXERCISES

Section A
Attempt the exercises in this section before reading the Explanations or consulting the Select Vocabulary.

11.2.1 Gist Comprehension

(a) What does the author believe to be the most certain way for a nation to draw strength from its traditions?
(b) Why does the writer feel that France is more likely than other nations to profit from rediscovery of its tradition of song?
(c) What good effects does he feel that folk-song can have?

11.2.2
Write a short summary, in French, of the case for reviving folk-song, as expressed in this passage.

11.3 EXPLANATIONS

11.3.1 Select Vocabulary and Expressions
alimenter	to nourish
puiser à	to draw from; to dip into
si besoin est	if there is a need
la sensibilité	sensitivity

11.3.2 Grammar
The following are the grammar points in the text which form the basis for the exercises in Section B.

(a) **Further examples of the Past Historic** – *see grammar section 5.5.1 (c)*

(b) **il est souhaitable, followed by Subjunctive** – *see grammar section 5.5.3 (iv)*

(c) **Use of adjective before the noun for stylistic effect** – *see grammar section 3.1.4*

11.4 EXERCISES

Section B

11.4.1
Rewrite the following passage, converting the verbs underlined into the Past Historic tense.

Un peuple doit rester en accord avec les principes qui <u>ont présidé</u> à sa formation, <u>ont commandé</u> son histoire, <u>ont développé</u> sa personnalité, son âme. Le plus sûr moyen est de puiser aux traditions qui <u>ont été gravées</u> dans la mémoire héréditaire des générations.

11.4.2
Translate into English the last paragraph of the passage, beginning, Presque toutes les nations . . .

11.4.3
Answer the following questions in French.

(a) Quelle est l'unique source capable d'alimenter la vie d'un peuple?
(b) Quel est le plus sûr moyen de puiser à cette source?
(c) Qu'est-ce qui est souhaitable?
(d) Expliquez le sens de l'expression, 'équilibre de la sensibilité.'

UN CHOIX DE CHANSONS FOLKLORIQUES

Ne pleure pas Jeanette

Ne pleure pas Jeanette,
Tra la la la la la la la
La la la.
Ne pleure pas Jeanette,
Nous te marierons, nous te marierons

Avec le fils d'un prince,
Ou celui d'un baron.

Je ne veux pas de prince,
Encore moins d'un baron.

Je veux mon ami Pierre,
Celui qui est en prison.

Tu n'auras pas ton Pierre,
Nous le pendouillerons.

Si vous pendouillez Pierre
Pendouillez-moi-z-avec.

Et l'on pendouilla Pierre,
Et sa Jeanette avec.

Mon amant me délaisse

Mon amant me délaisse
O gai vive la rose!   bis
Je ne sais pas pourquoi
Vive la rose et le lilas!   bis

Il va-t-en voir une autre
Ne sais s'il reviendra.

On dit qu'elle est très belle
Bien plus belle que moi.

On dit qu'elle est malade
Peut-être qu'elle en mourra.

Si elle meurt dimanche
Lundi on l'enterr'ra.

Mardi reviendra m'voir
Mais je n'en voudrai pas.

Margoton

Margoton va-t-à l'eau avecque son cruchon (bis)
La fontaine était creuse, elle est tombée au fond.

Aïe, aïe, aïe, aïe, se dit Margoton.

Par le grand chemin pass' trois chevaliers barons (bis)
Que donneriez-vous belle, qu'on vous tire du fond?

Aïe, aïe, aïe, aïe, se dit Margoton.

Tirez d'abord, dit-elle, et alors nous verrons (bis)
Quand la belle fut tirée, commence une chanson:

La la la la la la la la la.

Ce n'est pas ça, la belle, que nous vous demandons (bis)
C'est votre coeur volage, savoir si nous l'aurons?

Aïe, aïe, aïe, aïe, se dit Margoton.

Mon petit coeur, Messires, n'est pas pour greluchons (bis)
L'est pour l'homme de guerre qu'a la barbe au menton.

La la la la . . . vive Margoton!

11.5 HOMMAGE AU GORILLE

Elle est touchante, l'unanimité retrouvée autour du bon Georges Brassens. Le poète est mort, la France tout entière se recueille sur sa tombe. Comme si, tout entière, elle l'avait aimé. Mais non. Les peuples n'ont pas de mémoire, le nôtre a oublié qu'il appréciait peu Brassens à ses débuts.

Car Brassens choquait non seulement les bourgeois qu'il fustigeait et qu'il ridiculisait mais aussi une bonne partie du public ouvrier passablement pudibond au début de ces années 50. À cause de son comportement sur scène: il grognait, ne saluait pas la salle, épongeait de son mouchoir la sueur qui lui coulait du front et ne souriait jamais: un comportement que nombre de spectateurs n'étaient pas disposés à accepter. Il choquait encore plus à cause de ce qu'on appelait sa vulgarité. Par ces temps où le langage était poli, sinon policé, Brassens avait le goût du verbe cru, du mot fort, du gros mot, comme on dit. Une tare: on le taxa de grossièreté, de pornographie . . . Sur ses quatre premières chansons on en toléra deux: 'la Mauvaise Réputation', 'Corne d'Auroch', malgré le non-conformisme qui s'en dégageait; les deux autres, 'le Gorille' et 'l'Hécatombe' furent purement et simplement interdites d'antennes. Les radios d'alors ne prenaient pas de risques.

Elles trièrent longtemps dans la production ce qui pouvait être audible et ce qui devait être absolument prohibé. Elles étaient d'ailleurs en ça parfaitement d'accord avec la grande masse de leurs auditeurs. En témoignent les réactions indignées que la moindre prestation de Brassens déclenchait. Cela aurait pu être l'étouffoir. Ce fut sa chance. Car, en cachette dans les lycées et les collèges, on commença à se passer sous les pupitres ses chansons interdites.

Le temps passa. Les couplets tendres, la chaleur immédiate que faisait naître la grosse voix du bonhomme finirent par conquérir le public adulte. On se rappela Rabelais, on se souvint qu'il existait une tradition française de la langue verte et, après avoir admis les bluettes sentimentales que George savait si bien chanter, on accepta l'ensemble de son oeuvre, jurons compris. Sans avoir rien fait pour séduire, Georges devint une manière de monument. Ce qui lui fut alors reproché. Souvent par les fils mêmes de ceux qui l'avaient défendu à ses débuts. Brassens s'édulcore, disait-on. Brassens est incapable de comprendre la jeunesse. Brassens a perdu son audace. La preuve: on apprend ses chansons dans les écoles. En fait, il n'avait pas changé. Mais, en grande partie grâce à lui, les mots qu'il employait étaient passés dans le langage courant et l'anarchie, dont il se réclamait, ne faisait plus peur à grand monde. Durant quelques années, une petite fraction de la jeunesse bouda Brassens. Elle aurait voulu qu'il change, qu'il adapte son répertoire à la grossièreté de l'époque. Il en était

Fig. 9 *Georges Brassens*

incapable: la langue qu'il utilisait, il l'aimait, c'était la sienne. Pas question de la transformer. C'eût été tricher.

La majorité de nos contemporains connaissent les chansons par coeur et ne peuvent s'empêcher de rendre hommage à Brassens, entrant ainsi dans le concert unanime.

L. Rioux
(© *Le Nouvel Observateur*, 7 nov 1981)

11.6 EXERCISES

Section A
Attempt the exercises in this before reading the Explanations or consulting
the Select Vocabulary.

11.6.1 Gist Comprehension
(a) Which sectors of society does the author think were shocked by
Brassens, when he first appeared on the scene?
(b) What aspects of his stage performance and of his language, were found
to be vulgar?
(c) Radio exercised a sort of censorship over Brassens's songs in the early
days. How did his songs first become known?
(d) What aspects of the French tradition were recalled to give some respec-
tability to Brassens?
(e) Why were reproaches made when he became a sort of monument?
(f) Why was Brassens not able to change his style and his language?

11.6.2 Word Study
Find words or expressions in the text which correspond to the dictionary
definitions given below:

(a) blâmer violemment
(b) qui a un sentiment exagéré de honte à envisager des choses de nature
sexuelle
(c) essuyer, sécher
(d) civilisé, adouci par des institutions, par la culture
(e) grave défaut d'une personne
(f) choisir parmi d'autres; extraire d'un plus grand nombre
(g) salle où l'on manque d'air
(h) adoucir par addition de sucre; adoucir, affaiblir dans son expression
(i) montrer du mécontentement par une attitude maussade

11.6.3
In the following sentences from the text, the words underlined refer to
other items in the passage. Write out the words to which these underlined
ones refer, for example:

Model: La France tout entière se recueille sur sa tombe.
Response: sa tombe = la tombe de Brassens.

(a) Les peuples n'ont pas de mémoire, le nôtre a oublié qu'il appréciait peu
Brassens à ses débuts.
(b) Brassens choquait non seulement les bourgeois qu'il fustigeait.

(c) Il épongeait de son mouchoir la sueur qui lui coulait du front.

(d) On toléra deux chansons malgré le non-conformisme qui s'en dégageait.

(e) En témoignent les réactions indignées que la moindre prestation de Brassens déclenchait.

(f) Cela aurait pu être l'étouffoir.

(g) L'anarchie, dont il se réclamait, ne faisait plus peur à grand monde.

(h) Elle aurait voulu qu'il adapte son répertoire à la grossièreté de l'époque. Il en était incapable.

(i) La langue qu'il utilisait, il l'aimait, c'était la sienne. Pas question de la transformer. C'eût été tricher.

(j) La majorité de nos contemporains connaissent les chansons par coeur et ne peuvent s'empêcher de rendre hommage à Brassens, entrant ainsi dans le concert unanime.

11.7 EXPLANATIONS

11.7.1 Select Vocabulary

se recueillir	to collect, gather one's thoughts
se recueillir sur la tombe de quelqu'un	to meditate on someone's grave
fustiger	to censure; to denounce; to flay (critically)
pudibond	prudish; prim and proper
policer	to civilise
cru	crude; coarse
la tare	defect; flaw
la grossièreté	vulgarity
trier	to sort out; to select
la prestation	performance
déclencher	to unleash
un étouffoir	room without air, where one might suffocate; (also) damper on a piano
le bonhomme	chap; fellow; bloke; guy
la bluette	literary trifle
le juron	swearword; oath
s'édulcorer	to water down; to sweeten
bouder	to refuse to have anything to do with
tricher	to cheat

11.7.2 Explanations and Idioms

à ses débuts	in his early days
à cause de	because of
par ces temps	in those days
interdit d'antennes	banned from the radio

en témoignent . . .	. . . are evidence of this
cela aurait pu être . . .	this could have been . . .
la langue verte	'ripe', spicy language
sans avoir rien fait	without having done anything
c'eût été tricher	that would have meant cheating
ne peuvent s'empêcher de . . .	cannot help . . .

11.7.3 Grammar
The following grammatical points from the text form the basis for the exercises in Section B.

(a) **Possessive pronouns**: le nôtre; la sienne – *see grammar section 4.2*

(b) **Conditional Perfect**: aurait voulu; aurait pu être; c'eût été – *see grammar section 5.5.1 (j)*

(c) **Further examples and revision of use of tenses**: Imperfect, Past Historic, Pluperfect – *see grammar section 5.5.1*

11.8 EXERCISES

Section B

11.8.1
In the following exercise, rewrite the sentences replacing the words underlined by the appropriate Possessive Pronoun, for example:

Model: Les peuples n'ont pas de mémoire. <u>Notre peuple</u> a oublié qu'il appréciait peu Brassens.

Response: Les peuples n'ont pas de mémoire. Le nôtre a oublié . . . etc.

(a) La langue était policée. <u>Sa langue</u> était grossière.
(b) Le comportement sur scène était poli. <u>Son comportement</u> était plutôt choquant.
(c) On acceptait beaucoup de chansons à la radio, mais <u>ses chansons</u> furent interdites d'antennes.
(d) Les traditions sont variées. <u>Notre tradition</u> comprend Rabelais et la langue verte.
(e) Les mots vulgaires étaient passés dans la langue courante. <u>Ses mots</u> ne choquaient plus personne.

11.8.2

(a) *Model:* **La jeunesse bouda Brassens. (pas de changement!)**
Response: **Elle aurait voulu qu'il change.**

(i) La jeunesse bouda Brassens. (Pas d'adaptation du répertoire!)

194

(ii) Brassens choqua la bourgeoisie. (Pas de changement de son comportement sur scène!)

(iii) Les jeunes rejetèrent Brassens. (Pas de transformation de son langage!)

(iv) Le public rejeta Brassens. (Être banni?)

(b) *Model:* **Il y eut une réaction indignée (L'étouffoir?)**
Response: **Cela aurait pu être l'étouffoir.**

(i) Le temps passa. (La fin?)

(ii) 'Brassens s'édulcore,' disait-on. (Un désastre?)

(iii) La jeunesse bouda Brassens. (L'oubli?)

11.8.3 Translation

(a) Brassens not only shocked the bourgeois, but also the working public, because of his behaviour on stage. He used to grunt, wouldn't greet the audience, never smiled.

(b) Two of his songs were simply banned from the radio. In those days the radio stations didn't take risks.

(c) Without having done anything to win over his audience, Brassens became a sort of monument.

(d) He had not changed, but, thanks to him, the words that he used had passed into everyday language. They would have liked him to change, but he was not able to do so. He loved the language he used because it was his own. There was no question of changing it. That would have meant cheating.

11.8.4

Summarise in about 200 words of French the main arguments of this passage, following the outline given below:

Unanimité sur la réputation de Brassens à sa mort — ses débuts — son comportement sur scène — sa vulgarité — interdit d'antennes — en cachette — finir par l'accepter — bouder — pas tricher — rendre hommage.

LES MÉDIAS

From the whole range of modern media of communication and publicity, this chapter concentrates on the press and the radio, since those are the aspects of the media most likely to be available to foreign observers of the French scene. For English readers, perhaps the most striking difference between the French and English press is the relative importance of national and provincial papers. None of the French national newspapers can compare in circulation with the British dailies; and there are only one or two examples of provincially produced papers in Britain which can compare in importance and sales with provincial dailies such as *Ouest-France* or *La Dépêche du Midi*. As far as the radio is concerned, the variety which commercial radio has brought to the British scene in the last few years, makes it easier to understand the multiplicity of French language radio stations, whether broadcasting from French territory, or from the fringes in Luxembourg and Monte Carlo.

12.1 AUTANT DE LECTEURS, AUTANT DE JOURNAUX

Les journaux sont faits pour les lecteurs, mais, c'est sûr, il ne peut pas y avoir autant de journaux qu'il y a de lecteurs . . . Quand il y a beaucoup de journaux, comme à Paris, chaque journal essaie de répondre aux goûts de certains lecteurs.

Les gens qui veulent tout savoir sur le sport peuvent acheter un quotidien qui ne parle que de sport, *L'Équipe*. Ceux qui jouent aux courses trouveront tous les renseignements possibles sur les chevaux dans le quotidien *Paris-Turf*. Mais il y a aussi les gens qui sont dans les affaires et qui s'intéressent avant tout à l'industrie, aux prix et au commerce dans le monde. Ils ont leurs journaux, *Les Échos* le matin, et *Le Nouveau Journal* le soir.

Certains lecteurs aiment apprendre toutes sortes de nouvelles, mais ils veulent aussi savoir comment ces nouvelles sont reçues par un groupe dont

– Maintenant, je voudrais vous poser la question que doivent se poser tous les téléspectateurs: Comment votre concept onirique, à tendance kafkaienne, coexiste-t-il avec la vision sublogique que vous faites de l'existence intrinsèque?

il partage les idées, parti politique ou religion. Les communistes, par exemple, lisent *L'Humanité*, qui est le journal du parti communiste.

Les Français, dans l'ensemble, aiment bien trouver un peu de tout et se faire leurs propres idées: ils lisent les journaux d'information. S'ils veulent un journal qui les distrait, ils achèteront un journal qui parle de faits divers (c'est à dire, des accidents, etc.) qui publie des histoires d'amour, des jeux et des dessins, un journal comme *Le Parisien Libéré*, ou *France-Soir*. S'ils veulent un journal qui leur donne beaucoup de nouvelles sérieuses, ils lisent *Le Monde* ou *Le Figaro*.

Tout cela n'est vrai que pour les journaux de Paris. Au contraire, le quotidien régional ne peut pas choisir son public. Il est lu par le paysan et l'ouvrier, par le gaulliste et le communiste, par les patrons et par les pauvres. Il a donc beaucoup de lecteurs dont les goûts, l'éducation, la place sociale et les moyens sont complètement différents. Et il doit plaire à tous. Les journaux de province ont une raison d'être: permettre à chaque lecteur de savoir tout ce qui se passe là où il habite. On les lit pour y trouver des noms qu'on connaît. Grâce à eux, on peut se sentir 'en famille' dans sa région.

Michèle Blondel
Les Journaux Français
(© Hachette, 1975)

12.2 EXERCISES

12.2.1
Explain, in French, the sense of the following statements taken from the passage:

(a) Chaque journal essaie de répondre aux goûts de certains lecteurs.
(b) Certains lecteurs . . . veulent savoir comment les nouvelles sont reçues par un groupe dont il partage les idées.
(c) Les Français . . . aiment bien trouver un peu de tout et se faire leurs propres idées.
(d) Le quotidien régional ne peut pas choisir son public.
(e) On peut se sentir 'en famille' dans sa région.

12.2.2 Les Quotidiens Parisiens
Below is a list of the main Parisian newspapers. Using this list, and the information contained in the reading passage, answer the questions below the table.

Nom	Tirage Moyen	Sorte de journal	
La Croix	113 250	d'opinion (catholique)	du soir
L'Humanité	142 293	d'opinion (communiste)	du matin
Le Matin	136 398	d'information	du matin
Le Figaro	311 926	d'information	du matin
France-Soir	460 085	d'information	du soir
Libération	75 000	d'information	du matin
Le Monde	450 000	d'information	du matin
Le Parisien	339 059	d'information	du matin
Le Quotidien	110 000	d'information	du matin
Les Échos	65 000	spécialisé (affaires)	du matin
L'Équipe	252 000	spécialisé (sport)	du matin
Le Nouveau Journal	40 000	spécialisé (affaires)	du soir
Paris-Turf	117 940	spécialisé (course)	du matin

(a) Écrivez quelques phrases en français pour expliquer, selon la statistique qu'on vous a donnée, la popularité des différents journaux d'information et d'opinion.
(b) Écrivez quelques phrases pour expliquer à quel genre de personne vous recommanderiez les journaux spécialisés.
(c) Renseignez-vous sur la politique et sur la présentation de ces journaux, et écrivez 200 mots de français pour présenter l'information que vous avez trouvée.

12.2.3 Les Plus Grands Journaux de Province

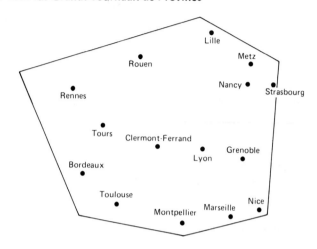

Ville	Journal	Tirage moyen 1984
Lille	Nord-Matin	78 176
	La Voix du Nord	371 968
Rouen	Paris-Normandie	143 340
Rennes	Ouest-France	668 122
Tours	La Nouvelle République du Centre-Ouest	275 083
Metz	Le Républicain Lorrain	201 936
Nancy	L'Est Républicain	254 118
Strasbourg	Dernières Nouvelles d'Alsace	
Clermont-Ferrand	La Montagne	248 700
Lyon	Le Progrès	353 608
Grenoble	Le Dauphiné Libéré	
Nice	Nice-Matin	226 714
Marseille	Le Provençal	
Montpellier	Midi-Libre	185 299
Toulouse	La Dépêche du Midi	247 792
Bordeaux	Sud-Ouest	354 564

Vous trouverez ci-dessous le tirage des plus grands journaux britanniques. Après avoir étudié ces statistiques, essayez d'écrire quelques remarques pour comparer les deux pays du point de vue de leurs journaux. Imaginez que vous écriviez à un ami français pour lui expliquer la situation de la presse en Grande Bretagne, et vous comparez les tirages, les zones d'influence, et l'importance relative de la presse nationale etc.

Journaux Nationaux	Tirage
Daily Express	1 979 861
Daily Mail	1 861 382
Daily Mirror	3 265 533
Daily Star	1 288 707
Daily Telegraph	1 302 404
The Guardian	421 667
The Sun	4 179 079
The Times	305 774

Journaux de Province	
Birmingham Post	36 831
Western Daily Press (Bristol)	70 714
Yorkshire Post (Leeds)	89 742
The Journal (Newcastle)	69 868
The Scotsman (Edinburgh)	89 662
Daily Record (Glasgow)	740 420
South Wales Echo (Cardiff)	99 409

The following extract from *L'Express* of 2 December 1983 refers to the projet de loi (parliamentary bill) which was at that time going through the Assemblée Nationale. Although the general approach of this book is to select themes which will not become too quickly dated, this article is of more general relevance than the specific legal measure referred to, since the whole question of the origins of the post-war press in France are referred to.

12.3 PRESSE: UNE LOI DE TROP

Le projet de loi 'antitrust' sur la presse écrite est un étrange bébé. Il présente un visage à la fois comique et inquiétant.

Comique, d'abord. Il existe un seul véritable grand trust de l'information en France: celui de l'État, qui contrôle toutes les chaînes de télévision, la quasi-totalité des grandes stations de radio, l'une des plus grandes agences de publicité en Europe (Havas) et l'ensemble des réseaux de communication. Ce trust, qui n'existe dans aucune autre démocratie, veille sur ses monopoles avec une jalousie féroce. L'état aurait mieux fait de commencer par balayer devant sa propre porte avant de s'attaquer à la presse écrite.

Admettons, pourtant, qu'il était temps de compléter les fameuses ordonnances d'août 1944, restées lettre morte faute de décrets d'application, malgré les travaux de plusieurs dizaines de commissions sous la IVe et sous la Ve République.

La philosophie de ces textes était claire au lendemain de la guerre: 'Un homme, un journal.' Le nouveau projet de loi lève une ambiguïté qui bloqua toujours l'application des ordonnances de 1944. Le mot 'personne' désigne maintenant une personne physique ou morale ou un groupement de personnes physiques et morales. Aucune 'personne' ne pourra, à l'avenir, posséder ou contrôler plus d'un quotidien national ni un quotidien national et un quotidien régional. La possession ou la contrôle de plusieurs publications quotidiennes est possible en province, si le total de leur diffusion ne dépasse pas 15% de la diffusion totale.

Les journaux qui ont un 'lien idéologique clair et avoué' ne sont pas concernés par le projet. Le gouvernement réussit donc le tour de force de ne pas avoir à toucher à des trusts régionaux puissants, comme celui de M. Gaston Defferre à Marseille, et de ne pas s'attaquer à l'empire de presse communiste, qui comporte à la fois un quotidien national et de nombreux régionaux.

Le projet de loi antitrust est donc d'une parfaite cohérence. Il s'agit d'une grande offensive contre M. Robert Hersant, annoncée d'ailleurs dans la liesse aux militants socialistes par M. Pierre Mauroy lui-même.

Le 'papivore' Hersant provoque des sentiments mêlés dans la profession. Des dizaines de journalistes professionnels ont immédiatement quitté, pour 'convenances personnelles', les grands journaux qu'il venait d'acquérir. Mais une loi doit exprimer un intérêt général et durable, et non pas avoir pour seul but le démantèlement d'un groupe de presse ou la chute d'un homme. Ou alors il ne s'agit plus d'une loi, mais d'un règlement de comptes politique. C'est pourquoi le projet examiné par le Conseil des ministres est nocif.

Nocif, parce que, dirigé contre le seul Hersant, il escamote tous les graves problèmes de fond qui se posent aujourd'hui à la plupart des quotidiens nationaux en France. Il esquisse aussi les contours d'un véritable statut de la presse écrite, étroitement surveillée par une 'Haute Autorité bis' qui risque d'user dangereusement de ses pouvoirs.

Robert Hersant manque de pudeur lorsqu'il compare son sort à celui de Lech Walesa, héros et symbole de la résistance polonaise. Il a raison lorsqu'il cite les propos d'un certain François Mitterand: 'Il n'y aura pas de statut de presse, car je suis trop attaché à la liberté de la presse pour qu'il y en ait un.'

Yves Cuau
(© *L'Express*, le 2 décembre 1983)

12.4 EXERCISES

Section A
Attempt the exercises in this section before reading the Explanations or consulting the Select Vocabulary.

12.4.1 Gist Comprehension
(a) According to the author, there is a feature of the media of publicity characteristic of France and not found in any other democracy. What is this feature?
(b) What are the conditions laid down by the new law for the ownership of newspapers by any one person?
(c) What is the position of newspapers which have a clear ideological line?
(d) What do you think might be the meaning of the word 'papivore'?
(e) What does the author believe is the hidden purpose of the new law?

12.4.2
Rewrite the following passage from the text, inserting appropriate punctuation and accents:

Il presente un visage a la fois comique et inquietant comique d'abord il existe un seul veritable grand trust de l'information en France celui de l'Etat qui controle toutes les chaines de television la quasi-totalite des grandes stations de radio l'une des plus grandes agences de publicite en Europe Havas et l'ensemble des reseaux de communication ce trust qui n'existe dans aucune autre democratie veille sur ses monopoles avec une jalousie feroce l'Etat aurait mieux fait de commencer par balayer devant sa propre porte avant de s'attaquer a la presse écrite.

12.4.3
Write sentences by combining a phrase taken from the left-hand column with a phrase taken from the right-hand column.

L'État aurait mieux fait de commencer	qu'il était temps de compléter les fameuses ordonnances.
Admettons, pourtant	d'une loi, mais d'un règlement de comptes politique.
Aucune personne ne pourra	à celui de Lech Walesa.
Le gouvernement réussit donc le tour de force	par balayer devant sa propre porte.
Il ne s'agit plus	posséder ou contrôler plus d'un quotidien national.
Il compare son sort	de ne pas avoir à toucher à des trusts régionaux puissants.

12.5 EXPLANATIONS

12.5.1 Select Vocabulary

la quasi-totalité	practically the whole of
un ensemble	totality; whole
veiller sur	to watch over
fameux	infamous; notorious
dépasser	to exceed
la liesse	jubilation
le règlement de comptes	settling of outstanding accounts
nocif	noxious; harmful
escamoter	to evade; to dodge
esquisser	to outline; to sketch out

12.5.2 Expressions and Idioms

le projet de loi	In the French parliamentary system, this is the equivalent of a bill going through Parliament before becoming a loi (that is, an Act of Parliament).
à la fois comique et inquiétant	both comic and worrying
rester lettre morte	to remain a dead letter; to go unheeded
faute de décrets d'application	for want of/through lack of decrees of application
au lendemain de la guerre	immediately after the war
avoir pour seul but	to have as its only aim
une Haute Autorité bis	a duplicate higher authority
risque d'abuser de ses pouvoirs	risks abusing its powers

12.5.3 Grammar

The following are the points of grammar in the text which form the basis for the exercises in Section B.

(a) **Further use of Demonstrative Pronoun**: (celui de l'État) – *see grammar section 4.3*

(b) **Use of negative with Infinitive**: (ne pas s'attaquer à) – *see grammar section 6.6 (d)*

(c) **Use of venir de in Imperfect tense**: (il venait d'acquérir) – *see grammar section 5.5.1 (a) (vi); 5.5.1 (b) (v)*

12.6 EXERCISES

Section B

12.6.1
Answer the following questions, beginning your answer with the appropriate form of the Demonstrative Pronoun (celui, celle, and so on.)

Model: Quel est le seul grand trust de l'information en France?
Response: Celui de l'État.

(a) Quelle est la seule démocratie qui contrôle l'ensemble des réseaux de communication?
(b) Quels sont les journaux qui ne sont pas concernés par le projet de loi?
(c) Quel est un des trusts régionaux les plus puissants?
(d) Quels journalistes ont quitté les journaux de M. Hersant?

12.6.2 Translation
(a) It is an advantage for the government not to have to attack the empire of the communist press.
(b) It is also an advantage not to have to touch powerful regional trusts.
(c) The war had just finished when controls were established on the French press.
(d) A law ought to express the general interest and not have the fall of a single man as its sole aim.
(e) The government had just presented its parliamentary bill when this article was written.

12.7 RADIO - VERS LA DÉCENTRALISATION

L'année 1980-1981 aura été marquée, dans le monde de la radio, par l'évidente nécessité d'une décentralisation des ondes.

La situation engendrée par le monopole d'État des programmes radio est de plus en plus perçue comme bloquant les possibilités offertes par les techniques contemporaines, ainsi que les nouveaux appétits de communication du public. Le monopole? Une institution qui date de l'après-guerre (ordonnance du 23 mars 1945 révoquant toute autorisation accordée à des postes privés), confirmée par la loi du 3 juillet 1972. La loi d'août 1974 qui prévoit l'éclatement de l'Office unique de radio et télévision, l'ORTF, en plusieurs sociétés, confie la production des programmes radio à la société Radio-France, service public pour les programmes nationaux (France-Inter, France-Musique, France-Culture, FIP et Radio-France International); à FR2, service public pour les programmes régionaux; et à Télé-Diffusion de France, service public pour la diffusion de ces programmes.

204

Le panorama radiophonique se complète avec les programmes des postes périphériques: Europe 1, RTL, Sud-Radio, dont les émetteurs sont plantés hors des frontières, et de RMC (Radio Monte-Carlo) qui, avec des émetteurs situés en territoire français, est une dérogation officielle à la législation.

Les premiers coups de boutoir de ce que l'on appelle alors des radios-pirates se manifestent en 1973, avec les émissions de Radio-Campus, à l'université de Villeneuve-d'Ascq, près de Lille. Puis, quelques années plus tard, en 1977–78, avec les émissions des antinucléaires lors des manifestations de Malleville et avec Radio-Fil bleu, à Montpellier, qui attaque les imprécisions des textes de loi. Le coup d'envoi de l'indiscipline est donné.

Depuis, les radios-pirates se sont multipliées, facilitées par le moindre coût du matériel, et sont devenues libres, indépendantes ou locales, régulièrement contrées, brouillées ou saisies par le pouvoir . . . Les sociétés de service public sont sur la défensive. Et, poussée par l'obligation que fait la conférence administrative mondiale des radiocommunications d'attribuer, dans les années à venir, un certain nombre de canaux MF (Modulation de Fréquence) libérés, Radio-France tente, dès le printemps 1980, des expériences de radios décentralisées . . . Assorties à ces expériences par Radio-France de radios décentralisées, deux radios thématiques ont vu le jour: Radio 7, lancée en juin 1980 à destination des jeunes, trouve le ton et fait sa place auprès des auditeurs de la région parisienne. En février 1981, on enregistre 500 000 auditeurs chaque jour et 1 000 000 d'auditeurs différents chaque semaine. Radio Bleue, lancée fin 1980 en direction du troisième âge, va sa course tranquille de radio de papa: informations et services spécifiques; refrains d'autrefois.

Radio-France tente donc de se placer ainsi sur la MF. Reste qu'étendre un réseau de radios localisées ou diversifiées posera un problème financier certain. Où trouver les ressources de financement dans le cadre d'un service public qui ne peut pas gonfler la redevance de son public, et qui ne peut compter que médiocrement sur les recettes d'une publicité compensée?

Journal de l'Année 1980–1
(© Éditions Larousse)

12.8 EXERCISES

Section A
Attempt the following exercises before reading the Explanations or consulting the Select Vocabulary.

12.8.1 Gist Comprehension
(a) What do you understand by the term monopole used in the passage?
(b) What was the ORTF?

(c) What is meant by postes périphériques?
(d) What were the aims of the first radio pirates?
(e) Who are the target audiences of Radio 7 and Radio Bleue?
(f) What is the main problem of an extension of radio services?

12.8.2
Donnez une explication en français des mots et des expressions ci-dessous:

(a) La décentralisation des ondes.
(b) Le monopole.
(c) Une dérogation officielle à la législation.
(d) Les radios-pirates.
(e) Les imprécisions des textes de loi.
(f) Des radios thématiques.
(g) Sa course tranquille de radio de papa.

12.9 EXPLANATIONS

12.9.1 Select Vocabulary

une onde	wave; used in the plural, les ondes means radio waves, for example, sur les ondes = 'on the radio'
engendrer	create; generate
un éclatement	splitting up; break-up
la diffusion	broadcasting
le poste	radio station
un émetteur	transmitter
le coup de boutoir	thrust
une émission	radio programme
le coup d'envoi	signal for the start of
contrer	to counter; oppose
brouiller	to jam (radio)
assortir à	to match with; to mix with
gonfler	to inflate
la redevance	licence fee; tax
la recette	recipe; formula
compensé	balanced

12.9.2 Expressions and Idioms

est de plus en plus perçue comme	is more and more seen as ...
une dérogation officielle à la législation	has official dispensation from the law

lors des manifestations	at the time of the demonstrations
les années à venir	the years to come
voir le jour	to see the light of day; to be born
en direction du troisième âge	aimed at senior citizens
va sa course tranquille de radio de papa	goes on its peaceful way as old-fashioned radio radio
reste que . . .	it remains true that . . .

12.9.3 Abbreviations Associated with Radio and TV

A2 Antenne deux (TV channel)

FIP France — Inter — Paris

FM Fréquence modulée

FR3 France Régions 3 (Public service company for regional programmes on TV and Radio)

GO Grandes Ondes (Long Wave)

INA Institut National de l'Audiovisuel (responsible for research)

MF Modulation de Fréquence

OC Ondes Courtes (Short Wave)

ORTF Office de la radiodiffusion et télévision française (company dissolved in 1974)

PO Petites Ondes (Medium Wave)

PTT Postes télégraphes téléphones (The French Post Office, equivalent to the GPO, and now replaced by P et T)

P et T Postes et télécommunications

RMC Radio Monte Carlo

RTL Radio télévision luxembourgeoise

SFP Société française de production et de création audiovisuelles (Company responsible for making programmes)

TDF Télé-diffusion de France (Company responsible for ensuring the quality and control of programmes and the organisation and development of networks.)

TF1 Télévision française 1 (Channel 1 TV)

TSF Télégraphie sans fil (A now outdated term for a radio-set. Pronounced téessef, it has the same period flavour as the word 'wireless' in English.)

12.10 EXERCISES

Section B
The exercises in this section are concerned, this time, with the development of written skills.

12.10.1
Below is an abbreviated account of the history of the development of Radio and TV in France. Taking this summary as a basis, write a passage of continuous French to describe this process. Use any vocabulary or expressions in the summary and also in the reading passage, and include any linking phrases which you feel would add to the stylistic expression. Use the Past Historic as the main tense.

Les Grandes Etapes du Monopole de la Radio-Télévision
1921 Premières émissions radiophoniques régulières dans les locaux de l'École supérieure des PTT, à Paris; avec la création de Radio-PTT.

1924 Des stations de Radio-PTT sont installées en province: Lille, Marseille, Toulouse, Bordeaux, Lyon.

1933 Institution d'une redevance pour l'usage de récepteurs de radio nommés communément postes de TSF.

1935 Première diffusion d'émissions télévisées de Paris-PTT.

1939 Le service de la radiodiffusion devient un service national distinct de l'administration des PTT.

1945 Suppression de toutes les autorisations accordées aux organismes privés permettant d'émettre à partir du territoire national: le monopole d'état de la télévision et de la radiodiffusion est ainsi créé.

1959 La radio et la télévision deviennent un établissement public à caractère commercial sous le sigle RTF (Radio-télévision française).

1964 Avec son autonomie la RTF reçoit un nouveau statut et devient l'ORTF.

1974 La loi du 7 août morcelle en 7 sociétés distinctes l'ancien ORTF:
Trois chaînes de télévision (TF1; A2; FR3).
Radio France.
Télé-Diffusion de France (TDF).
Société Française de Production et Création Audiovisuelle (SFP).
Institut National de l'Audiovisuel (INA).

On est en train de discuter de nouvelles réformes dans le cadre d'une Loi sur l'Audiovisuel, pour préparer l'ère du câble et du satellite.

12.10.2

Study the diagram below showing the 1979 figures for the financing of the Radio and TV societies. Total expenditure for each company is in millions of francs, and the distribution of funds is according to the key. Make as many statements in French as you can on the basis of the information contained in the diagram.

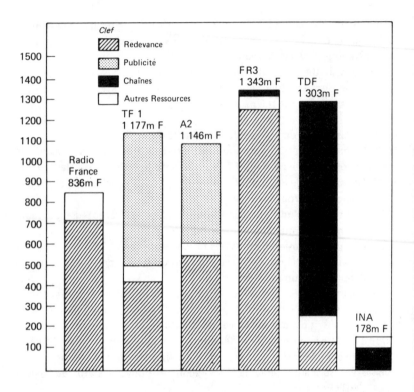

For example: La plus grande partie des finances de Radio France vient de la redevance. L'INA est financé en partie par les contributions des chaînes et en partie par d'autres ressources.

LA CUISINE FRANÇAISE

In an earlier chapter we read 'la nourriture isole les Français du reste du monde presque autant que leur langue'. The reason for this isolation was, it was said, the incapacity of the French to appreciate foreign cooking. If this is true, it is a failing which might be generously excused, given the pleasure which French cooking has offered the rest of the world. There are no doubt many countries whose cuisine would not be worthy of a mention in a book of this kind, and in a section devoted to aspects of the national culture. French cuisine is, however, a central part of French culture, and the articles which are chosen for study convey something of the awe and admiration reserved for this very special art.

13.1 LE CODE DE LA BONNE CHÈRE

Les livres de cuisine abondent. On peut les classer en trois catégories. Les uns, véritables monuments historiques, livres saints de la Cuisine française, nous transmettent de véritables rites. Ils donnent les techniques exactes qui permettent d'exécuter des plats répondant à un certain nom immuable. Ces techniques, il nous est interdit de les modifier en quoi que ce soit, sans commettre un sacrilège.

Ces livres sont les guides des Officiants à la veste blanche, des Chefs réputés qui perpétuent en France le culte de la 'Bonne Chère' et font de notre pays le Paradis de la Gastronomie. Ces livres ne doivent pas être mis entre les mains du public . . . il les profanerait.

Une seconde catégorie de livres traitent de Cuisine dite 'bourgeoise'. Ils sont faits à l'usage de certaines cuisinières professionnelles qui, lorsqu'elles sont à court d'idées, trouvent dans ces manuels des éléments pour augmenter leur gamme culinaire. Ces livres s'adressent à des gens privés d'instruction générale, connaissant leur métier par empirisme, par routine.

Une troisième catégorie de livres de Cuisine existe aussi. Ce sont de volumineux in-quarto dans lesquels les auteurs, avec un art infini, ont mis à la portée de leurs lecteurs les secrets de la grande Cuisine.

210

Fig. 11 *Au restaurant*

Malheureusement ces livres n'ont d'utilité que dans la cuisine de gens
très aisés. Les formules qu'ils contiennent sont des bouquets merveilleux
dans lesquels les relents de la truffe et des vieilles eaux-de-vie rivalisent
avec le velours de la crème fraîche et l'or des vieux portos. Des coquilles
d'énormes écrevisses dissimulent des filets de sole artistiquement roulés,
tandis que la chair des crustacés finement pilée fait un lit moelleux à des
huîtres à peine cuites et à des crevettes roses qui dardent leurs longues
moustaches vers les invités émerveillés. De monstrueuses croûtes laissent
échapper, lorsqu'on y plonge le couteau, un jet de vapeurs parfumées et le
cratère béant laisse entrevoir le corail rose du saumon et le corps vieillot et
fripé des morilles. Toutes ces délices, tous ces trésors, tous ces fumets,
tous ces jus ne peuvent paraître aujourd'hui que sur la table de gens très
riches qui ne sont pas toujours très connaisseurs.

Édouard de Pomiane
Préface du *Code de la Bonne Chère*
(© Éditions Albin Michel)

13.2 EXERCISES

Section A
Attempt the exercises in this section before reading the Explanations or
consulting the Select Vocabulary.

13.2.1 Gist Comprehension
(a) Summarise the three types of cookery book which the author describes.
(b) What sort of people are in a position to use the third sort of book?
(c) What is one of the disadvantages brought about by the fact that only a certain sort of people make use of these books?

13.2.2 Word Study
A part of the text is reproduced here with some words missing. Below the text, a number of more unusual words are given with their dictionary definitions. Without referring back to the original passage, write out this piece, inserting words which seem to you most appropriate, then compare your version with the original.

Les formules qu'ils contiennent sont des . . . . . . merveilleux dans lesquels les . . . . . de la truffe et de vieilles . . . . . . rivalisent avec le . . . . . . de la crème fraîche et l'or de vieux . . . . . . Des . . . . . . d'énormes écrevisses dissimulent des filets de sole artistiquement . . . . . ., tandis que la chair des . . . . . . finement pilée fait un lit . . . . . . à des huîtres à peine cuites et à des crevettes roses qui . . . . . . leurs longues moustaches vers les invités . . . . . .

le porto – vin de liqueur portuguais très estimé
moelleux – qui a de la douceur et de la mollesse au toucher
le bouquet – assemblage de fleurs; parfum, arôme
le velours – ce qui donne une impression de douceur au tact, à la vue
émerveillé – frappé d'étonnement et d'admiration
le relent – odeur qui persiste
le crustacé – animal comestible, à carapace, vivant dans l'eau
darder – lancer (ce qui est assimilé à un dard, une flèche)
rouler – tourner et retourner
eau-de-vie – liquide alcoolique provenant de la distillation du jus fermenté de fruits

13.3.3
Summarise, in French, the first part of the reading passage, up as far as les secrets de la grande Cuisine.

13.4 EXPLANATIONS

13.4.1 Select Vocabulary

la bonne chère	good food
le livre saint	gospel
immuable	unchanging; immutable
un officiant	officiating priest

la gamme	range; scale
aisé	well-off
le relent	smell
le velours	velvet; velvety smoothness
la coquille	shell
une écrevisse	crayfish
dissimuler	to conceal; to hide
le crustacé	shell-fish
moelleux	creamy; smooth
une huître	oyster
darder	to shoot out; to point
la croûte	crust; pastry
béant	gaping
vieillot	old-looking
friper	to crumple
la morille	morel
le fumet	aroma

13.4.2 Explanations and Idioms

la cuisine dite bourgeoise	the cooking called/known as bourgeois
à court d'idées	short of ideas
tandis que	while; whereas
en quoi que ce soit	in any way at all
à la portée de	within reach; within the scope of

13.4.2 Grammar

The main point of grammar dealt with as the basis for the exercises in Section B, is the form of sentence construction where the object stands at the head of the sentence for emphasis, and is repeated by a subsequent pronoun.

For example: ces techniques, il est interdit de les modifier – *see grammar section 9.1*

13.5 EXERCISES

Section B

13.5.1

Rewrite the following sentences so that the object is placed first, for the sake of emphasis.

Model: On peut classer les libres de cuisine en trois catégories.
Response: Les livres de cuisine, on peut les classer en trois catégories.

(a) Il nous est interdit de modifier ces techniques.
(b) On perpétue en France le culte de la Bonne Chère.
(c) Les cuisinières trouvent des éléments importants dans ces livres.
(d) On trouve une troisième catégorie de livre dans les librairies.
(e) On ne trouve pas toujours des gens très connaisseurs dans les familles aisées.

13.5.2
Form sentences by combining a phrase from the left-hand column with a phrase from the right-hand column.

Les livres saints de la cuisine	que dans la cuisine de gens aisés.
Ces techniques	de cuisine dite 'bourgeoise'.
Ces livres font	que sur la table des gens riches.
Une seconde catégorie traite	nous transmettent de véritables rites.
Ces livres s'adressent	dans lesquels les auteurs racontent leurs secrets.
Ce sont de volumineux in-quarto	il nous est interdit de les modifier.
Ces livres n'ont d'utilité	à des gens privés d'instruction générale.
Toutes ces délices ne peuvent paraître	de notre pays le Paradis de la Gastronomie.

13.6 LA NOUVELLE CUISINE

On croyait y voir clair. Il y avait deux lignages gastronomiques: celui de la mère cuisinière et celui du chef maître queux. Ici, la table des princes, des monarques, des puissants; là, une mosaïque de 'folklores' culinaires. D'un côté, une cuisine d'hommes, de tradition écrite; de l'autre, une cuisine de femmes, transmise oralement. Ici, le monopole de l'invention; là, le culte de la pérennité. Le génie contre le tour de main, l'artisanat contre le grand art.

Mais les cuisinières à l'ancienne disparaissent peu à peu. Quant au maître queux façon Second Empire, il a vécu. Aujourd'hui, on voit ses successeurs se pencher de plus en plus tendrement sur l'héritage des vieilles cuisinières, tandis que de jeunes 'femmes chefs' revendiquent à leur tour non seulement cet héritage, mais aussi le droit à l'invention. De sorte que, si l'on peut dire, des noces tardives de l'ancienne cuisinière et du chef académique naît, plein de promesses, un nouveau cuisinier (mâle ou femelle) voué à la révolution de nos palais.

La cuisine de Carême, père fondateur de la grande gastronomie du dix-neuvième siècle, c'était un art conquérant, impérieux, prométhéen, tout entier tourné vers cette valeur centrale: l'accommodement. Accommoder:

transformer radicalement la matière première alimentaire, littéralement dé-naturer la matière brute, c'est à dire, la mater, la civiliser.

La nouvelle cuisine, nous dit-on, cela consiste à simplifier et alléger. Sans doute. Mais il y a plus fondamental: le retour de l'accommodement à l'aliment. L'acte créateur s'est déplacé: le cuisinier, avant d'apprêter le produit, le choisit: il l'*élit* pour sa pureté, sa qualité, son authenticité.

C'est à l'époque du supermarché que triomphe la 'cuisine du marché'. Il n'y a là nul paradoxe: plus l'alimentation courante s'industrialise et s'uniformise, plus sa préparation se déplace de la cuisine vers l'usine, et plus la méfiance sourd à l'encontre de ces nourritures standardisées, homogénéisées, cellophanisées. Contre ce manger prosaïque et inquiétant à la fois, la grande cuisine nouvelle va opérer bien davantage qu'un simple aggiornamento: c'est son principe central qui change. En revenant de l'accommodement vers le produit, la cuisine marque le retour du mythe de la nature conquise vers celui de la nature retrouvée. Le regain général du goût pour les choses de la nature passe, en cuisine, par un retour au goût naturel des choses. La nouvelle doctrine ne cesse de le répéter: la cuisson doit s'asservir à l'aliment, elle doit lui conserver comme une virginité fondamentale sous l'apprêt culinaire.

Claude Fischler
(© *Le Monde – Dossiers et Documents – La Société Française en Mouvement, 1981*)

13.7 EXERCISES

Section A
Attempt the exercises in this section before reading the Explanations or consulting the Select Vocabulary.

13.7.1 Gist Comprehension
(a) Can you describe the two traditions of gastronomy which the writer summarises in the opening paragraph?
(b) What is seen as the fundamental principle of traditional gastronomy as represented by Carême?
(c) What characterises the choice of ingredients for la nouvelle cuisine?
(d) What reason does the author give for the development of the principles of naturalness and purity in the age of the supermarket and factory-produced foods?

13.7.2
Write a short explanation, in French, to show what you understand by the following phrases, in the context of the passage.

(a) Le culte de la pérennité
(b) Les noces tardives de l'ancienne cuisinière et du chef académique
(c) La préparation de l'alimentation se déplace de la cuisine vers l'usine.
(d) Le retour du mythe de la nature conquise vers celui de la nature retrouvée.

13.7.3

A number of words in the following sentences are underlined. Write out what these words refer to, to show that you understand the links within the text.

Model: D'un côté une cuisine d'hommes, de l'autre une cuisine de femmes.
Response: l'autre = l'autre côté.

(a) Il y avait deux lignages gastronomiques; celui de la mère cuisinière et celui du chef maître queux.
(b) Aujourd'hui on voit ses successeurs se pencher tendrement sur l'héritage des vieilles cuisinières.
(c) La cuisine de Carême, c'était un art conquérant.
(d) La nouvelle cuisine, cela consiste à simplifier et alléger.
(e) Le cuisinier, avant d'apprêter le produit, le choisit.
(f) Plus l'alimentation s'industrialise, plus sa préparation se déplace vers l'usine.
(g) Le retour du mythe de la nature conquise vers celui de la nature retrouvée.
(h) La nouvelle cuisine ne cesse de le répéter. La cuisson doit asservir à l'aliment.

13.8 EXPLANATIONS

13.8.1 Select Vocabulary

le lignage	lineage
le maître queux	chef .
la pérennité	durability
revendiquer	to claim; to demand
les noces tardives	belated marriage
prométhéen	Promethean
accommoder	to prepare food
la matière brute	raw material
mater	to subdue; to curb, bring under control
apprêter	to prepare; to get ready
élire	to elect; to choose
un aggiornamento	postponement; delay

le regain	renewal
la cuisson	cooking
s'asservir à	to subjugate itself to
l'apprêt	preparation

13.8.2 Expressions and Idioms

on croyait y voir clair	we thought we had it all explained
les cuisinières à l'ancienne	cooks of the old-fashioned kind
le maître queux façon Second Empire	the chef in the style of the Second Empire
il a vécu	he has had his day
de sorte que	with the result that
il y a plus fondamental	there is a more fundamental point
plus la méfiance sourd	the more mistrust arises, wells up
elle doit lui conserver comme une virginité fondamentale	it must, as it were, preserve its fundamental purity

13.8.3 Grammar

No specific grammatical points are covered in the exercises of Section B. The aim here is to develop ways of improving the written style. Attempt these exercises without looking back at the passage, but compare your final version with the original.

13.9 EXERCISES

Section B

13.9.1

The opening paragraph of the reading passage offers a number of contrasts between two different traditions of gastronomy. From the two lists below, try to construct a similar paragraph, using turns of phrase which bring out the opposition.
For example: ici . . . là; d'un côté . . . de l'autre; celui de . . . et celui de
. . .; contre; and so on.

Les deux lignages gastronomiques

la mère cuisinière	le chef maître queux
les folklores culinaires	la table des princes
une cuisine de femmes	une cuisine d'hommes
transmission orale	tradition écrite
le culte de la pérennité	le monopole de l'invention
le tour de main	le génie
l'artisanat	le grand art

13.9.2
The following passage is written in a rather flat, dull style. Rewrite it, using some of the turns of phrase suggested below, or other phrases you have learned which add interest to written style. Recast the order of words in the sentence, if this appears to you to allow certain words to be emphasised, and repunctuate as necessary.

Les cuisinières à l'ancienne disparaîssent peu à peu et le maître queux a vécu, et aujourd'hui ses successeurs se penchent de plus en plus tendrement sur l'héritage des vieilles cuisinières; de jeunes femmes chefs revendiquent cet héritage et le droit à l'invention. Alors des noces tardives de l'ancienne cuisinière et du chef académique naît un nouveau cuisinier plein de promesses. La cuisine du père fondateur de la grande gastronomie, Carême, était un art impérieux. La nouvelle cuisine consiste à simplifier et alléger, et plus fondamental encore est le retour de l'accommodement à l'aliment. Le cuisinier choisit le produit avant d'apprêter le produit. La 'cuisine du marché' triomphe à l'époque du supermarché.

mais; quant à; on voit; tandis que; non seulement . . . mais aussi; de sorte que; si l'on peut dire; nous dit-on.

13.9.3
Read again the two passages in this chapter and then write, in French:

(a) a paragraph summarising French attitudes to gastronomy as they are revealed in both texts;
(b) A letter to a French friend, drawing attention to the difference between the French reverence for the art of cooking, and more casual attitudes of other countries. Your letter might begin as follows:

Cher ami,
Je viens de lire deux articles en français concernant la gastronomie. Quelle différence entre les attitudes exprimées dans ces articles, et l'opinion générale des Anglais sur la cuisine!
. . . and so on.

Ask questions, and enquire whether your friend agrees with some of the sentiments of the articles. Are the French still so convinced of the quality of cooking as an art?

13.9.4
Dans un sondage récent, 81% des Français ont dit que la gastronomie était, pour eux, un des grands plaisirs de la vie ou un plaisir sans plus; 77% pensaient que La France est le pays du monde où l'on mange le mieux. Par contre, seulement 3% de ces Français pensaient que, en dehors de la

France, la Grande Bretagne était le pays où l'on mange le mieux; 45%
étaient de l'avis que la Grande Bretagne est le pays ou l'on mange le plus
mal.

Imaginez que vous avez lu ces résultats du sondage dans un journal.
Vous vous indignez, et vous écrivez une lettre à la rédaction de ce journal
pour protester contre le chauvinisme des Français en matière de cuisine.
Défendez la cuisine anglaise, écossaise ou galloise, et expliquez pourquoi
cette cuisine est méconnue en France, et quelles en sont les qualités.

LA LANGUE
CONTEMPORAINE

A living language never stands still, and battles will always rage between the purists who want, at all costs, to hold on to the standards of the past, and the progressives who welcome change in the language. The arguments are perhaps sharper in France than in most countries, since the recognition of the national language as an essential part of the national culture is perhaps more clearly perceived in France than in any other country. The Académie Française is the institutionalised proof of that concern, having been set up by Cardinal Richelieu, in 1634, 'pour veiller à la pureté de la langue'. However, even an institution dedicated to linguistic purity cannot hold the flood-gates against the contemporary jargon which Beauvais satirises as 'l'hexagonal', or the influx of anglicisms which have created le franglais.

14.1 PARLER EN NOUVEAU FRANÇAIS

Qu'est-ce que l'hexagonal?
C'est la langue qu'on parle dans l'Hexagone.
Qu'est-ce que l'Hexagone?
C'est la France.
Mais le mot 'France', entaché d'une affectivité suspecte, petite-bourgeoise, tend à basculer vers le folklore; le langage contemporain lui préfère celui d'Hexagone qui, dans sa pureté fonctionnelle, semble mieux adapté à la définition d'une grande nation moderne.

   Reconsidérons les notions scolaires traditionnelles. Il y a environ deux mille ans, la France, c'était la Gaule. Pendant des siècles, la France a été la France: aujourd'hui la France est encore la France, mais on l'appelle Hexagone. Et j'appelle 'hexagonal' le langage nouveau qui est en train de s'élaborer à l'intérieur de l'Hexagone, et cela à une telle cadence que le français ne sera bientôt qu'une langue morte enseignée dans les établissements secondaires, jusqu'au jour où la loi dispensera les jeunes Hexagonaux de son étude. Il sera alors affaire de quelques spécialistes, tout comme le latin.

Largement propagé par les moyens de diffusion actuels, Presse, Radio et Télévision, l'hexagonal est en train de gagner les masses auxquelles il s'impose par ces deux vertus à quoi le public contemporain résiste difficilement: la laideur et la prétention. Mais d'autres causes favorisent son développement: parmi celles-ci notons en premier lieu ce que j'appellerai 'le syndrome du garde champêtre'. On sait que le garde champêtre et les autres assermentés en uniforme, ayant à choisir entre 'nonobstant' et 'malgré' ou 'subséquemment' et 'ensuite', iront d'instinct vers le plus redondant, cela en vertu de la fascination que les mots à effet exercent, depuis toujours, sur les âmes simples . . . Le syndrome de garde champêtre, on le retrouve dans le processus qui a fait disparaître du langage 'vigneron' au profit de 'viticulteur' . . . Les supporters de l'hexagonal le défendent en prétextant que, le langage étant l'instrument de la pensée, à des pensers nouveaux convient un langage nouveau. Mais le langage conduisant la pensée, on s'aperçoit qu'à force de dire les mêmes mots, les usagers finissent par dire les mêmes choses . . . Ce langage ne serait-il qu'un brouillard artificiel destiné à masquer une médiocrité généralisée dont l'intelligentsia française actuelle a vaguement conscience?

Quelques exemples de l'hexagonal:

Français: Si je ne fais rien, ça peut continuer longtemps.
Hexagonal: Dans l'hypothèse d'une attitude immobiliste de ma part, la situation tendra à perdurer.

Français: Les gens désertent les campagnes parce qu'ils y gagnent mal leur vie.
Hexagonal: Le sous-vivre est un facteur de désaffection des centres ruraux.

Français: C'est un quartier où il y a des boutiques.
Hexagonal: C'est un secteur où il y a des points de vente.

Français: C'est une école qui s'intéresse à chaque élève.
Hexagonal: Le système d'éducation de ce groupe scolaire repose sur la reconnaissance de la spécificité de l'enseigné.

Robert Beauvais
L'Hexagonal Tel Qu'On le Parle
(Éditions Hachette, 1970; Copyright of the author's family)

14.2 EXERCISES

Section A
Attempt the exercises in this section before consulting the Explanations or
the Select Vocabulary.

14.2.1
Summarise, as if for an English friend who is unable to read French, the
main points made in this passage, notably:

— what is hexagonal?
— why does the author claim that French could become a dead language?
— how is the new language spread amongst the public?
— what are the main characteristics of this language?

14.2.2
Give short explanations, in French, to show what you understand by the
following expressions in the context of the passage:

(a) Une affectivité suspecte.
(b) Largement propagé par les moyens de diffusion actuels.
(c) La fascination que les mots à effet exercent sur les âmes simples.
(d) Un brouillard artificiel.

14.2.3
The gaps in the following extract all represent prepositions that have been
omitted. Write out the passage filling in the blanks with appropriate
prepositions from the list below.

Mais le mot 'France', entaché . . . une affectivité suspecte, tend à basculer
. . . le folklore. Le mot 'Hexagone' semble mieux adapté . . . la définition
d'une grande nation moderne. J'appelle 'hexagonal' le langage nouveau qui
est en train . . . s'élaborer . . . l'intérieur . . . l'Hexagone, et cela . . . une
telle cadence que le français ne sera bientôt qu'une langue morte, enseignée
dans les établissements secondaires . . . au jour où la loi dispensera les
jeunes Hexagonaux . . . son étude. Il sera alors affaire . . . quelques spécialistes, tout . . . le latin.

vers; de; jusque; comme; à

14.3 EXPLANATIONS

14.3.1 Select Vocabulary

basculer	to tip over
dispenser quelqu'un de quelque chose	to release someone from, for example, a commitment or a vow

alors	then; at that time
gagner	to win over
le garde champêtre	rural policeman
nonobstant	notwithstanding
redondant	superfluous; redundant
la pensée	thought in general, or a single thought
le penser	a single thought (but rather a literary word)

14.3.2 Expressions and Idioms

il y a environ deux mille ans	about two thousand years ago
en premier lieu	in the first place
les assermentés en uniforme	those who wear a uniform and are sworn on oath (to serve the state)
ayant à choisir	having to choose; faced with the choice
en vertu de	in accordance with
à force de dire les mêmes mots	by dint of saying the same words

14.3.3 Grammar

(a) **Putting questions** (qu'est-ce que l'hexagonal?; ce langage ne serait-il que . . .) – *see grammar sections 3.2.7; 4.5; 9.1*

(b) **Imperative of the first person plural** (reconsidérons; notons) – *see grammar section 5.5.2*

(c) **Further revision of Future Tense and Present Participle** – *see grammar section 5.5.1 (g); 5.5.6 (a) (i)*

14.4 EXERCISES

Section B

14.4.1
Ask questions to find out the meaning of the following words, following words, following the model: qu'est-ce que l'Hexagone?

(a) L'hexagonal
(b) La Gaule
(c) Une langue morte
(d) Un établissement secondaire
(e) Le syndrome du garde champêtre

14.4.2
Form questions following the pattern of the model:

Model: L'hexagonal – un brouillard artificiel seulement?
Response: L'hexagonal ne serait-il qu'un brouillard artificiel?

(a) Le mot 'France' – entaché d'affectivité?
(b) La Presse et la Radio – responsables de la diffusion de l'hexagonal?
(c) L'intelligentsia française – vaguement consciente d'une médiocrité?
(d) Le français – une langue morte seulement?

14.4.3 Retranslation
(a) Let us think again about traditional ideas learned at school.
(b) French will soon be nothing but a dead language taught in secondary schools.
(c) It will then be the business of a few specialists, just like Latin.
(d) Other causes favour its development; among these let us first of all note what I shall call the 'village bobby' syndrome.

14.4.4
Below are some more examples of 'hexagonal' taken from Robert Beauvais's book. Can you render them in ordinary, old-fashioned French?

(a) Ils se réalisent pleinement dans leur contexte tribal.
(b) Mes épigones sont dans un établissement du cycle pré-scolaire.
(c) Dans l'hypothèse d'une attitude immobiliste de ma part, la situation tendra à perdurer.

14.5 WE ALL SPEAK FRENGLISH

On lira avec attention la brève 'short story' qui suit et on excusera la lourdeur du style et l'indigence de l'inspiration. La qualité du jeu était à ce prix. Car il s'agit d'un jeu: combien ce texte contient-il d'anglicismes? Par anglicismes il faut comprendre: mots qui, dans l'acceptation utilisée, nous viennent de l'anglais (ou de l'américain), quelle qu'en soit l'origine première. Mais quelle est l'origine première des mots?

Lune de miel
Rien n'aurait dû les rapprocher. Elle était un peu bas-bleu, puritaine, pratiquement bigote. Il jouait les esthètes, donnait dans l'humour noir, étant libre penseur et, disait-on, franc-maçon. Romantique et végétarienne, elle avait été curieusement séduite par ce garçon attractif et distant qui portait à ravir des pantalons de flanelle, un paletot de cheviotte et une chemise de rayonne. De son côté, il s'était senti concerné par cette touriste rencontrée au Festival de Cannes; son aspect non conformiste, le châle de popeline qui la couvrait, son sourire inoffensif et son doux regard de sous-développée sentimentale, tout en elle l'émoustillait. Il lui révéla qu'avant d'être importateur de film photographique il avait été joueur de handball professionnel; très populaire, il

avait même figuré sur la jaquette d'une revue officielle. Elle lui avoua qu'elle avait été engagée naguère avec un boxeur amateur. Le goût de la compétition sportive les rapprocha. Ses parents à elle s'opposèrent à une union qu'ils voyaient sans avenir, mettant en cause la respectabilité du fiancé, son maigre budget et son comportement excentrique. Au lieu de déclarer forfait, ils firent fi du feu vert parental, convolèrent et passèrent leur lune de miel dans un palace sud-américain où ils découvrirent tour à tour les exigences de la contraception, le respect du partenaire, l'apprentissage des effluves et le verdict des névroses.

Il y a, il y aurait, dans ce texte plus de cinquante anglicismes et un piège, handball, qui nous vient de l'allemand . . . Une bonne cinquantaine, de ce bas-bleu qui surgit en français vers 1820 inspiré par les blue stockings qui désignaient, vers 1750, les fidèles, surtout des femmes, d'un salon londonien à prétentions littéraires, à ce névrose repris en 1785 de neurosis, terme inventé par un médecin écossais en 1777.

Le plus ancien des anglicismes de ce texte serait ce bigot (bigote) qui remonterait au XVe siècle, venu de l'anglais by god; et le plus récent, cet attractif au sens de séduisant, qui, repris de l'ancien français adtractif tombé en désuetude, nous revint vers les années soixante, relancé par la fascination du cinéma américain. Quant au 'lune de miel' du titre, c'est un calque de honeymoon. Ainsi sont faites les langues vivantes et concurrentielles, qu'elles pratiquent volontiers le prêté pour le rendu. Budget, à cet égard, est exemplaire. Il remonte à un mot gaulois qui donna *bulga* (poche) en bas latin, puis bougette (petite valise, bourse) en français moyen, qui tourna à *boudget,* budget en traversant la Manche. Nous l'avons récupéré vers la fin du XVIIIe siècle, où il remplaça sans coup férir les 'états de prévoyance' et autres 'plans de finance' qui étaient alors de rigueur.

Le joli et désespéré combat mené contre le franglais par nos puristes, Étiemble en tête, vers les années soixante, a fait long fire. Mais suffirait-il de créer un Comité (anglicisme) des termes techniques français pour empêcher les américanismes de nous submerger au cours du grand raz de marée informaticien? Encore beau que notre ordinateur ait résisté au computer! Mais comment traduire *hardware* (quincaillerie, en fait tout ce qui est matériel en informatique) et *software* (ce qui, par opposition, relève de la programmation)? Le dur et le mou? La quincaille et la mentaille, comme le proposait Louis Armand? Le matériel et le logiciel, selon les décisions officielles? Le corps et l'âme, La casserole et la sauce? *Hardware* et *software* semblent partis pour une longue carrière internationale.

Et en sport donc? Qui oserait jouer à la balle au pied? À la balle au panier? Tirer un coin? Disputer un match d'attrape comme tu peux attraper? (*Catch as catch can*). Les sportifs français se sont montrés d'une grande sagesse. Ils ont tantôt adopté, tantôt adapté, tantôt traduit, tantôt rejeté les termes anglais. On tire un penalty et un corner mais on marque un but, un essai ou un panier. On joue sur un court mais avec une raquette.

Il y a là une leçon à méditer. Face aux tenants du 'chacun chez soi et les mots seront bien gardés', s'impose, cahin-caha, une sorte de génie populaire qui modèle un néo-français ouvert sur le monde vivant. Cela ne va pas sans heurts, hésitations ni, parfois, ridicules.

Que le snobisme ait joué son rôle dans la contamination, qui songe à le nier? Un rôle plus superficiel que dangereux. Le snobisme échappe rarement à l'éphémère, c'est son essence même. C'est ainsi que sont retombés dans l'oubli: *smart, short story, glamorous, betting, soft drink, joke, full-time* et tant d'autres.

Walter Lewis
(© *Le Nouvel Observateur*, le 6 avril, 1981)

14.6 EXERCISES

Section A
Attempt the exercises in this section before reading the Explanations or consulting the Select Vocabulary.

14.6.1 Gist Comprehension
(a) What is the point of the 'game' proposed by the 'short story'?
(b) Can you give some examples of the fact that the borrowing of words by one language from another is rarely a simple one-way process.
(c) In what area of language does the author predict an influx of borrowings from Anglo-American?
(d) What does the author see as the virtue of the attitude in sport to such borrowings?
(e) What does the author see as a sensible attitude to take to anglicisms?

14.6.2 Word Study
Find words in the passage which seem to you to match the following dictionary definitions:

(a) état de celui qui manque de ressources
(b) mettre de bonne humeur en excitant
(c) il y a peu de temps
(d) une imitation exacte
(e) vague isolée et très haute qui pénètre profondément dans les terres.
(f) tant bien que mal; péniblement

226

14.6.3
Rewrite the following passage adding necessary punctuation and accents:

Et en sport donc qui oserait jouer a la balle au pied a la balle au panier tirer un coin disputer un match d'attrape comme tu peux attraper les sportifs francais se sont montres d'une grande sagesse ils ont tantot adopte tantot adapte tantot traduit tantot rejete les termes anglais on tire un penalty et un corner mais on marque un but un essai ou un panier on joue sur un court mais avec une raquette il y a la une lecon a mediter.

14.7 EXPLANATIONS

14.7.1 Select Vocabulary

le franc-maçon	freemason
le châle	shawl
émoustiller	to titillate; to tantalise
naguère	not long ago
le piège	trap
le calque	calque (a linguistic term for a word or phrase which is copied from a foreign word or phrase)
concurrentiel	competitive
le raz de marée	tidal wave
informaticien	relating to computer science
la carrière	career
cahin-caha	so-so; with difficulty
le heurt	collision; conflict; clash

14.7.2 Expressions and Idioms

quelle qu'en soit l'origine	whatever the origin may be
rien n'aurait dû les rapprocher	nothing ought to have brought them together
qui portait à ravir des pantalons	who looked marvellous in his trousers
il donnait dans l'humour noir	he had a tendency towards black humour
mettant en cause	calling into question
déclarer forfait	to withdraw (usually from a sporting event)
ils firent fi du feu vert parental	they snapped their fingers at the go-ahead from their parents
tour à tour	in turn
il y a, il y aurait	there are, or, there are said to be
tombé en désuétude	become obsolete

les années soixante	the sixties
pratiquent le prêté pour le rendu	it's a process of tit for tat
sans coup férir	without meeting any opposition
encore beau que . . .	it is still quite something that . . .
tantôt . . . tantôt . . .	sometimes . . . sometimes
Étiemble	Professor Étiemble wrote a well-known book, *Parlez-vous franglais?*, published in 1964

14.7.3 Grammar

The following are the grammatical points from the text which form the basis for the exercises in Section B.

(a) **Use of quel que to mean whatever** - *see grammar section 3.2.8 (e); 5.5.3 (vii); 8.3 (d) (i)*

(b) **Conditional Perfect of devoir** - *see grammar section 5.5.1 (j)*

(c) **Further development of writing skills**

14.8 EXERCISES

Section B

14.8.1 Translation

(a) Whatever may be the origin of words, it is true that many words in contemporary French come to us from English or American.

(b) Nothing ought to have brought these two people together.

(c) Whatever may be the fascination of the American cinema, it is responsible for a good many borrowings in modern French.

(d) Some of the writers of the sixties ought to have realised that the fight to retain the purity of the language is a desperate enterprise.

(e) Whatever the future of the language it is clear that the language of computer science will be international.

(f) That snobbery has played a part in the contamination, who could dream of denying it?

(g) One ought to have realised that words borrowed because of snobbery are more superficial than dangerous.

14.8.2

(a)

Write a letter to a newspaper, pointing out that the articles in the paper use a great number of anglicisms, and asking the editor whether he doesn't feel it necessary to protect the purity of French against foreign words.

(b)

Summarise, in French, the arguments for and against large-scale borrowing of foreign words. Use the arguments in the reading passage and any others which you feel deserve a mention.

REFERENCE MATERIAL

KEY TO EXERCISES

Note that in a number of cases where exercises leave scope for some free-dom of expression, the key suggests just one possibility.

CHAPTER 1   LES FRANÇAIS

Section A

1.2.1

(a) Whereas geography books refer to the total number of inhabitants of countries such as Great Britain or the USA, for France they ought to account for the fact that the French population is made up of 43 million individuals.

(b) Whatever claims may be made for Equality and Fraternity, the favourite sport of the French is the class struggle. The author exemplifies this in the story of the American pedestrian who, seeing a millionaire in his Cadillac, dreams of one day having such a car for himself, whereas the Frenchman dreams of the day when the millionaire must walk like everyone else.

(c) He gives an example of the natural tendency for the French to set up in opposition to each other. Not only do nudists and anti-nudists set up against each other, but within their relative associations they quarrel and set up opposition groups.

1.2.2

(a) They ought to say.

(b) As soon as peace has returned.

(c) She (France) goes in for one of her favourite sports.

(d) When it comes to listing all the divisions . . .

(e) One can be sure that . . .

1.2.3

See the original text 1.1 for the correct version.

Section B

1.4.1

(a) Ne pouvant pas énumérer toutes les divisions, j'y renonce.
(b) S'étant querellé avec son collègue, il a fondé un autre comité.
(c) Ayant pris la tête d'une association, il se prend pour un dictateur.
(d) Ne faisant pas partie de cette association, je vais m'en aller.
(e) S'étant adonnés à leur sport favori, ils sont contents.

1.4.2

(a) Est-ce que vous pouvez le faire marcher?
(b) Est-ce que vous pouvez le faire monter en voiture?
(c) Est-ce que vous pouvez la faire se lever?
(d) Est-ce que vous pouvez les faire se mettre d'accord?

1.4.3

(a) Les Français veulent s'adonner à l'antagonisme.
(b) Le piéton veut faire descendre le milliardaire.
(c) Le Président veut fonder une association.
(d) L'auteur peut concurrencer les experts.
(e) Le milliardaire ne peut pas marcher.
(f) Le milliardaire ne veut pas s'arrêter.

1.6 Section A

1.6.1

(a) He finds, firstly, that most of the characteristics said to be typically French are, in fact, international; secondly, that the syndrome of the Basque beret and the French loaf are less and less obvious because the French grow more and more unlike each other.
(b) The French are incapable, it is said, of appreciating the food of other countries, and love to display a chauvinistic contempt for the cooking of other countries.
(c) French culture, he believes, has proved to be too elitist for the age of democracy.
(d) Because he links the qualities of elegance and clarity to the presence of a training in philosophy at the school level. The disappearance of philosophy from the school curriculum will mean the loss of those other qualities.
(e) No, all western countries are now afflicted with centralised administration.
(f) Both peoples build their lives with ingenuity and energy.

1.6.2

(a) une méfiance
(b) chauvin
(c) recueillir
(d) dédain
(e) ère
(f) faire ce que bon vous semble
(g) aborder une question

1.6.3

Les étrangers aiment la France mais généralement ils n'aiment pas les Français, surtout lorsque ces étrangers sont anglo-saxons. Mais la plupart des caractéristiques généralement attribuées aux Français sont, en fait, internationales. Zeldin a horreur des stéréotypes mais il a quand même sa petite idée sur nous . . . L'élitisme réussit à la haute couture, pas à la culture. La culture française a perdu son statut parce qu'elle s'est révélée trop élitiste. Les Français lisent peu et donnent pourtant l'impression d'être une nation de bibliophiles. En fait, il ne pense pas que les Français soient aussi différents qu'ils le prétendent.

1.8 Section B

1.8.1

Les Britanniques se sont toujours méfiés des Français, a constaté Zeldin, qui a décidé de plonger au coeur de la France pour recueillir les opinions des Français. Il a remarqué que les Français ont toujours aimé manifester un certain dédain pour les cuisines étrangères; ils n'ont jamais apprécié que leur propre cuisine. Quant à la culture française, elle a perdu son statut parce qu'elle s'est révélée trop élitiste. L'auteur a abordé la question de l'américanisation de la France, et a noté que beaucoup de Français y ont vu une perte d'identité. Le professeur n'a pas bien compris cette réaction.

1.8.2

The following are possible responses to the exercise:
(a) Je crois bien que les Britanniques se méfient des Français.
(b) Je ne pense pas que la plupart des caractéristiques attribuées aux Français soient internationales.
(c) Il est vrai que les Français se ressemblent de moins en moins.
(d) Il n'est pas vrai que les Français soient incapables d'apprécier la cuisine étrangère.
(e) Je ne crois pas que la culture française ait perdu son statut de culture internationale.
(f) Je crois bien que l'administration n'est plus une particularité française.

234

1.8.3

(a) S'ils n'étaient pas trop chauvins ils aimeraient les plats étrangers.
(b) Si elle ne s'était pas révelée trop élitiste, la culture française aurait gardé son statut.
(c) Si la philo faisait toujours partie du programme scolaire la clarté de la langue ne se perdrait pas.
(d) Si les Français ne savaient pas détourner les règlements, l'administration serait toute puissante.

1.8.4

(a) Zeldin vient de publier son livre.
(b) Ils ne vivent que pour la lecture.
(c) Le syndrome du béret basque est de moins en moins perceptible.
(d) La plupart de ces caractéristiques sont internationales.
(e) Plus ils insistent à être différents, moins ils encouragent les autres à les copier.
(f) Les autres nations ne veulent pas leur emprunter quoi que ce soit.
(g) Vous pouvez faire comme bon vous semble.
(h) La nourriture isole les Français du reste du monde presqu' autant que la langue française.

D.1.1 Section A

D.1.1.1

(a) One speaker believes that Daninos is funny, but rather facile, with his sharp contrasts. The other feels that these images are intended to be funny, so they are effective.
(b) This is an attempt to explain the apparent paradox of the French love of individualism while remaining subject to a powerful bureaucracy.
(c) The two speakers are convinced that national differences do exist.
(d) No, their impression is that the average French person is just not aware of the clichés that foreigners have about him.
(e) No, they feel that, as a foreigner, Zeldin is not in a position to judge the French, and they certainly reject the notion that the French might have anything in common with the Americans.

D.1.1.2
Refer to the written text D.1 to correct this exercise.

D.1.4 Section B

D.1.4.1

A: Ce texte est un peu facile, non?
B: Oui, mais il fait des images, alors, c'est fait pour être drôle.

A: C'est fait pour être drôle, mais on ne sait pas tellement si c'est vrai, quand même.

B: Tu trouves qu'il est vrai de dire que les Français aiment s'organiser?

A: Oui, dans un sens. Mais je crois qu'on aime être désorganisé à l'intérieur d'une certaine organisation, non?

B: C'est difficile.

A: Sur le texte de Zeldin, moi, je ne suis pas d'accord, vraiment. Il a l'air de vouloir dire que, finalement, tous les peuples sont pareils. Quand même, on a des coutumes, des tas de choses qui changent les gens, non?

B: On peut donc dire qu'il y a des tendances de certains peuples à se tenir d'une certaine façon.

A: Ah, oui, moi, je pense que je dois m'ajuster à la personne avec qui je converse.

B: Tu crois, alors, que ce n'est pas une question de stéréotypes?

A: Moi, je suis persuadée qu'il y a beaucoup de richesse dans la différence. Mais, finalement, est-ce que tu trouves qu'on ressemble aux Américains?

B: Même pas un petit peu.

D.1.4.2

Bien sûr, je suis prêt à répondre.

Non, je suis anglais.

Je ne suis pas d'accord avec les stéréotypes nationaux. Ils ne sont pas vrais.

Je sais qu'il y a le cliché de l'Anglais avec son chapeau melon et son parapluie. Cela prouve que c'est faux.

Je suis persuadé que les Français sont des individus, et qu'ils ne ressemblent pas du tout à leurs clichés.

CHAPTER 2   LES FRANÇAIS QUI CONSOMMENT

2.2 Section A

2.2.1

(a) Markets used to be a festival, with people dressing up, and sure of doing good business.
(b) Because it's the sort of business which needs least investment.
(c) The same uncertainties as small shopkeepers (leurs frères sédentaires) with bad weather in addition.
(d) Because they are no longer as specialised for particular products as was once the case.
(e) They bring life and animation to the town.

2.2.2

(a) griffonner
(b) volaillère
(c) forain

236

(d) tréteau
(e) étalage
(f) intempéries
(g) brader
(h) affichage

2.2.3

(a) En griffonnant le compte il trouve le temps de glisser un mot.
(b) Autrefois, le marché était une fête.
(c) On était sûr de faire sa journée.
(d) Même si les forains ne sont plus nombreux, ils perpétuent une tradition.
(e) C'est le commerce qui exige le moins d'investissements.
(f) Il se lève à 3h 30 pour recevoir les produits frais.
(g) Ils sont soumis aux mêmes incertitudes que leurs frères sédentaires.
(h) On ne plaisante pas avec la fraîcheur.
(i) On ne trouve presque plus de ces vendeurs d'un seul produit.
(j) Quant aux associations de consommateurs.
(k) Marcel explique qu'ils sont des animateurs.

2.4 Section B

2.4.1

Autrefois, le marché était une fête. À cette époque-là les éleveurs s'habillaient. On allait à Confolens, et on était sûr de faire sa journée. Dans le temps, les fruits et légumes formaient plus de 50% de l'activité. Il y a 50 ans, c'était beaucoup moins cher que le magasin. Les commerçants étaient des animateurs.

2.4.2

(a) Même si les forains ne représentent que 4,5% de la distribution alimentaire, ils perpétuent une tradition.
(b) Même si le forain doit gagner sa vie, ses horaires sont invraisemblables.
(c) Même s'il n'a, en fait, que deux heures d'activité payante, le forain, lui, travaille dix heures.
(d) Même si les produits sont vendus à la pièce, ou à la botte, c'est le prix au kilo qui doit être affiché.

2.4.3

(a) Le forain se lève à 3h 30 pour recevoir les produits frais. À 5 heures son équipe installe les tréteaux et il remonte à Rungis. À 13h 30, le marché est terminé et on démonte les étalages.
(b) Même si les cinquante mille forains ne représentent que quatre virgule cinq pour cent de la distribution alimentaire, ils perpétuent une tradition importante. Les fruits et légumes représentent cinquante-trois pour cent du commerce dans la région parisienne. Si le temps fait

mauvais la fréquentation des étalages baisse aussitôt de vingt-cinq pour cent. Leur meilleur jour, c'est dimanche, qui représente de vingt-cinq à cinquante pour cent de leurs affaires.

2.4.4

(a) Oui, mais ils ne sont pas aussi fréquentés qu'ils l'ont été.
(b) Oui, mais ils ne sont pas aussi frais qu'ils l'ont été.
(c) Oui, mais elle n'est pas aussi incertaine qu'elle l'a été.

2.6 Section A

2.6.1

(a) Items which make you dream; things like cameras, sport and leisure articles, wines, spirits, boxes of chocolates.
(b) Things like lipstick, chewing-gum for the children, sweet things and toilet articles which one feels one has earned after trailing all round the shop.
(c) Points chauds are places which particularly draw the attention of the shopper, and points froids are the opposite. The most obvious example of a point chaud is at the head of the 'gondola', that is, the long stacks where goods are displayed.
(d) Possible techniques for promoting sales are to put certain goods at eye-level; or else to display goods over a considerable length.

2.6.2

(a) achat – purchase; autrement dit – in other words; se laisser tenter – to be tempted; ménagère – housewife; tournée – tour, circuit; friandise – delicacy; écorce – bark.
(b) what is superfluous; perky, wide-awake; knick-knacks; beside onself (with excitement); receptacle; crouching; a small profit margin.

2.6.3

See reading passage for the corrected version of this text.

2.8 Section B

2.8.1

(a) En réalité, chocolats ou vins, ils se trouvent près de l'entrée.
(b) Tout ce que j'aime le mieux, vins, spiritueux, bières.
(c) Partout je vois des rangées de robes et des rayons de friandises à hauteur des yeux.
(d) Dans tout hypermarché il y a des produits en tous genres.

2.8.2

(a) Voilà les produits que les spécialistes appellent 'achats d'impulsion'.

(b) Ce sont les achats de réflexion dont on peut se passer.

(c) Voilà un rouge à lèvres que j'ai acheté en fin de course.

(d) Cinéma, loisirs, sport font rêver, ce qui est dangereux quand le porte-monnaie est plein.

(e) La visite d'un supermarché est pleine de surprises, ce qui m'est toujours un plaisir.

2.8.3

Ce magasin ne proposerait que de l'alimentaire, mais le propriétaire offrirait des friandises aux enfants et les confitures de marque se vendraient bien. Tout ce qui est à hauteur des yeux serait bon marché, ce qui n'est pas toujours le cas.

2.8.4

Je serais entré(e) dans le magasin. J'aurais fait tout le parcours. Je n'aurais rien acheté, mais j'aurais regardé toute la longueur des rayons. J'aurais regardé tout particulièrement ce qui se trouve à hauteur des yeux. J'aurais noté le prix. Je serais sorti(e) et j'aurais regagné ma voiture.

D.2.1 Section A

D.2.1.1

Petit Marché	*Supermarché*
Les légumes frais	l'huile
les oeufs	le café
les fruits	le sucre
la charcuterie	
le beurre	
le fromage	

D.2.1.2

Les petits marchés: les légumes sont frais; il y a un grand choix; l'ambiance est plus agréable; ça se trouve dehors; on a des contacts avec les commerçants; c'est ouvert à un jour fixe; une espèce de réunion pour la ville; un caractère de fête; on peut soi-même choisir.

Les petits commerçants: il est ouvert toute la journée; on a contact avec les commerçants.

Les grandes surfaces: c'est impersonnel; ça manque de charme; pour des gens qui travaillent; on peut y aller en famille; il y a des articles en réclame; c'est ouvert le soir; il y a des tas de promotions.

D.2.3 Section B

D.2.3.1

A: Alors, votre préférence, c'est d'aller au marché, non?

B: Pour des légumes frais. Mais il y a des choses qu'on ne trouve pas dans les marchés. Alors là, on est obligé d'aller dans les grandes surfaces.

A: Ah oui, c'est ça. Mais pourquoi le marché plutôt que les petits magasins?

B: Parce que c'est plus frais. Et puis, il y a un grand choix. Finalement, c'est plus agréable.

A: Oui, c'est ça, c'est plus agréable.

B: Oui, et puis, ça se trouve dehors, en plus. Au supermarché on n'a pas de contact avec les gens.

A: Au marché, on vous renseigne, quoi, en plus?

B: Oui, c'est ça, c'est un autre avantage, non?

A. Alors, les grandes surfaces, c'est surtout pour quoi?

B: Ce sont surtout les gens qui travaillent qui y font leurs courses. Et puis, ça reste ouvert le soir.

A: Ah oui, quand même, il y a ce qu'on appelle les nocturnes, non?

B: C'est ça, et beaucoup de réclames.

D.2.3.2

— Oui, surtout pour les légumes frais et les fruits.
— Oui, c'est vrai, mais ils sont plus frais dans le marché, et puis, il y a un plus grand choix. En plus, c'est plus agréable au marché.
— Oui, on peut discuter avec les commerçants. Au supermarché, tout est toujours très impersonnel.
— Alors, il y a certains produits qui ne se vendent pas au marché. En plus, il y a de grands avantages pour les gens qui travaillent, parce que les supermarchés, ça reste ouvert tard le soir.
— Oui, c'est ça, avec des tas de réclames.

CHAPTER 3   LES FRANÇAIS QUI VOYAGENT

3.2 Section A

3.2.1

(a) The TGV has a pointed snout, it speeds towards the horizon like a plane, and the stewardesses seem to have fallen from the heavens.

(b) Reservations are compulsory, and can be made right up to the last moment because of machines at each ticket office, linked to a central computer. The automatic distributor of reservations is called Réséda.

(c) Partly for reasons of safety, but above all for reasons of comfort.

3.2.2

(a) rentabilité
(b) désengorger
(c) rame
(d) censé
(e) cadencés

240

(f) bousculade
(g) atout

3.2.3

(a) Le T.G.V. ressemble à un avion, pourtant il n'est pas un avion.
(b) Non contente de battre les Japonais, la S.N.C.F. veut aussi concurrencer les jets.
(c) Le T.G.V. se veut un train chic, mais également un train pour tous.
(d) Pour désengorger la ligne, la S.N.C.F. a donc décidé de lâcher les freins.
(e) Il n'est pas question de monter dans le T.G.V. sans avoir réservé.
(f) Le concept de place réservée n'existe plus, puisque toutes les places sont réservées.
(g) La station debout n'est pas seulement bannie pour des raisons de sécurité, mais surtout en fonction d'impératifs de confort.
(h) Le T.G.V. n'est pas un avion sur rail, mais un train qui a de nouveaux atouts.

3.4 Section B

3.4.1

Le T.G.V. aura un museau pointu. Est-ce qu'il ressemblera à un avion? Il battra le record du monde. Il desservira le trajet Paris–Lyon, d'abord. Il ne sera pas question de monter dans le train sans réservation. La station debout sera bannie. Une allée centrale permettra le passage du chariot-repas. Les hôtesses pourront passer.

3.4.2

(a) Il aura battu le record du monde.
(b) Il aura été rentable.
(c) On aura désengorgé la ligne la plus saturée de France.
(d) Il aura permis d'accueillir dix-sept millions de passagers sur le trajet Paris–Lyon.
(e) Le concept de place réservée aura disparu.
(f) Le T.G.V. aura banni la station debout.

3.4.3

(a) Bien que le T.G.V. soit un train de luxe, c'est un train pour tous.
(b) Quoique le T.G.V. ait coûté cher, il sera rentable.
(c) Bien qu'il y ait eu une campagne de publicité monstre, le thème est censé être payant.
(d) Encore que la réservation soit obligatoire, on peut la faire jusqu'au dernier moment.
(e) Quoiqu' à deux cent soixante à l'heure le coup de frein puisse être dangereux, ce n'est pas par raison de sécurité que la station debout est bannie.

(f) Encore que le T.G.V. ait certaines caractéristiques de l'avion, c'est bien un train, un train d'une nouvelle génération.

3.4.4

(a) Le concept de place réservée n'existe plus puisque toutes le sont.
(b) La vente des billets ainsi que la réservation obligatoire pourront se faire jusqu'au dernier moment.
(c) Le train aura coûté quelques six milliards et demi de francs.
(d) C'est un train pour tous à l'heure où la vitesse se démocratise.

3.6 Section A

3.6.1

(a) They are going to a country hotel, and she hopes to have a good rest, to enjoy the fresh air and build up reserves of good health.
(b) They are more crowded in the hotel than at home, and here they speak to each other.
(c) They eat together and go to the same places.

3.6.2

(a) faux
(b) vrai
(c) faux
(d) vrai
(f) faux
(g) vrai
(h) faux.

3.6.3

Refer to the reading passage 3.5 for the correct version of this text.

3.8 Section B

3.8.1

L'année dernière les vacances commencèrent début juillet. On partit très tôt le matin et on arriva le soir. On s'installa dans les chambres. Le matin, on se réveilla et les enfants s'en allèrent chercher la plage. Mon mari et moi, nous restâmes au lit jusqu'au petit déjeuner. Nous descendîmes déjeuner avec les autres gens et nous mangeâmes à une grande table ensemble. Puis, les autres sortirent, et les enfants rentrèrent manger.

3.8.2

Je me reposerais pour de bon. Nous nous ferions des réserves de santé. Ils partiraient au début des vacances. Vous traverseriez des paysages magnifiques. Je mangerais dans de bons restaurants. J'oublierais tous mes problèmes. Nous visiterions les châteaux. Je me bronzerais sur la plage.

3.8.3

Alors arrivèrent les vacances. L'usine fermait en août. Cette fois on n'irait pas chez la grand-mère, on irait dans un hôtel à la campagne comme les vraies gens. On en parlait depuis Pâques. Mais c'était les mêmes gens, en somme, que je voyais d'habitude. Mais on était plus entassés qu'à Paris où on avait au moins chacun son lit.

3.8.4

(a) On se reposerait pour de bon.
(b) Sans rien faire que respirer le bon air.
(c) C'étaient les mêmes gens, en somme, que je voyais d'habitude.
(d) On avait au moins chacun son lit.
(e) Je ne vois pas comment on aurait pu faire autrement.
(f) Vu qu'on allait pratiquement aux mêmes endroits.
(g) Même il n'y avait pas de télé. (*Or:* Il n'y avait même pas de télé.)

II

CHAPTER 4   LE PAYS DE FRANCE

4.2 Section A

4.2.1

(a)
 (i) A few hours
 (ii) Clearly marked and always filled with water
 (iii) Mountain ranges

(b)
 (i) Hamlets, villages, market-towns, towns
 (ii) They have become schools, sanatoria, hospitals and retirement homes.

(c)
 (i) Roads and railways
 (ii) The fields are small, for the most part, and given over to a variety of crops.

(d)
 (i) That France is the country of variety
 (ii) Saints, leaders, heroes, philosophers, architects, painters, sculptors, composers, writers.

4.2.2

(a) fleuve
(b) écluse
(c) trafic
(d) bourg
(e) voie
(f) parcelle
(g) gouvernail
(h) bourrasque
(i) à bout de souffle.

4.2.3

(a) Le voyageur qui se trouve survoler la France.
(b) Le pays qu'il aperçoit.
(c) Ces fleuves sont reliés grâce à un système de canaux.
(d) Un massif montagneux qui n'est point un obstacle.
(e) Des chaînes non médiocres, puisqu'une d'entre elles comporte le plus haut sommet d'Europe.
(f) Le promeneur apprend que ces villages portent des noms sonores.
(g) Ce qui frappe le voyageur, c'est le caractère de la campagne.
(h) Le voyageur comprend que c'est le caractère de la campagne.
(i) Il apprendra que la France est le pays de la variété.
(j) Une pléiade de sculpteurs qui ne sont point indignes.
(k) Elle fait entendre sa voix quand les autres sont à bout de souffle.

4.4 Section B

4.4.1

Il y a quelques jours je survolais la France, et il y avait une vue splendide. En dessous se déroulait un paysage magnifique de montagnes et de vallées. Puis le paysage s'est transformé et on s'est trouvé au-dessus de plateaux fertiles où la vie s'ordonnait en bourgs et en hameaux. Entre les villages de belles routes se déroulaient. Puis, on s'est éloigné des villages et on ne voyait plus rien à cause des nuages.

4.4.2

(a) Si on vient par la voie des airs.
(b) Si on s'éloigne des sommets.
(c) Si on arrive au-dessus des sommets.
(d) Il y a un paysage ordonné qu'aperçoit le voyageur.
(e) Le voyageur connaît des noms historiques que portent les villages.
(f) Le promeneur aperçoit la variété des couleurs que présentent les champs.

4.4.3

(a) La Normandie est encore plus vallonnée.
(b) Les Alpes sont encore plus élevées.
(c) Les champs du bocage normand sont encore plus petits.
(d) La peinture française a manifesté l'une des plus rares vertus.
(e) La Beauce est l'une des plus fertiles.
(f) Elle est pourvue des plus belles routes du monde.
(g) La Loire est le plus long fleuve de France.
(h) Paris est la plus grande ville de France.
(i) Marseille est le port le plus important de la côte Méditérranée.

4.4.4

(a) Dès que l'on s'éloigne des sommets.
(b) Des qu'il arrive au-dessus des régions cultivées.
(c) Dès le premier regard. . .
(d) Il apprendra, s'il ne le sait pas encore. . .
(e) Plus tard, quand il aura pris contact avec le sol.
(f) Depuis mille ans la France n'a cessé de jouer un role capital.
(g) Elle vient d'offrir au monde. . .
(h) Chaque village est marqué par une église.
(i) Ce qui frappe le voyageur. . .

4.6 Section A

4.6.1

(a) Sentiment (feeling) and reason.
(b) An eminent and exceptional fate.
(c) The French.
(d) If she is in the front rank.

4.6.2

Je me suis fait une certaine idée de la France. Le sentiment me l'inspire aussi bien que la raison. Ce qu'il y a, en moi, d'affectif, imagine naturellement la France, telle la princesse des contes ou la madone aux fresques des murs comme vouée à une destinée éminente et exceptionnelle. S'il advient que la médiocrité marque, pourtant, ses faits et ses gestes, j'en éprouve la sensation d'une anomalie. Mais aussi, le côté positif de mon esprit me convainc que la France n'est réellement elle-même qu'au premier rang: que notre pays, tel qu'il est, doit viser haut. Bref, à mon sens, la France ne peut être la France sans la grandeur.

4.8 Section B

4.8.1

(a) Il se l'imagine telle la princesse des contes.
(b) Je m'en suis fait une idée.

(c) Il a, d'instinct, l'impression que la Providence l'a créée pour des succès achevés.

(d) Il advient, pourtant, qu'elle en soit marquée.

(e) Il en éprouve la sensation d'une anomalie.

4.8.2

(a) La raison seule ne peut inspirer ce sentiment.

(b) Son esprit ne peut le convaincre que la France est au deuxième rang.

(c) Il ne cesse d'éprouver la sensation d'une anomalie.

(d) Son idée de la France ne cesse de le convaincre.

4.8.3

(a) Feeling inspires me with this idea as well as reason.

(b) My instinct forms in me the impression that Providence created her for fully-realised successes.

(c) France is not really herself except in the front rank.

(d) Only enormous undertakings are likely to compensate for the ferments borne within her people and driving them to scatter their gifts.

(e) Our country, just as it is, must aim high.

(f) France, like the fairy-tale princess, is destined for an exceptional fate.

D.4.1 Section A

D.4.1.1

(a) The Côte d'Azur has blue skies, seas, jagged rocks tumbling into the sea. Brittany is rainy, with wind and grey skies.

(b) Stubbornness is a quality without which the Bretons would not have survived.

(c) The countryside is varied, and 90% of it is green, with forests, woods and brimming streams.

(d) Isabelle finds the Breton coast sad. Elisabeth replies that this may be so, but that's what is needed if you feel melancholy.

(e) Brittany has its culture, its language.

(f) The houses are different inland, and there is more vegetation. The bocage consists of little fields surrounded by hedges.

(g) The fountains found near chapels have legends associated with them. She feels at home in Brittany because she likes to feel close to her neighbours, surrounded by the sea, and in the land of her ancestors.

D.4.1.2

(a) Oui, mais la Bretagne, il pleut toujours, il fait mauvais, le ciel gris, le vent.

(b) Si on n'était pas têtu, on n'aurait pas survécu. Non, c'est une qualité.

(c) Trouver un terrain plat en Bretagne, tu vas avoir de la difficulté.

(d) 90 pour cent du pays, c'est de la verdure. Oui, des forêts, des petits bois, des vallons, des ruisseaux toujours pleins d'eau.

(e) Si tu vivais en Bretagne, tu apprécierais, tu vois, parce que tu n'as pas appris à apprécier le crachin, la brume, le vent dans les landes.

(f) Ce n'est pas seulement la géographie qui compte. Ça compte, bien sûr, mais il n'y a pas que ça. Il y a toujours la culture, la civilisation qui est différente de celle de la France.

(g) Bien sûr, la Bretagne maritime est importante. C'est la seule province en France qui a tellement de côtes. Mais à l'intérieur il y a une autre Bretagne.

(h) C'est quand même un pays qui est toujours assez boisé. Je ne pense pas qu'il y ait beaucoup de grandes forêts. Il y a énormément de petits bosquets.

(i) C'est un pays assez catholique, et qui est doté d'un million de chapelles. Des chapelles très jolies, souvent en très mauvais état, malheureusement.

(j) Puis, après tout, quand on a ses ancêtres qui sont nés là-bas, on se dit pourquoi on irait ailleurs.

D.4.3 Section B

A: Tu vois, pour moi la plus belle région de la France, c'est la Côte d'Azur.

B: Après tout, la côte bretonne est également déchiquetée.

A: C'est sûr, mais, tu ne vas pas me dire que la Côte d'Azur est aussi triste que la côte bretonne.

B: Tu sais, il y a des moments où on veut se sentir triste.
Finalement, il faut apprécier le crachin, la brume.

A: Je dois avouer que j'aime la côte sud de la Bretagne. Mais à l'intérieur, le paysage est très différent, non?

B: Oui, moi je trouve que l'intérieur est très beau, très boisé. Et puis, il y a le bocage.

A: Qu'est-ce que c'est comme paysage, exactement?

B: Des petits près, si tu veux, entourés de haies.

A: Alors, pour toi, la Bretagne, c'est le pays de rêves?

B: Oui, tu sais, quand on a ses ancêtres qui sont nés là-bas, pourquoi on irait ailleurs?

D.4.3.2

The response to this exercise will depend on the region you choose, and the characteristics you decide to talk about.

CHAPTER 5   LA VILLE DE PARIS

5.2 Section A

5.2.1

(a) vieux, abîmé par le temps = vétuste
(b) partie plus ou moins grande d'un mur = pan de mur
(c) habillé bizarrement, ridiculement = affublé

(d) instrument de supplice pour la pendaison = potence
(e) tremblant = chevrotant
(f) terrain en pente très incliné = talus
(g) parcourir à grands pas = arpenter
(h) plante sauvage = herbe folle
(i) réverbère = bec de gaz
(j) partie de la tige des branches d'une variété de palmier = rotin
(k) coupé en retranchant une partie importante = tronqué

5.2.2

(a) ses rues = les rues de Paris
(b) celle = la vie des grands édifices
(c) elle = la vie de Paris
(d) qui = les maisons
(e) chacun = chaque pan de mur
(f) que = la matière
(g) que = les chaises
(h) leur porte = la porte des concierges
(i) ses heures = les heures de la personne qui visite

5.4 Section B

5.4.1

Refer back to the reading passage 5.1 for the correct version.

5.4.2

(a) Les vieilles maisons ont l'air d'avoir été des auberges de route.
(b) Après avoir visité les vieilles rues, il faut se promener le long des quais de la Seine.
(c) Après être allé à la Place du Tertre vous devriez visiter le Sacre Coeur.
(d) Les graffiti ont l'air d'avoir été dessinés par des enfants.

5.4.3

(a) Il faut visiter les maisons vétustes en fin d'hiver.
(b) Il faut visiter la Place du Tertre à l'aube.
(c) Il faut visiter les quais de la Seine en fin d'après-midi.
(d) Il faut visiter les Champs-Elysées à dix heures du matin, au mois de juin.
(e) Il faut visiter la Cité à l'aube, vers la fin de printemps.
(f) Il faut visiter la porte des Lilas en plein mois de janvier.

5.6 Section A

5.6.1

(a) To erect, in Paris, a cultural centre which would serve both as museum and a centre for artistic creation.

248

(b) French architecture was an imitation of the American model, and students were kept in ignorance of new methods and techniques.
(c) All the structural elements and technical installations are exposed on the exterior of the building.

5.6.2

En 1977 un quartier de Paris fit un bond dans le futur grâce à une seule construction. Cinq ans auparavant le Président Pompidou avait déclaré: 'Je voudrais que Paris possède un centre culturel'. C'était une pensée à la fois visionnaire et réaliste. Il n'y avait pas de précédent, ce qui rendait l'entreprise expérimentale. La France traversait alors une période critique dans le domaine de l'architecture. Le plan libre reste depuis longtemps l'une des qualités les plus recherchées en architecture, mais on a rarement réussi à l'appliquer sur une si grande échelle. Le Centre a été conçu non seulement comme un moyen de diffuser l'art moderne, mais aussi comme un lieu de rencontre entre l'artiste et le public.

5.8 Section B

5.8.1

(a) Je voudrais que les Français puissent trouver des ressources culturelles en un seul lieu.
(b) Je souhaite que ce centre soit un musée.
(c) Je voudrais qu'on réussisse à appliquer le plan libre sur une grande échelle.
(d) Je souhaite que toutes les installations techniques soient exposées à l'extérieur.
(e) Je voudrais que le centre soit un lieu de rencontre.

5.8.2

(a) Les postes d'enseignants étaient réservés à un nombre limité d'architectes.
(b) Les centres culturels étaient éparpillés à Paris et en province.
(c) Toutes les installations techniques étaient exposées à l'extérieur.
(d) Dans ce contexte le projet "Beaubourg" fut lancé.
(e) Un espace maniable et évolutif fut obtenu.
(f) Beaubourg fut entièrement dédié à l'art moderne.
(g) Le centre a été conçu comme un moyen de diffuser l'art moderne.
(h) Le centre a été bâti pour être un lieu de rencontre.

5.8.3

(a) Le plan libre est très recherché, tout en étant difficile à appliquer.
(b) Le centre est un moyen de diffuser l'art moderne, tout en étant un lieu de rencontre.
(c) Je voudrais que Paris possède un centre qui soit un musée tout en étant un centre de création.

5.8.4

(a) Le Président Pompidou a lancé le projet en déclarant que Paris avait besoin d'un centre culturel.
(b) La France traversait alors une période critique dans le domaine de l'architecture, n'imitant que les modèles américains.
(c) Les architectes ont réussi à appliquer le plan libre en abritant dans la structure des disciplines très variées.

5.8.5

Compare your answers with the original sentences found in the reading passage 5.5.

5.10

Je vous ai déjà montré les trois coeurs de Paris. En voici le cerveau . . . De ce quartier, quel est le centre? Je propose la Place de la Sorbonne. Là vous verrez la population la plus jeune de Paris. Presque tous les passants ont entre dix-huit et vingt ans. Les uns remontent le boulevard Saint-Michel, les autres le descendent pour gagner la Sorbonne. On se croirait sur le campus d'une des grandes universités américaines. Toutefois, il y a des différences. Les étudiants français vivent soit dans des familles françaises soit à la Cité universitaire. Au Quartier Latin la vie de l'arrondissement est mêlée à celle des étudiants. Pourtant, à la terrasse des cafés, les couples adolescents forment la majorité.

CHAPTER 6   LA FRANCE ADMINISTRATIVE

6.2 Section A

6.2.1

(a) The rights of the individual, the duties of the State and the limits placed upon its authority.
(b) For Americans, democracy is the freedom of each individual to have control of his own destiny. For the French, democracy is equality before the law.
(c) The existence of an all-powerful administration is the only guarantee for the French that they can be both equal and irresponsible.

6.2.2

(a) contagieux
(b) la grogne
(c) flambée
(d) raille
(e) laudateur
(f) restreindre

6.2.3

Nous avons célébré, en 1976, le bicentenaire de la démocratie américaine. Les droits de l'individu, les devoirs de l'État nous sont venus des États-Unis. La jeune démocratie a donné à l'Europe l'exemple de sujets devenant citoyens. En France, nous avons toujours été plus fascinés par l'égalité que par la liberté. Pour un Français, la Démocratie, c'est l'égalité devant la loi. L'Administration survit a tous les changements de régime. Le pouvoir central n'a jamais cessé de restreindre l'espace de liberté des Français.

6.4 Section B

6.4.1

(a) Nous devons à la démocratie américaine bien plus qu'elle ne nous doit.
(b) L'égalité nous fascine plus que la liberté ne nous intéresse.
(c) Le Français est plus satisfait avec l'Administration qu'il ne pense.
(d) L'influence de l'exemple américain était plus contagieux qu'on ne pensait à l'époque.

6.4.2

(a) Les devoirs de l'État et les droits de l'homme leur sont venus des États-Unis.
(b) Les Français la nomment bureaucratie.
(c) Les Américains lui ont donné l'exemple d'une jeune démocratie.
(d) I' faut lui suggérer de célébrer l'anniversaire de la naissance de l' Administration.

6.4.3

(a) Il faut reconnaître l'autorité de l'État à laquelle des limites sont mises.
(b) C'est l'Europe à laquelle la jeune démocratie a donné un exemple contagieux.
(c) C'est le futur Président à qui il faut suggérer de célébrer la naissance de l'Administration.
(d) Il y a, dans la vie des Français, une intervention de l'Administration à laquelle ils se sont habitués.

6.4.4

(a) Pour les contemporains de Reagan comme pour ceux de Washington.
(b) Les relations entre les Français et l'État montrent que celui-ci a su jouer à merveille de cette contradiction.
(c) C'est la commémoration du 18e siècle, celui qu'on appelle 'Siècle des Lumières'.
(d) Il faut des limites au pouvoir de l'État et à son autorité, mais celle-ci est très marquée en France.
(e) Ce pouvoir existe pour les Français qui s'y sont habitués, et pour ceux qui protestent.

(f) C'est la seule garantie pour les citoyens d'hier et pour ceux d'aujourd'hui.

6.5.4

(a) en l'an deux mille
(b) en mil neuf cent soixante-seize
(c) le sept février, dix-huit cents
(d) la constitution du quatorze septembre, mil sept cent quatre-vingt-onze
(e) l'article apparut le quatorze octobre, dix-neuf cent quatre-vingt-trois.

6.7.1

(a) Souhaiteriez-vous que le pouvoir du Président soit renforcé?
(b) Voudriez-vous que le rôle de l'État dans l'économie diminue?
(c) Souhaiteriez-vous que l'État s'occupe beaucoup des individus?
(d) Voudriez-vous qu'on garantisse à chacun la liberté de créer une entreprise?

6.7.2

(a) D'après vous, les institutions doivent-elles rester les mêmes?
(b) Estimez-vous que le pouvoir du gouvernement doit être renforcé?
(c) Selon vous, un scrutin du type majoritaire est-il préférable?
(d) À votre avis, est-ce que le rôle de l'État dans l'économie devrait s'accroître?
(e) Croyez-vous que les entreprises sont plus aptes à effectuer les mutations nécessaires?
(f) Avez-vous l'impression qu'on devrait accepter des prélèvements plus importants?
(g) Êtes-vous d'accord que la France doit renoncer à vendre des armes?

6.7.3

(a) Lequel de ces deux objectifs vous semble le plus important?
(b) Des deux attitudes suivantes, laquelle choisiriez-vous?
(c) Des deux opinions suivantes, avec laquelle êtes-vous d'accord?
(d) Des deux types de scrutin suivants, lequel préféreriez-vous?

6.9 Section A

6.9.1

Le concierge de l'école ouvre sa grille à huit heures moins dix. L'Adjoint au Maire entre avec d'autres personnes. Ils disposent des piles de papiers blancs imprimés sur une table à l'entrée de chaque bureau de vote. L'Adjoint au Maire s'installe à la table où se trouve l'urne. On demande des assesseurs et le bureau de vote est constitué publiquement par les électeurs présents à son ouverture. On ouvre l'urne et puis on la ferme. Enfin, le Président déclare ouvertes les opérations électorales.

6.9.2

(a) Les affiches électorales = election posters
(b) les électeurs = electors
(c) élire = to elect
(d) représentant = representative
(e) l'Assemblée Nationale = House of Commons
(f) le député = Member of Parliament
(g) le bureau de vote = polling station
(h) le bulletin de vote = voting slip
(i) une urne = ballot box
(j) le Conseil Municipal = Town Council.

6.11 Section B

6.11.1

(a) Le maire désigne son adjoint pour présider ce bureau.
(b) L'adjoint demande s'il y a des candidats pour être assesseurs.
(c) Il faut d'abord ouvrir l'urne pour ensuite la fermer.

6.11.2

(a) Pour être sûr qu'il y ait quelqu'un pour présider.
(b) Pour être sûr que tout soit prêt pour l'ouverture.
(c) Pour être sûr qu'il n'y ait rien là-dedans.

6.11.3

(a) Il faut que les électeurs soient convoqués d'avance.
(b) Il faut que les papiers portant le nom des candidats soient disposés sur la table.
(c) L'essentiel est que les assesseurs soient choisis.
(d) Il faut qu'il y ait toujours un citoyen pour présider le bureau.
(e) L'essentiel est que l'urne soit ouverte.
(f) Il faut qu'on vérifie que les opérations électorales déroulent honnêtement.
(g) L'essentiel est que le couvercle de l'urne soit rabattu et que l'urne soit fermée avec un cadenas.

6.11.4

This exercise asks for an individual response, but compare your reply with the original text.

D.6.1 Section A

D.6.1.1

(a) She was too young to remember much. Her parents dealt with all the paperwork, and she only had to get her passport.

(b) The French need an identity card. A bank account number has to be included with every submission.
(c) It never seems possible to track down the person most concerned with your problem. They are always elsewhere for some reason, or else it is the wrong time of day.
(d) It is possible to receive a letter saying one thing on one day, and a letter saying the opposite on the following day.
(e) The secretary of the Mairie is the one person who seems able to offer guidance to the individual.
(f) They cope by finding ways to get round the system.

D.6.1.2

(a) la carte d'identité
(b) trois exemplaires
(c) tout ce qui est nécessaire **or** tout ce dont on a besoin
(d) des gens responsables d'une personne
(e) faire l'intermède entre les gens et les bureaux
(f) trouver la possibilité de s'échapper du règlement

D.6.3 Section B

D.6.3.1

(a) Je me suis rendue compte que j'avais besoin de papiers.
(b) J'ai dû les faire en trois exemplaires.
(c) On n'avait qu'à donner son nom.
(d) J'ai oublié de dire qu'il y a la Mairie.

D.6.3.2

(a) Alors, vous connaissez l'administration, non?
(b) Vous connaissiez l'administration avant de quitter la France?
(c) Est-ce qu'on a besoin d'une carte d'identité en Angleterre?
(d) Pourquoi est-ce qu'il faut donner son numéro de banque?
(e) Est-ce que l'administration est bien organisée, bien co-ordonnée?
(f) Alors le secrétaire de la Mairie est le médiateur entre l'individu et l'administration?
(g) On dit que le Français sait s'en sortir avec son administration, vous êtes d'accord?
(h) Finalement, une administration toute puissante serait invivable, non?

III

CHAPTER 7   LA FAMILLE

7.2 Section A

7.2.1

(a) The number of marriages has fallen at a time when the number of marriageable age has been rising.
(b) Couples come together out of love rather than the requirements of the state.
(c) The increase in unmarried couples living together.
(d) This would seem to show a determination not to get married, even if the couple wants to have children.
(e) This may be one of those moments in history when society finds itself between the old order and a new one which has not yet emerged.

7.2.2

(a) On sait qu'on ne fonde pas le même type de famille.
(b) Il s'agit d'une tendance commune à toute l'Europe.
(c) Les sociologues hésitent à se prononcer sur les causes.
(d) On se marierait plus tard que dans les années 60.
(e) Ce n'est plus qu'une simple formalité.
(f) Le couple considère le mariage comme une affaire privée.
(g) On compte 800 000 familles monoparentales constituées à 50% par des personnes divorcées.
(h) Le nombre de cohabitations est passé à 400 000.
(i) La moitié des personnes déclarent avoir eu une expérience de vie commune.
(j) Sommes-nous à une époque charnière dans laquelle un système bascule?
(k) L'institution familiale a su s'adapter.

7.2.3

Compare your version with the relevant passage in the original text, 7.1.

7.4 Section B

(a) On sait depuis longtemps que le mariage n'est plus le même.
(b) On ne fonde pas le même type de famille au nord que dans le Midi.
(c) On compte environ 800 000 familles monoparentales.
(d) On assiste à un accroissement du nombre de naissances illégitimes.
(e) On n'arrive pas encore à discerner l'équilibre nouveau.
(f) On peut penser que ces naissances traduisent une détermination de ne pas se marier.

7.4.2

Entre mil neuf cent soixante-douze et mil neuf cent quatre-vingt-un les mariages ont diminué de vingt-cinq pour cent et les divorces ont augmenté de vingt-cinq pour cent. En mil neuf cent quatre-vingt-deux, un quart des mariages aboutit à un divorce. On compte huit cent mille familles mono-parentales, constituées à cinquante pour cent par des personnes divorcées. Entre mil neuf cent soixante-quinze et mil neuf cent quatre-vingt-un, le nombre de cohabitations où l'homme est âgé de moins de trente-cinq est passé de cent cinquante-cinq mille à quatre cent mille. En mil neuf cent soixante-cinq il n'y avait qu'une naissance illégitime sur seize. En mil neuf cent quatre-vingt-deux il y en avait une sur neuf.

7.4.3

Depuis quelques années cette institution a, en quelque sorte, des états d'âme. Les chiffres sont sans appel. Entre 1972 et 1981, le nombre de mariages a diminué de 25%, alors que la population des mariables était en augmentation. Il s'agit là d'une tendance commune à toute l'Europe. Pour l'expliquer, certains évoquent un simple changement de calendrier: on se marierait plus tard que dans les années 60. Mais personne n'exclut l'hypo-thèse d'une désaffection plus profonde à l'égard de cette institution. Aujourd'hui, pour beaucoup, le mariage n'est plus qu'une simple formalité, et le couple n'est plus le pivot de la famille. Il y a, paraît-il, une volonté définitive de ne pas passer devant M. le Maire.

7.6 Section A

7.6.1

(a) An extension of life expectancy and more activity outside the house-hold by the mother.
(b) Through contact with grandparents the child learns stories about the family and comes into contact with its own roots.
(c) The only way for working-class mothers to continue working is in the case where a grandparent can look after the children, since they could not afford to make other arrangements.
(d) There is felt to be a particular quality about the family bond which makes for a sort of moral security not available with strangers.
(e) More than half of all grandparents see their grandchildren during holiday times. 47% of grandmothers over 55 choose their holiday dates to fit in with the children.
(f) No, grandparents rarely interfere in the education of the children.

7.6.2

(a) tendre; confiant; conscient; sûr; présent; solidaire; prééminent.
(b) unanimité; reconnaissance; majorité; finance; moralité; simplicité; isolement; fréquence; supériorité.

256

(c) lien = bond; gâterie = little treat; allongement = extension; collatéraux = relatives; enjolivé = embellished; dépositaire = guardian, keeper; tiers = third; aboutir à = finishes up with; nourrice = child-minder, nannie; dorloter = to pamper; câliner = to cuddle; replié = turned in; onéreux = burdensome.

7.6.3

(a) vrai
(b) vrai
(c) faux
(d) vrai
(e) faux
(f) faux
(g) vrai

7.8 Section B

7.8.1

(a)
 (i) Oui, la vie se prolonge de plus en plus.
 (ii) Oui, les enfants voient leurs grands-parents de plus en plus fréquemment.
(iii) Oui, les mères qui travaillent sont de plus en plus défavorisées.
(iv) Oui, les crèches sont de plus en plus rares.
 (v) Oui, les vacances sont de plus en plus fréquentes.

(b)
 (i) Plus les grands-parents passent du temps avec leurs petits-enfants, plus le lien entre eux se serre.
 (ii) Plus la durée de la vie s'allonge, plus les grands-parents prennent d'importance.
(iii) Plus il y a de rapports entre grands-parents et petits-enfants, plus les petits comprennent la chaîne des générations.

(c)
 (i) La présence des grands-parents compte d'autant plus que c'est l'unique mode de socialisation pour les enfants.
 (ii) Les grands-parents s'entendent d'autant mieux avec les enfants qu'il y a un lien privilégié entre eux.
(iii) Les enfants dans les familles aisées ont d'autant plus de possibilités de socialisation que dans leur milieu on reçoit et on invite souvent.

7.8.2

(a) Quel que soit le passé, le petit-enfant se sent dépositaire des histoires de famille.
(b) Quelle que soit la couche sociale, les petits-enfants sont gardés par la grand-mère.

(c) Quel que soit le niveau de société, les enfants passent leurs vacances chez les grands-parents.
(d) Quel que soit le rôle des grands-parents dans la vie de famille, ils n'interviennent pas dans l'éducation des enfants.
(e) Quelles que soient les histoires de famille, l'enfant acquiert la représentation de ses racines.

7.8.3

For this exercise compare your translations with the version in the original reading passage 7.5.

D.7.1 Section A

D.7.1.1

(a) She believes that grandparents have an enhanced role, probably because of working mothers, who prefer to entrust their children to a member of the family.
(b) Previously, she feels that children went to see grandparents more as a special visit, whereas now, children may often be looked after by their grandparents.
(c) Grandparents are perhaps more inclined to coddle the children and spoil them.
(d) They have to be a little more firm and spoil a little less.
(e) The child feels a special sort of confidence with the grandparents, who have more time and perhaps more patience.
(f) Children are aware of the family bonds, and make clear distinctions between family and friends.

D.7.1.2

(a) On les retrouve, peut-être, parce que les femmes travaillent et elles sont contentes de confier un peu la surveillance de leurs enfants à une personne plus mûre.
(b) Je pense que les enfants allaient voir leurs grands-parents mais plutôt en visite. Tandis que maintenant, les grands-parents gardent assez souvent les petits enfants.
(c) Les grands-parents n'ont pas la même façon de voir la vie et puis, couvent les enfants peut-être davantage.
(d) Oui, il faut qu'ils aient un rôle différent. Je pense que dans ce cas-là, ils doivent être un petit peu plus fermes et se rendre compte que l'éducation de l'enfant compte aussi.
(e) J'ai souvent ceux qui se trouvent, bien sûr, dans ma ville.
(f) Oui, mais ce n'est pas seulement une question de gâterie. Il y a aussi le fait qu'ils se rendent compte qu'il y a un lien quand même beaucoup plus proche qu'avec, par exemple, un ami qui vient.

(g) J'aime bien venir les garder, puis j'aime bien les entendre au téléphone, avoir de leurs nouvelles, et puis, eux-mêmes sont contents de m' entendre.

D.7.3 Section B

D.7.3.1

There is no fixed answer to this 'flow-chart' exercise, which invites a free response.

D.7.3.2

(a) Est-ce que vous êtes d'accord qu'on retrouve les grands-parents aujourd'hui?

(b) Est-ce que les liens avec les grands-parents dans le passé étaient plus distants?

(c) Pourquoi, à votre avis, est-ce qu'on retrouve les grands-parents?

(d) Vous pensez que c'est une bonne idée, de confier ses enfants aux grands-parents?

(e) Est-ce que les grands-parents doivent être plus fermes si les enfants leur sont confiés?

(f) Est-ce que les grands-parents sont plus disponibles?

(g) Vous aimez venir garder vos petits-enfants?

CHAPTER 8   JEUNES ET VIEUX

8.2 Section A

8.2.1

(a) The answer to this question is, to some extent, a matter of opinion. One possible answer might be the sentence:
C'est l'homme tout entier qu'il faut refaire, toutes les relations entre les hommes qu'il faut recréer si on veut que la condition du vieillard soit acceptable.

(b)
(i) Elle (la société) préfabrique la condition mutilée et misérable qui est leur dernier âge.

(ii) Par le sort qu'elle assigne à ses membres inactifs, la société se dé-masque: elle les a toujours considérés comme du matériel.

(iii) C'est l'homme tout entier qu'il faut refaire . . . etc.

(c)
(i) La politique de vieillesse est le crime de notre société.

(ii) La société préfabrique la condition mutilée qui est le lot de la majorité des hommes.

(iii) Même si on soigne les hommes on ne rendra pas aux hommes la santé.

(iv) Améliorer au présent n'apporte aucune solution au véritable problème.

259

(v) Par le sort que la société assigne à ses membres inactifs.
(vi) Les luttes ouvrières ont réussi à intégrer le prolétariat à l'humanité.
(vii) La société se détourne des travailleurs vieillis comme d'une espèce étrangère.
(viii) Si, par la culture, l'individu avait sur son environnement une prise.

8.2.2

(a) le lot
(b) déchéance
(c) aborder
(d) le rebut
(e) pallier
(f) améliorer
(g) se démasquer
(h) se détourner
(i) ensevelir

8.2.3

La déchéance sénile commence prématurément. C'est pourquoi tous les remèdes qu'on propose sont si dérisoires; aucun d'eux ne saurait réparer la systématique destruction dont les hommes ont été victimes pendant toute leur existence. Je ne dis pas qu'il soit tout à fait vain d'améliorer, au présent, leur condition, mais cela n'apporte aucune solution au véritable problème du dernier âge: que devrait être une société pour que, dans sa vieillesse, un homme demeure un homme?

8.4 Section B

8.4.1

(a) La société les exploite et les aliène.
     La société les a exploités et aliénés.
(b) La société ne les soigne pas.
     La société ne les a pas soignés.
(c) La société ne leur bâtit pas de résidences décentes.
     La société ne leur a pas bâti de résidences décentes.
(d) La société les considère comme du matériel.
     La société les a considérés comme du matériel.
(e) Il faut leur rendre la santé.
     Il a fallu leur rendre la santé.

8.4.2

(a) Il faudrait qu'on leur en bâtisse.
(b) Il faudrait qu'on leur en donne.
(c) Il faudrait qu'elle le leur améliore.
(d) Il faudrait qu'elle leur assigne un sort acceptable.

8.4.3

(a) C'est par sa faute que la déchéance sénile commence prématurément.
(b) C'est pourquoi la politique de vieillesse est scandaleuse.
(c) Je ne dis pas que tous les remèdes soient dérisoires.
(d) Il faudrait que la condition du vieillard soit acceptable.
(e) Si on veut que la culture soit un savoir inerte.
(f) Voilà pourquoi on ensevelit la question dans un silence concerté.

And numbers of other possibilities are acceptable.

8.4.4

Compare your translations with the original versions in the reading passage
8.1

8.6 Section A

8.6.1

(a) *Faux* – Cette épreuve ne saurait avoir de valeur de test représentatif.
(b) *Vrai* – Le caractère souvent spontané et la relative homogénéité des réponses.
(c) *Vrai* – Qu'est-ce qui caractérise une génération? Vouloir se distinguer de celle qui la précède.
(d) *Vrai* – Désormais, ce qui gêne le plus . . . c'est . . . cette présence permanente.
(e) *Vrai* – Le rejet, général, de la forme même du discours politique.
(f) *Faux* – Pour ne pas correspondre à cette étiquette, certains jeunes refusent en bloc le mot 'politique'.
(g) *Faux* – L'expression moderne de l'antiparlementarisme . . . toujours prêt à se manifester.
(h) *Vrai* – Cette réaction est . . . plus profonde, plus réfléchie, en un mot, plus adulte que beaucoup d'autres.
(i) *Vrai* – La jeunesse doute du pouvoir politique, parce qu'en définitive, elle le sent impuissant.

8.6.2

(a) La génération de jeunes qui ne s'engagent pas dans la politique.
(b) On regarde la politique comme une affaire d'adultes qui ne touche pas aux jeunes gens.
(c) Le monde des adultes n'est pas en contact avec les jeunes, encore moins la politique qui est une représentation déformée de ce monde.
(d) L'attitude des jeunes a elle-même une signification politique, puisque le rejet est lui-même un acte politique.
(e) Refuser la politique par ignorance ou naïveté serait une possibilité, mais ce refus est basé sur le manque d'illusions de ces jeunes gens.

8.6.3

For the correct version of this text compare your answer with the relevant section of the reading passage 8.5.

8.8 Section B

8.8.1

(a) Qu'est-ce qui caractérise une génération? Vouloir se distinguer de ses prédécesseurs.
(b) Cette épreuve ne saurait avoir valeur d'échantillon.
(c) Le rejet du discours politique paraît être un trait majeur de cette génération.
(d) Certains jeunes refusent le mot 'politique' pour ne pas ressembler au stéréotype.
(e) Néanmoins, le caractère spontané des réponses permet de dégager une certaine image de cette jeune génération.
(f) On a demandé à presque cinq cents jeunes d'expliquer la relative indifférence de la jeunesse à l'égard de la politique.
(g) On pourrait dire qu'il n'y a rien de bien nouveau dans tout cela.
(h) L'antiparlementarisme est toujours prêt à se manifester.
(i) Cette indifférence n'est pas seulement un refus d'être dupé.

8.8.2

The letters suggested in this exercise will, of course, be personal to you, so this key cannot suggest one set answer. There should be enough information in 8.8.2, and in the many reading passages already covered, to help you construct an argument in French.

CHAPTER 9   LES FEMMES

9.2 Section A

9.2.1

(a) The advance of the feminist movement is still slow.
(b) A new law on equality between the sexes should help to do away with some of the inequalities.
(c) Couples no longer fully accept the traditional allocation of male and female roles.
(d) Women are maintaining their position in the world of work.
(e) The feminists have lost momentum/run out of steam.

9.2.2

(a) soudeuse
(b) percée
(c) poussée

(d) grincer
(e) se leurrer
(f) doté de

9.2.3

Il y a eu une percée féminine dans presque tous les secteurs professionnels. Mais la poussée est toujours lente et les filles continuent de subir une pression pour choisir les filières traditionnelles. Le lot commun des femmes, c'est de rester désavantagées dans le monde du travail. Une loi votée en 1983 devrait aider à gommer ces inégalités. Dans la vie politique les femmes se présentent aux élections municipales, et dans les foyers il y a aussi une mutation. Les femmes persistent sur le marché du travail. La volonté d'équité entre les hommes et les femmes survit mais les féministes ne sont plus aussi importantes depuis l'arrivée d'un ministre des droits de la femme.

9.4 Section B

9.4.1

Qui n'a pas entendu le nouveau leitmotiv, justifié, il est vrai, par une percée féminine dans presque tous les secteurs professionnels. Mais les filles sont toujours handicappées par une lourdeur culturelle. Elles reçoivent des salaires plus faibles que leurs collègues, entrés pourtant en même temps dans l'entreprise. Enfin il y a une loi sur l'égalité, présentée par Mme Roudy en 1983. Les femmes sont lasses de jouer à l'épouse soumise, mais néanmoins, les féministes, désemparées par leurs victoires, ont perdu leurs ténors.

9.4.2

Compare your translation with the relevant sentences in the original reading passage 9.1.

9.4.3

This exercise calls for a personal response, so the key cannot propose a single model answer. Draw from the articles you have read to find appropriate expression for your points of view.

9.6 Section A

9.6.1

(a) She objects to the feminist movement being aggressive and conformist.
(b) The important thing for women is to participate in all useful causes.
(c) Civil rights, urbanisation, the environment, animal rights, child care, minorities, anti-war movements, the opposing of the exploitation of science for violent purposes.
(d) Woman is more able to tackle some of these issues because she is more in touch with the daily realities of life.

9.6.2

(a) agressif; durable; conformiste; fort; individuel; utile; grossier; civique; humaine.
(b) aspiration; imitation; participation; imposition; intention; ignorance.

9.8 Section B

9.8.1

(a) La poussée des femmes dans les secteurs professionnels a été lente, en ce sens, que les attitudes envers les femmes n'ont pas changé fondamentalement.
(b) Dans le monde du travail les femmes semblent imiter les hommes, mais elles sont en mesure de participer à des causes plus utiles.
(c) Jusqu'à présent, les femmes ne se sont pas encore jetées à l'eau dans la vie politique. En revanche, on assiste à une mutation dans le foyer.
(d) Yourcenar croit que l'important pour une femme, c'est de prouver sa compétence en tant que femme et non pas en imitant les valeurs masculines.

9.10 Section A

9.10.1

(a) On a toujours essayé d'expliquer la soumission des femmes comme la volonté de Dieu, ou de la Providence.
(b) L'homme est prêt à accepter les femmes tant qu'elles restent dans le rôle qu'il leur a assigné.
(c) Les hommes sont prêts à encourager certains défauts chez les femmes, parce que ces défauts les rassurent.
(d) Après avoir écrit un ouvrage féministe, l'auteur ne sera plus accepté avec le sourire paternel qui excuse les petites pécadilles d'un écrivain femme.

9.10.2

(a) Parce qu'on s'est habitué pendant des siècles à ce que les femmes acceptent un rôle de soumission.
(b) La plupart des gens se sentent en sécurité dans un monde où les choses et les gens restent à la place qu'on leur a donnée. Que certaines essaient de redéfinir ces rôles et on crie au scandale, une personne sort de son rôle attendu.
(c) La citation de la Bible. 'Tu enfanteras dans la douleur' a été subie comme une volonté divine pendant des siècles, c'est à dire, on avait persuadé les femmes que les douleurs de l'accouchement devaient être subies comme une fatalité, une volonté divine.

9.12 Section B

9.12.1

Pendant tous ces siècles nous avions vécu comme on nous avait enjoint de vivre, nous avions pensé comme on nous avait imposé de penser, nous avions joui comme on nous avait permis de jouir. Notre docilité avait paru si congénitale que l'on était stupéfait devant cette agitation qui s'était emparée des femmes.

9.12.2

(a) On avait imposé à la société des habitudes de penser.
(b) On nous avait permis des libertés.
(c) On avait demandé aux féministes de se taire.
(d) On avait ordonné à quelqu'un de se jeter à l'eau.
(e) On avait interdit aux hommes d'exploiter les femmes.

9.12.3

(a) Qu'elle ne bénéficie plus du sourire paternal, cela est probable.
(b) Que les filles choisissent à l'école les filières traditionnelles, voilà qui est facile à comprendre.
(c) Que les femmes reçoivent des salaires plus faibles que leurs collègues, c'est incompréhensible.
(d) Que la femme soit plus à même de se charger d'un rôle responsable, moi, j'en suis convaincu.

9.12.4

(a) De l'époque biblique jusqu'à nos jours, les femmes avaient été soumises aux mêmes lois.
(b) Quelle femme peut l'ignorer?
(c) Elles se mettent à penser et ne bénéficieront plus du sourire paternel.

D.9.1 Section A

D.9.1.1

(a) (i) Vrai (ii) Faux (iii) Vrai
(b) (i) Vrai (ii) Faux (iii) Vrai
(c) Faux
(d) Vrai
(e) (i) Vrai (ii) Faux
(f) Vrai

D9.1.2

(a)
Chantal: Aggression is sometimes necessary, as is shown by the example of the nineteenth century feminists.

Isabelle: There are many things which have only been achieved by aggression.

Anne-Marie: There is less need for aggression now because women have already achieved a good deal.

(b)

Chantal: Women are bound to be conformist, partly because of their education and partly because the masculine model of freedom is the only one they are able to copy, at the moment.

Anne-Marie: Women should not conform to the masculine model, since there is no need for them to go through that stage before achieving their own identity.

(c)

Isabelle: The causes utiles idea of Yourcenar seems to be an invitation for women to take up their traditional role.

Anne-Marie: She seems to want feminism to be humble and concern itself with the small, unimportant things.

Chantal: There is some truth in the idea that women are more turned towards life, because of their biological role.

(d)

They all seem agreed that the feminist movement has at least heightened women's sense of solidarity, and has brought them closer together in awareness of what they have in common.

D.9.3 Section B

D.9.3.1

(a) il me semble que; je veux dire que; je trouve que; c'est vrai que; on a l'impression que; je pense que; moi, je crois que; on voit bien que.
(b) tu trouves que . . .? tu trouves pas?; Vous êtes d'accord que . . .?;
(c) bien sûr; je suis d'accord que;
(d) je ne suis pas d'accord; mais non.
(e) d'un autre point de vue.
(f) oui, mais justement . . .; c'est peut-être vrai . . .;

D.9.3.2

Pour faire progresser la condition féminine, on a quand même eu besoin d'une certaine agressivité. Il a fallu changer l'image de la femme. On peut maintenant parler des acquis des féministes. On peut cependant se demander si les femmes ne sont pas devenues conformistes, et ceci à cause de leur éducation. Après tout, la scolarité a été faite pour l'homme. C'est peut-être nécessaire que les femmes passent par le stade du conformisme au modèle masculin, l'important étant d'arriver à obtenir les mêmes droits devant la loi. Selon Yourcenar, les femmes devraient participer aux causes utiles, c'est là qu'elles trouveront des rôles d'importance. De toute façon, le féminisme a quand même contribué à un rapprochement des femmes.

CHAPTER 10   L'ENSEIGNEMENT

10.2.1

Victor Hugo has a vision of an educational system which will offer learning at no cost to all sorts and conditions of men. The State would take it
upon itself to ensure that wherever talent exists, it should be nurtured,
allowing intelligent spirits from obscure corners of the country to mount
the ladder of intellectual and academic success. Hence the sense of the
title, linking the world of books with the world of rural France.

10.2.2

Compare your version of this text with the relevant section of the reading
passage itself.

10.5 Section A

10.5.1

(a) Une école choisie comme école pilote pour une expérience éducative.
(b) Les enfants quittent leur école primaire à l'âge de onze ans pour
     entrer dans la première classe de l'école secondaire, c'est à dire, en
     sixième.
(c) Il est quelquefois nécessaire pour un enfant de répéter le travail d'un
     an, c'est à dire de redoubler la classe.
(d) Les groupes dans lesquels les enfants sont distribués selon leur aptitude
     s'appellent des groupes de niveau.
(e) Un effet du travail dans les groupes de niveau pourrait être une
     différence plus marquée entre les aptitudes et le travail des enfants.
(f) L'organisation traditionnelle, c'est à dire le statu quo, dans les écoles
     françaises, c'est la classe. Certains professeurs préfèrent garder le
     système connu que de changer.
(g) Le groupe d'enseignants doit former une équipe, et il est nécessaire
     que cette équipe reste la même pendant une période.
(h) Le professeur français s'occupe traditionnellement des progrès de ses
     élèves, en classe, mais pas de leurs problèmes personnels. Le professeur-
     tuteur, ce serait, quelqu'un qui s'occupe de l'élève sur le plan person-
     nel et sur le plan académique.
(i) Les matières enseignées dans les écoles sont restées longtemps les
     mêmes, mais il devient important qu'on change ces idées.
(j) On a accusé l'école d'être repliée sur elle-même, et de ne pas s'intéres-
     ser à la vie en dehors de l'établissement.

10.5.2

The Legrand proposals for reforms in French secondary schools begin at
the entry into the first class, where criteria for entry are age and reading
age. Whatever the reading age, all children will enter the secondary school

by the age of 12. (Note: this has not always been the case in France, where pupils might repeat a number of years in the primary school). The reforms suggest that the traditional class structure of the French secondary school should give way to grouping into sets by ability in the main subjects. The results of a first survey of opinion show one third of schools in favour of the changes, one third with mixed feelings and one third opposed. The main problems introduced by the reform are the sheer quantity of work required of teachers, and the fact that the team of teachers should remain stable and be prepared to work closely together. Two further innovations are the introduction of the teacher as personal tutor for a child's welfare and a new approach to school subjects which will take into account the children's need for self-expression and communication. The main reservations about the reform centre around the available funds for ensuring that it can be carried through.

10.7 Section B

10.7.1

Le professeur-tuteur va aider les enfants en état d'échec, et on espère qu'il va y avoir une amélioration des contacts professeur-élève grâce à cette fonction. Le tutorat va, bien entendu, entraîner un allongement du temps de présence des professeurs. En plus, les disciplines vont bouger et on va rééquilibrer les différentes activités scolaires. Le nouveau collège, enfin, va s'ouvrir sur la vie.

10.7.2

(a) Le nouveau collège doit s'ouvrir sur la vie.
(b) Les professeurs devront travailler en équipe.
(c) Chaque ensemble hétérogène doit avoir une équipe de professeurs.
(d) Les groupes de niveau doivent s'adapter aux élèves en difficulté.
(e) L'équipe devra être stable.
(f) Les professeurs ont dû s'entendre.

10.7.3

Compare your translations with the original version in the relevant sentences of the reading passage 10.4.

10.9 Section A

10.9.1

(a) No, the name 'university' covers a great variety of institutions.
(b) No, the writer feels that the Minister would like to know more about the by-ways of his enormous domain.
(c) The survey looked particularly at the aptitude of universities to respond to the needs of the professional world, the output in terms of qualifications, the reputation abroad.

268

(d) The percentage of women students; the variation in staffing. Gaps in provision of certain subjects, for example, computer studies, or equipment, for example, language laboratories. Limited provision of a careers advice service.

10.9.2

(a) L'université existe depuis des siècles.
(b) L'université vient d'apparaître, on ne sait pas d'où.
(c) Les universités trouvent que leur autonomie est une protection contre le ministère.
(d) Qui plus est.
(e) Pendant le passage du temps.
(f) Les rumeurs, dénuées de tout fondement.
(g) En première place dans une liste.
(h) Qui a été fondé récemment.
(i) Il y a des progrès.

10.9.3

(a) centralisateur
(b) trésorier
(c) garde-chasse
(d) inquisiteur
(e) s'appuyer sur
(f) ressortir
(g) voué à
(h) lacune
(i) palmarès

10.9.4

(a) celle = l'université
(b) en = des étudiants
(c) l'un = le système universitaire
(d) celle-ci = la rumeur
(e) que = les universités
(f) d'un autre = d'un autre classement
(g) les = les universités
(h) le = le fait que les choses bougent

10.11 Section B

10.11.1

(a) Ce mot tout rond recouvre une réalité multiple.
(b) Le Ministre aimerait connaître son domaine.
(c) Le ministère ne fait pas un secret d'avoir du mal à cerner les particularités.

(d) Le système français échappe à une évaluation périodique.
(e) L'enquête vise à dissiper cette brume.
(f) L'enquête s'appuie sur un long questionnaire.
(g) Les sondages renvoient une autre image.
(h) Nous avons préféré faire ressortir une typologie.
(i) La typologie est centrée sur quelques points forts.
(j) Les universités font preuve d'une vitalité réconfortante.
(k) On les croyait vouées à l'anonymat.
(l) L'enquête nous aura permis de mettre au jour des disparités.
(m) Ce pourcentage varie de 72% à 20%.
(n) Ce service est chargé des problèmes d'emploi.
(o) Les universités ont le temps de s'améliorer.

10.11.2

Compare your translations with the relevant sentences in the reading passage 10.8.

10.11.3

Le mot 'université' ne choque pas, pourtant il recouvre une réalité multiple et contrastée. Qu'y a-t-il de commun, en effet, entre Aix-Marseille et Corte? Le système universitaire français échappe, en outre, à une évaluation périodique. Au fil des années, bien sûr, se sont forgées les réputations, tandis que des outsiders dynamiques, de temps à autre, occupaient le devant de la scène.

D.10.1 Section A

(a) Vrai
(b) Vrai
(c) Faux
(d) Vrai
(e) Faux
(f) Faux
(g) Vrai
(h) Faux
(i) Faux
(j) Faux
(k) Vrai
(l) Vrai

D.10.3 Section B

(a) Quelles sont les heures de l'école?
(b) Quelles matières est-ce que tu étudies à l'école?
(c) Quel est le nombre de cours par jour et par semaine pour chaque matière?

(d) Combien d'heures de devoirs est-ce que tu as chaque soir?
(e) Est-ce qu'on fait du sport et de l'éducation physique?
(f) Combien de jours de congé y a-t-il par semaine?
(g) Dans quelle classe es-tu, et quel est l'âge des élèves dans cette classe?
(h) Est-ce que tu peux me décrire l'organisation des classes en cycles d'études?
(i) Et la discipline, c'est comment dans ton école?
(j) Les professeurs sont gentils?
(k) Est-ce qu'il y a des retenues?
(l) Quel est le système de notes de travail?
(m) Est-ce qu'il y a des classements des élèves?

D.10.6.1
Le mot 'réforme' signifie un changement radical. Monsieur Legrand n'est pas Ministre. Il est conseiller du Ministre et a écrit un rapport. Ce rapport a été fait d'une façon relativement démocratique. C'est à dire que pendant deux journées consécutives, il y a eu une consultation générale, au niveau des collèges, des professeurs, des représentants des élèves et des parents, sur des thèmes qui avaient été proposés plus ou moins par le ministère. Il fallait remplir une série de fiches en travaillant en groupes. Chaque école a renvoyé au ministère les conclusions de leur enquête. Donc, Monsieur Legrand n'a fait que reprendre des idées qui avaient été exprimées sur le terrain. La procédure est donc différente de celle d'une réforme.

D.10.6.2
(a) Suggest programmes of study to ensure that children who have fallen behind in maths and French have a chance to catch up.
(b) Use of media, that is to say, the intention of carrying out experiments in the use of audio-visual techniques and the use of computers.
(c) Teachers working in teams, in order to present a team project co-ordinated among the members of the team.
(d) Projects aimed at opening out onto the life of the town and the wider world.

CHAPTER 11   LA CHANSON FRANÇAISE

11.2 Section A

11.2.1
(a) By remaining in tune with the fundamental principles which have remained constant from its inception and throughout its history. Popular song is the most certain way of drawing from this past heritage.
(b) Because more than any other nation, France is attached to its most distant origins by its tradition of folk-song.

(c) Folk-song can have a most beneficial influence on the music and poetry of the nation. It is the most significant factor in the formation of taste, balance and sensitivity.

11.2.2

La chanson populaire représente la tradition la plus pure d'un pays, et de son art. Puisqu'il est très important qu'une nation reste en contact avec la source de ses traditions et de son histoire, la chanson populaire a un rôle très important à jouer. Perdre la chanson populaire serait perdre une partie essentielle de l'histoire du peuple. Retrouver ces origines contribuerait à la formation de goût, à l'équilibre de la sensibilité.

11.4 Section B

11.4.1

présidèrent . . . commandèrent . . . développèrent . . . furent gravées.

11.4.2

Almost all nations have carried out such a return to sources at some moment in their history. More than any other nation, France would profit from such a return, since, more than any other nation, she is bound to her most distant origins by her popular songs. This natural music, which is the product of natural genius, must be jealously protected, for it constitutes one of her most precious national treasures. It is to be hoped that knowledge of this music will spread, because it could have the most beneficial influence on the music and the poetry of the nation. The traditional, anonymous song is, indeed, the best factor in the formation of taste, and of balanced sensitivity.

11.4.3

(a) Cette unique source se trouve dans les principes qui présidèrent à la formation du peuple et commandèrent son histoire.
(b) Le plus sûr moyen est de retourner vers les traditions les plus pures.
(c) Il est souhaitable que la connaissance de la musique populaire soit répandue.
(d) La sensibilité peut être exagérée et démesurée. L'auteur trouve dans la musique populaire une source d'équilibre à cette sensibilité.

11.6 Section A

11.6.1

(a) Not only the middle-classes but also a sizeable section of the working classes.
(b) He grunted, didn't greet his audience, never smiled and wiped the sweat from his forehead with a handkerchief.

272

(c) Pupils in schools and colleges began to pass his songs around in secret.
(d) The tradition of Rabelais and the use of bawdy language.
(e) Because his critics claimed that he had gone soft and conformist.
(f) He was not able to change because he used his own language, which he loved. Any change would have been cheating.

11.6.2

(a) fustiger
(b) pudibond
(c) éponger
(d) policé
(e) tare
(f) trier
(g) étouffoir
(h) édulcorer
(i) bouder

11.6.3

(a) le nôtre = notre peuple
(b) les bourgeois
(c) lui = Brassens lui-même
(d) en = de ces chansons
(e) en = que les auditeurs et les radios étaient d'accord
(f) cela = le fait que ses chansons étaient interdites d'antennes
(g) dont = l'anarchie
(h) en = de s'adapter
(i) la sienne = sa langue
(j) ainsi = en rendant hommage à Brassens.

11.8 Section B

11.8.1

(a) La sienne était grossière.
(b) Le sien était plutôt choquant.
(c) Les siennes furent interdites d'antennes.
(d) La nôtre comprend Rabelais et la langue verte.
(e) Les siens ne choquaient plus personne.

11.8.2

(a)
(i) Elle aurait voulu qu'il adapte son répertoire.
(ii) Elle aurait voulu qu'il change son comportement sur scène.
(iii) Ils auraient voulu qu'il transforme son langage.
(iv) Il aurait voulu qu'il soit banni.

(b)
  (i) Cela aurait pu être la fin.
 (ii) Cela aurait pu être un désastre.
(iii) Cela aurait pu être l'oubli.

11.8.3

Compare your translations with the relevant sentences in the reading passage 11.5.

11.8.4

Brassens est mort, et on retrouve une touchante unanimité sur sa réputation. Pourtant, à ses débuts, Brassens n'était pas apprécié par la plupart du public. Non seulement les bourgeois, mais aussi le public ouvrier furent choqués par son comportement sur scène et par sa vulgarité. À cette époque où le langage était poli, et les attitudes plutôt pudibondes, on n'était pas prêt à se rappeler qu'il y avait une tradition française de la langue verte. Les radios d'alors n'étaient pas prêtes à prendre des risques, et la plupart des chansons de Brassens furent interdites d'antennes. C'était en cachette, dans les écoles, que les élèves commencèrent à se passer ses chansons. Enfin, on finit par accepter Brassens et alors même qu'il était devenu une espèce de monument public, on le bouda parce qu'il ne voulait pas changer et s'adapter. Mais il en était incapable. Il n'était pas question de transformer la langue qui était la sienne. C'eût été tricher. C'est ainsi, qu'à sa mort, tout le monde est prêt à lui rendre hommage.

CHAPTER 12   LES MÉDIAS

12.2.1

(a) Les lecteurs sont différents, et si un journal veut se vendre, il faut qu'il s'adapte aux désirs et aux goûts des gens qui le lisent.
(b) Si on est membre d'un groupe ou d'un parti quelconque, on aime savoir ce que pensent les autres personnes qui partagent les mêmes idées.
(c) Les Français aiment la variété, et, étant individualistes, préfèrent former leurs propres opinions.
(d) Un journal national peut se spécialiser dans certaines domaines, mais le quotidien régional doit essayer d'intéresser tout le monde.
(e) Les gens qui habitent une région ont assez de choses en commun pour se sentir membres d'une grande famille en lisant les nouvelles de la région dans un journal de province.

12.2.2

(a) Les journaux d'information les plus populaires sont *France-Soir* et *Le Parisien*; ils ont le plus fort tirage des journaux nationaux. Les journaux spécialisés comme *Les Échos* et *Paris-Turf* ne vendent pas autant d'exemplaires, parce qu'ils sont plus spécialisés.

(b) Pour celui qui s'intéresse au sport, on recommanderait *L'Équipe*, qui ne parle que de sport. Plus spécialisé encore est *Paris-Turf* qui donne tous les renseignements possibles sur les chevaux et les courses. *Les Échos* ou le *Nouveau Journal* sont pour les gens qui s'intéressent à l'industrie et aux affaires.

(c) This exercise requires free response, according to any information you are able to find about the political leanings of the French press.

12.2.3

Ce qui frappe au premier abord quand on fait une comparaison entre la presse française et la presse britannique, c'est la relative importance des journaux nationaux et des journaux régionaux. Parmi les journaux français, aucun ne se compare au tirage du *Sun*, par exemple, ou du *Daily Mirror*. Cela ne veut pas dire que les Anglais lisent plus de journaux que les Français, mais que la presse de la capitale a beaucoup plus d'influence et beaucoup plus d'importance. À ce niveau national, si on voulait essayer de faire une comparaison entre les journaux, on aurait des difficultés, étant données les différences d'orientations politiques et de tradition. Même une comparaison entre *Le Monde* et *The Times* n'est pas aussi évidente que l'on pourrait penser. Une comparaison entre les journaux régionaux révèle l'importance de ceux-ci en France. Seul le *Daily Record* de Glasgow est en mesure de concurrencer les grands journaux de province français, tels le *Progrès* de Lyon. Le tirage du *Birmingham Post*, journal de la deuxième ville de la Grande Bretagne, après Londres, est bien inférieur à celui des journaux basés à Rennes ou Bordeaux.

12.4 Section A

12.4.1

(a) Characteristic of the public media in France is the power of the State monopoly.

(b) No single person will be able to own more than one national daily, or one national and one regional daily.

(c) Newspapers with a clear ideological line are not concerned by the project.

(d) On the pattern of 'omnivore' (eats everything) 'papivore' must mean 'devours papers'.

(e) A major offensive against a single person, the owner of a number of newspapers, Robert Hersant.

12.4.2

Compare your final version with the relevant section of the reading passage 12.3.

275

12.4.3

(a) L'état aurait mieux fait de commencer par balayer devant sa propre porte.
(b) Admettons, pourtant, qu'il était temps de compléter les fameuses ordonnances.
(c) Aucune personne ne pourra posséder ou contrôler plus d'un quotidien national.
(d) Le gouvernement réussit donc le tour de force de ne pas avoir à toucher à des trusts régionaux importants.
(e) Il ne s'agit plus d'une loi mais d'un règlement de comptes politique.
(f) Il compare son sort à celui de Lech Walesa.

12.6 Section B

12.6.1

(a) Celle de la France.
(b) Ceux qui ont un lien idéologique clair et avoué.
(c) Celui de Monsieur Defferre.
(d) Ceux qui ont quitté pour 'convenances personnelles'.

12.6.2

(a) C'est un avantage pour le gouvernement de ne pas avoir à s'attaquer à l'empire de la presse communiste.
(b) C'est aussi un avantage de ne pas avoir à toucher aux trusts régionaux puissants.
(c) La guerre venait de finir quand on a établi des contrôles sur la presse française.
(d) Une loi devrait exprimer l'intérêt général et ne pas avoir la perte d'un seul homme pour but unique.
(e) Le gouvernement venait de présenter son projet de loi quand cet article fut écrit.

12.8 Section A

12.8.1

(a) The French state monopoly over radio and TV programmes.
(b) The ORTF was set up in 1974 as the first attempt to bring together radio and TV companies.
(c) These are the radio stations which broadcast in French but are not situated on French soil.
(d) The first radio pirates broadcast from a university campus, and another early group were anti-nuclear.
(e) Radio 7 aims at young people and Radio Bleue is intended for senior citizens.
(f) The main problem is a financial one.

276

12.8.2

(a) La radio en France a été caractérisée par le contrôle central. Il serait maintenant nécessaire de perdre une partie de cette centralisation.
(b) Le monopole, c'est ce contrôle de l'État sur les Médias.
(c) L'existence de Radio Monte-Carlo est permise par la France, quoique théoriquement contre la loi.
(d) Les radios-pirates ont essayé de lancer des émissions indépendantes.
(e) La langue légale n'est pas toujours très claire ni très précise.
(f) Des radios qui se spécialisent dans certains sujets.
(g) C'est une radio plutôt nostalgique pour les gens du troisième âge, alors pas trop bruyante, et destinée à papa (ou même à pépé).

12.10 Section B

12.10.1

Exercise in free expression using the available material in the exercise and in the text.

12.10.2

Follow the examples given in the text. Other possibilities are too numerous to list, but might include: La quasi-totalité du budget de FR3 vient de la redevance. TF1 et A2 sont financés en grande partie par la publicité. etc.

CHAPTER 13   LA CUISINE FRANÇAISE

13.2 Section A

13.2.1

(a) The gospels of French cookery intended for the master chefs. The books intended for professional cooks needing to extend their range. The books which contain the secrets of great cooking for a small number of wealthy and privileged readers.
(b) They can only be used by very wealthy people.
(c) Because such books are only within the reach of wealthy people, there is no guarantee that such people are connoisseurs.

13.2.2

Having done the exercise, check your version with the original passage to see how it compares.

13.5 Section B

13.5.1

(a) Modifier ces techniques nous est interdit.
(b) Le culte de la Bonne Chère, on le perpétue en France.

(c) Des éléments importants, les cuisinières les trouvent dans ces livres.
(d) Une troisième catégorie de livre, on la trouve dans les librairies.
(e) Les gens très connaisseurs, on ne les trouve pas toujours dans les familles aisées.

13.5.2

(a) Les livres saints de la cuisine nous transmettent de véritables rites.
(b) Ces techniques, il nous est interdit de les modifier.
(c) Les livres font de notre pays le Paradis de la Gastronomie.
(d) Une seconde catégorie traite de cuisine dite "bourgeoise".
(e) Ces livres s'adressent à des gens privés d'instruction générale.
(f) Ce sont de volumineux in-quarto dans lesquels les auteurs racontent leurs secrets.
(g) Ces livres n'ont d'utilité que dans la cuisine des gens aisés.
(h) Toutes ces délices ne peuvent paraître que sur la table des gens riches.

13.7 Section A

13.7.1

(a) On the one hand the tradition of mother's cooking, and on the other, that of the master chef.
(b) Carême's fundamental principle is that the raw material of the meal should be transformed in preparation.
(c) Ingredients are chosen for their purity, quality and authenticity.
(d) Because of mistrust of factory-produced foodstuffs, standardised and ready-wrapped.

13.7.2

(a) La cuisine considérée presque comme une religion, avec une longue tradition.
(b) Les deux traditions de la cuisine arrivent enfin à se combiner.
(c) Dans une période où l'alimentation s'industrialise, la tendance est vers l'usine, où tout est préparé et standardisé.
(d) La cuisine traditionnelle parlait de la nécessité de transformer la matière première, alors que maintenant on retourne vers le produit naturel.

13.7.3

(a) celui = le lignage gastronomique
(b) ses = les successeurs du maître queux
(c) c' = la cuisine de Carême
(d) cela = la nouvelle cuisine
(e) le = le produit
(f) sa = la préparation de l'alimentation
(g) celui = le mythe
(h) le = le fait que la cuisson doit servir à l'aliment.

13.9 Section B

13.9.1

Il y avait deux lignages gastronomiques. D'un côté, la mère cuisinière, de l'autre le chef maître queux; ici, les folklores culinaires, là, la table des princes. La transmission orale contre la tradition écrite, et le culte de la pérennité contre le monopole de l'invention. Voilà ces deux lignages, celui du tour de main et celui du génie, de l'artisanat et du grand art.

13.9.2

Peu à peu disparaissent les cuisinières à l'ancienne. Quant au maître queux, il a vécu tandis que ses successeurs, aujourd'hui, se penchent de plus en plus tendrement sur l'héritage des vieilles cuisinières. De jeunes femmes chefs, nous dit-on, revendiquent cet héritage ainsi que le droit à l'invention. De sorte que, si l'on peut dire, des noces tardives de l'ancienne cuisinière et du chef académique naît, plein de promesses, un nouveau cuisinier. La cuisine de Carême, père fondateur de la grande gastronomie, était un art impérieux. La nouvelle cuisine, paraît-il, consiste à simplifier et alléger. Mais il y a plus fondamental: le retour de l'accommodement à l'aliment. Le cuisinier, avant d'apprêter le produit, le choisit. C'est à l'époque du supermarché que triomphe la cuisine du marché.

13.9.3 and 13.9.4

These are written exercises calling for free response according to the points of view of the reader, so the key will not attempt to suggest a single correct answer. Make all possible use of the reading texts, and also the dialogues, to help you formulate your views.

CHAPTER 14   LA LANGUE CONTEMPORAINE

14.2 Section A

14.2.1

'Hexagonal' is the name given by the author to the sort of French which he feels is characteristic of modern France. Since the term 'Hexagone' is used to refer to France, he coins the term 'hexagonal' for the language. He is afraid that the spread of this jargon is taking place so fast, that French itself is in danger of succumbing to the invader. The language is spread above all by modern media such as press, radio and TV. It is characterised by a tendency always to choose the most complicated and ponderous way of saying something perfectly simple, and serves as a sort of smoke-screen sent up to hide the mediocrity of the speaker's thought processes.

14.2.2

(a) Le mot 'France' recouvre tant de sentiments, d'affectivité, qu'il faudrait un autre nom qui soit dépourvu de ces sentiments.
(b) Le nouveau langage se fait entendre surtout à la télé et à la radio; c'est par ces médias qu'il se propage.
(c) Les personnes simples ont toujours été très impressionnées par des mots très compliqués et des tournures exagérées.
(d) Le fait de parler en 'hexagonal' est comme une tentative de voiler une pensée médiocre dans un brouillard de mots.

14.2.3

Compare your version to the relevant section of the reading passage 14.1.

14.4 Section B

14.4.1

(a) Qu'est-ce que l'hexagonal?
(b) Qu'est-ce que la Gaule?
(c) Qu'est-ce qu'une langue morte?
(d) Qu'est-ce qu'un établissement secondaire?
(e) Qu'est-ce que le syndrome du garde champêtre?

14.4.2

(a) Le mot 'France', ne serait-il pas entaché d'affectivité?
(b) La Presse et la Radio, ne seraient-elles pas responsables de la diffusion de l'hexagonal?
(c) L'intelligentsia française, ne serait-elle pas vaguement consciente d'une médiocrité?
(d) Le français, ne serait-il qu'une langue morte?

14.4.3

Compare your translations with the relevant sentences in the original reading passage 14.1.

14.4.4

(a) Ils ont l'esprit de famille.
(b) Mes petits-enfants sont à l'école maternelle.
(c) Si je ne fais rien, ça peut continuer longtemps.

14.6 Section A

14.6.1

(a) To find out how many anglicisms are in the story.
(b) attractif is a modern borrowing from English, but its origin goes back

to the old French **adtractif**. **Budget** appears to be a borrowing from English, but its origins go back to a Gaulish word which came via vulgar Latin, middle French and English before returning to French in the eighteenth century.

(c) In the area of computer language, hardware, software etc.

(d) Sport appears to have been pragmatic, accepting a foreign borrowing on some occasions, on others, adapting a word or translating.

(e) The author feels that the popular genius of French will take what it needs from foreign borrowings and reject other items. He is altogether more relaxed about the question than some writers on the subject, who see it as a matter of national pride and self-defence.

14.6.2

(a) indigence
(b) émoustiller
(c) naguère
(d) calque
(e) raz de marée
(f) cahin-caha

14.6.3

Compare your version with the relevant portion of the original text.

14.8 Section B

14.8.1

(a) Quelle que soit l'origine des mots, il est vrai que beaucoup de mots en français contemporain nous viennent de l'anglais ou l'américain.

(b) Rien n'aurait dû rapprocher ces deux personnes.

(c) Quelle que soit la fascination du cinéma américain, il est responsable d'une quantité des emprunts en français moderne.

(d) Certains écrivains des années 60 auraient dû se rendre compte que la lutte pour conserver la pureté de la langue était une entreprise désespérée.

(e) Quel que soit l'avenir de la langue, il est évident que la langue de l'informatique sera international.

(f) Que le snobisme ait joué son rôle dans la contamination, qui songerait à le nier.

(g) On aurait dû se rendre compte que les mots empruntés par le snobisme sont plus superficiels que dangereux.

14.8.2

All these exercises ask for a free response to which the key cannot provide a single answer. Draw upon your experience of reading the passages in this book to put together your own summaries and opinions in French.

A GUIDE TO THE
PRONUNCIATION OF FRENCH

The first volume of Mastering French included a short guide to the pronunciation of the language. The present section attempts to go beyond the limits of that earlier summary and to give more detailed information about such questions as liaison, elision and intonation. Even so, it must be stressed here as in the earlier book, that an account of pronunciation such as this must be read in conjunction with the accompanying tape, since the only way to acquire a good French accent is by listening and copying.

SPELLING

The spelling of French, like the spelling of English, has not changed significantly over the centuries, whereas pronunciation has changed in many ways. The written form of the language therefore looks very different from the spoken form, and each sound can be spelt in a number of ways. The French language actually has 16 vowel sounds, 3 semi-vowels and 17 consonants, but the variety of written forms, particularly for the vowels, can make it look more complicated. The summary of sounds given in this section includes an account of all the various written forms.

PRACTISING THE SOUNDS

For each of the sounds, individual words are given as examples. But, of course, one of the important aspects of pronunciation is the way in which the different sounds are actually combined when words are linked together in sentences and phrases. One of the best ways of training the ear to reproduce the sounds of a foreign language accurately is by singing songs; a second possibility is to recite children's rhymes or comptines, and a number of these are included in this section, particularly to help in practice with vowels.

INTONATION

There are, essentially, two types of intonation in French, rising and falling. Interrogative sentences which ask for an answer oui or non call for a rising intonation pattern, for example:

Voulez-vous sortir?

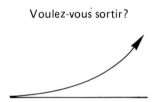

Interrogative sentences beginning with an interrogative pronoun use a falling intonation.

Où allez-vous?

Sentences which make a statement of fact, or issue a command use a falling intonation also:

J'aime manger au restaurant

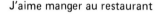

As a general rule, the note of the voice is much more constant in French, not varying up and down in such a sing-song way as English. In a long sentence, the French voice will tend to remain at an even level, but rising at pauses, until it finally drops on the last syllable.

Je sors le soir, je vais au restaurant et je rentre vers minuit.

PRONUNCIATION OF VOWELS

The main characteristic of French vowels is that each sound is pure, and does not 'slide' as happens in standard English. Compare the vowel sound in the words 'boat' and 'grass' as pronounced in BBC English and in North Country accents. The latter are pure, in the sense that the vowel has a single sound. You would hear the same distinction between the French word beau and English 'bow'. French vowels are all pronounced with more energy than English vowels, and more exactness. English vowels sound rather lazy in comparison. It is also the case that French vowels almost always keep their full value, wherever they occur in the word. For these reasons, the approximate English equivalents given in the list below must be taken as rough guides only, and more attention be paid to the instructions for pronouncing the sound.

The vowel i (Nearest English equivalent, 'ee' as in 'feel'.)
To pronounce the sound i, the lips are almost closed, and pressed against the teeth, while the corners of the mouth are drawn tightly back. The tip of the tongue is kept firmly against the lower teeth. Written as i or î.
Examples: mie; fit; lit; midi; fini; ici; île; dîne.
Practice:

> Un petit chat gris
> Qui faisait pipi
> Sur un tapis gris
> Sa maman lui dit
> Ce n'est pas poli.

The vowel u (No English equivalent)
To pronounce the vowel u, the lips are rounded and pushed further forward than for the English sound 'oo' in 'pool'. One trick to get the sound right is to keep your lips in the position for 'pool', and try to pronounce 'peel'. You will produce a sound that should not be allowed to slip into the English 'oo' sound. This sound is nearly always written u, or û. (The past participle of avoir = eu is also pronounced in this way.)
Examples: vu; dû; rue; l'as-tu vu?
Practice:

> Turlututu chapeau pointu
> Maman voulait m'y battre.
> J'ai passé par la petite rue,
> Maman m'a pas battue.

The vowel ou (Nearest English equivalent 'oo' as in 'pool')
The lips are pushed forward to form a small circle. This sound is always written ou.
Examples: vous; doux; boue; joujou; voulez-vous?
Practice: Try to differentiate between u and ou in this comptine:

> Un pou et une puce sur un tabouret;
> Le pou à la puce donne un gros soufflet;
> La puce en colère prend le pou par les ch'veux,
> Le jette par terre et lui crève les yeux.

The vowel é (Nearest English equivalent 'ay' in 'may')
This sound is similar in production to i, but the lips are not drawn quite so far back and they are slightly opened. This sound is written é; ez; er (final); ed; ef (final) et (monosyllable); es (monosyllable).
Examples: été; révéler; nez; pied; clef; et; les.
Practice:

> Un nez, deux nez, trois nez, quatre nez, cinq nez,
> Six nez, sept nez, huit nez, neuf nez, dix nez (dîner).

The vowel ɛ (open ɛ as in English 'get')
To pronounce ɛ, the jaws are opened, the corners of the mouth pulled back, but not as far as with é. The tip of the tongue remains in contact with the lower teeth. The sound ɛ is written ê; è; ai; ei. Note the distinction between the open version of the sound when followed by a consonant that is pronounced, and the closed version when this is the final sound of the word.
Examples: Open – verre; chaîne; père; vert; reine; bête.
　　　　　Closed – lait; très; palais; c'est.
Practice:

> Une aile, deux ailes, trois ailes, quatre ailes,
> Cinq ailes, six ailes, sept ailes (c'est elle).

The vowel o (Nearest English equivalent 'o' in 'so')
The sound o is pronounced with the lips very rounded and protruded. The jaws are almost closed and the tongue is drawn back. The sound ô is written o; au; eau; ô;
Examples: dos; chaud; tôt; beau; drôle; jaune.
Practice:

> Un rôt, deux rôts, trois rôts,
> Quatre rôts, cinq rôts, six rôts (sirop).

The vowel ɔ (open ɔ as in English 'fork')
The sound ɔ is produced with the lips rounded, but more open than with

o, and with the front of the tongue flat on the floor of the mouth. The sound ɔ is spelt o.

Examples: robe; mort; note; comme; bonne; sol.

Practice:

De l'or ou de l'argent?
— De l'argent.
— Tu seras dedans.
— De l'or.
— Tu seras dehors.

The vowel eu (open; nearest English equivalent 'ur' as in 'murder')

The lips are rounded and slightly pushed forward. The sound eu is spelt eu, and is pronounced in this way when open, that is, followed by a consonant that is pronounced.

Examples: peur; boeuf; jeune; couleur.

The vowel eu (closed; no English equivalent)

The lips are rounded and pushed forward more than with the previous sound. The jaws are almost closed and the tongue pushed against the back of the lower teeth. Written as eu.

Examples: feu; ceux; oeufs; peut.

Practice:

À la queue leu leu,
Mon petit chat est bleu.
S'il est bleu,
Tant mieux;
S'il est gris,
Tant pis.

The vowel a (Nearest English equivalent 'a' as in 'rack')

The lips are apart, and the corners of the mouth drawn back a little. The jaws are open, and the front of the tongue slightly raised, though still touching the lower teeth. The sound is written a or emm in certain adverbs.

Examples: ma; rat; ami; dame; évidemment.

Practice:

C'est à la halle
Que je m'installe;
C'est à Paris
Que je vends mes fruits.

The vowel â (Nearest English equivalent 'a' as in 'father')
The lips are slightly rounded but not protruded. The jaws are open wide and the tip of the tongue pulled away from the lower teeth. The sound â is written â; as; able; ase.
Examples: tâche; âge; pas; phrase; aimable.

NASAL VOWELS

Whereas with all English vowels the sound is produced by the passage of air through the mouth, the characteristic of French nasal vowels (as with some vowels in American English), is that some of the air comes through the nasal passages as well. Compare the word 'say' as pronounced in standard English and in American English. French vowels are nasalised when followed by m or n. Note that the m or n is not itself pronounced in these circumstances. If m or n occurs as a double consonant, the preceding vowel is no longer nasalised. (Compare the pronunciation of impossible, and immédiat.)

The vowel ã
The jaws are opened wide, as for a. The tip of the tongue is pulled away from the lower teeth and the back of the tongue is slightly raised, allowing air to pass up the nasal cavities. The sound is written an, en, am, em.
Examples: dans; banc; temps; camp
Practice:

C'est demain dimanche
La fête à ma tante
Qui balaie sa chambre
Avec sa robe blanche;
Elle trouve une orange;
Elle l'épluche, la mange.
Oh! la grande gourmande!

The vowel õ
The lips are very rounded, as for o, and the middle of the tongue is raised, allowing air to pass up the nasal cavities. The sound is written on or om.
Examples: bon; fond; nom; chanson.
Practice:

Zon zon zon zon zon
Allez en prison,
En prison, petits bonshommes
Qui volez toutes mes pommes!
Zon zon zon zon zon
Allez en prison.

The vowel ɛ̃

The lips are opened, the corners of the mouth slightly stretched. The jaws are more open than for ɛ and the tip of the tongue touches the back of the lower teeth. The soft palate is lowered to allow air to pass into the nasal cavities. The sound is written in; ain; im; aim; ein; eim.
Examples: vin; pain; timbre; faim.
Practice:

> Pain un, pain deux, pain trois, pain quatre,
> Pain cinq, pain six, pain sept (pincette).

The vowel œ̃

The sound is produced with the jaws opened, the lips rounded and slightly protruded. Correctly, œ̃ is the nasalised form of the vowel eu, but there is a tendency in modern French for this pronunciation to give way before the pronunciation of un to sound more like in. The spelling may be un or um.
Examples: un; chacun; humble.

Note that with all nasal vowels, there is denasalisation when the n or m is followed by e. Compare the following pairs of words: un – une; main – Maine.

The vowel e

This vowel has been left until last because it is one of the most difficult to describe. It is rather like 'u' in English 'fun', but very much shorter. The jaws are opened, as in English 'fun' or 'fern', and the sound is kept very short. The spelling is always e, in unstressed position, or in monosyllables.
Examples: de; le; que; boulevard; avenue.
Elision: Note the elision of unstressed e in speech, for example: boul'vard; av'nue; voici l'garçon; chemin d'fer.

PRONUNCIATION OF SEMI-VOWELS

The semi-vowels are located half-way between consonants and vowels, since the passage of air which produces the sound is slightly impeded. Semi-vowels normally combine with vowels to form diphthongs.

The semi-vowel j

This is equivalent to English 'y' in 'you'. The written form is i with a following vowel, or y.
Examples: hier; hiérarchie; yaourt.
When the sound occurs in the middle of a word, it may be written ill, for example: caillou; bouillon.
At the end of a word it can occur as il; ille, for example, oeil; taille; travail.

The semi-vowel w
This is equivalent to English 'w' in 'wet'. It is pronounced with the lips in a similar position to the pronunciation of ou. It occurs in combination with vowels in the following groupings: oui; oi; oin; oy.
Examples: Louis; quoi; foin; moyen.

The semi-vowel as in ui
There is no exact English equivalent to this sound which is a combination of u with following vowel. The important thing for English speakers is to ensure that the u sound does not slip into ou.
Examples: huit; puits; ruisseau.

THE PRONUNCIATION OF CONSONANTS

The main characteristic to note is that the French consonants are not pronounced with such an escape of breath as their English equivalents. The 'p' in English 'pair' is pronounced with a puff of breath which does not occur in the French equivalent paire. The French consonants are thus more tense and precise in their pronunciation. As far as the written language is concerned, final consonants are hardly ever pronounced in French. But the consonant is sounded if a word ends in consonant + e. Note, for example, the difference between vert and verte.

No further explanations are given for the consonants most like the English equivalents, though the reader should bear in mind the general differences mentioned above. Those most comparable are as follows: 'b', 'd', 'f', 'm', 'n', 'p', 't', 'v'. Below are listed the sounds which provide variation in spelling or marked differences in pronunciation.

Hard c (as in English 'car')
This sound may be written as c, (before a, o, u, an, on, un), k or qu.
Examples: curé; Cannes; képi; queue.

Soft c (as in English 'ceiling')
This sound may be written as c (before e, i, y, en, in), ç (before a, o, u, an, on, un), s (initial and after nasal n), ss, sc, ti (in words ending tion).
Examples: ciel; ici; Annecy; cent; vaccin; ça; commerçant; santé; danser; poisson; scène; émotion.

Hard g (as in English 'gate')
This sound may be written as g (before a, o, u, an, on, un), for example, gare; gant; guérir.

Soft g (like 's' in English 'pleasure')
This is written as g before e, i, y, en, in), or as j in any position.
Examples: plage; gentil; engin; jour.

The sound z (as in English 'zoo') is written as z or as s between two vowels, for example, gazon; chose.

The sound ch (like English 'sh' in 'shine') is written as ch, sch, and as sh in some borrowed words, for example: chant; schéma; shampooing.

NOTES ON PARTICULAR CONSONANTS

The consonant l
This is a very different sound from the English as is clear if one compares English 'bell' with French belle. In English, the 'l' sound is produced with the tongue turned up and touching the ridge of the hard palate. In French, the tip of the tongue curls upward to touch the back of the teeth at the point where the incisors meet the gums. The English 'l' changes pronunciation according to position, becoming very weak at the end of words (almost like a vowel, in fact). The sound of the French l remains constant, wherever it occurs. Note that l is one of the consonants that is often pronounced when in final position.
Examples: lac; calme; cheval.

The consonant r
This is perhaps the most difficult French sound for foreigners to imitate. It is pronounced well back in the throat by bringing the soft palate down to meet the back of the tongue. The important feature is not to move the tip of the tongue, which rests motionless behind the lower teeth.
Examples: rue; radio; jardin; trois.

The consonant gn
This sound is rather similar to 'ni' in 'onion'. It is generally written gn, as in rognon; cygne.
The consonant h is silent. th is pronounced like 't' (for example, thé). x is pronounced as 'gs' before a vowel (examen) and 'ks' before a consonant (excuser). w only occurs in words of foreign origin, and is then pronounced v (wagon).

Practice: For further practice in combining the sounds of French, here are more examples of **comptines** to practise.

> Rognon, rognon, gigot de mouton,
> Pour un, tu n'auras rien;

Pour deux, tu auras des oeufs;
Pour trois, tu auras la poire;
Pour quatre, tu auras la claque;
Pour cinq, tu auras la seringue;
Pour six, tu auras la cerise;
Pour sept, tu auras l'assiette;
Pour huit, tu auras des huîtres;
Pour neuf, tu auras mon joli pied de boeuf.

Où t'en vas-tu, Benoît,
Avec ta jambe de bois?
— Je m'en vais à Paris
Manger de la soupe au riz.
— Qu'as-tu rencontré?
— Une maison brûlée.
— Qu'est-ce qu'il y avait dedans?
— Trois jeunes enfants.
— Que leur as-tu donné?
— Trois sous pour s'amuser.
— Qu'est-ce qu'ils t'ont répondu?
— Merci le petit bossu!
— Je ne suis pas bossu,
— Je ne suis qu'un peu tordu.

LIAISON

A final consonant which is not pronounced when a word stands alone, may be pronounced if it occurs before a following word which begins with a vowel or mute h. This phenomenon is called liaison, and may affect the final consonants d, t, s, x, z, r, n, p, g (in order of frequency). When such liaisons occur, the pronunciation of the final consonant may be affected, as follows: s and x are pronounced z: pas à pas (z); deux hommes (z).

d is pronounced 't'; (un grand effort (t); quand on voit (t)).

g is pronounced 'k'; (un long oubli (k)).

There are certain other variations in pronunciation. f is heard as v in neuf ans (v); neuf heures (v), but is otherwise given its normal pronunciation, neuf élèves; neuf arbres. The final nasal sound of adjectives ending in ain, ein, en, on, is denasalised before a noun beginning with a vowel, for example: plein air (pronounced plɛnɛr); un bon élève (pronounced bɔnelɛv). This rule does not, however, apply to the possessive adjectives mon, ton, son, which retain their nasal vowel, for example: mon ami; ton enfant.

Liaison should occur where groups of words are linked together by their sense and pronounced without any break. Any break in the emission of breath prevents the liaison taking place. It is possible to give a certain number of rules for liaison, such as those given below, but it should be noted that this is a rather fluid area in modern French, and there is a considerable difference between la prononciation soignée and la langue populaire. As a general tendency it is true to say that liaisons are less commonly made in the contemporary language than was the case.

Liaison required

(a) Article plus adjective, or article plus noun, or adjective plus noun: les années (z); les hommes (z); un autre homme; un grand enfant (t); certains élèves (z); tout âge; trois hommes (z).

(b) Personal pronoun or on plus verb, or en, y: nous avons (z); ils y sont (z); on ira.

(c) Verb plus personal pronoun, or on: dit-il; dirait-on.

(d) After c'est in impersonal expressions or before prepositions: c'est incroyable; c'est après cela.

(e) Verb plus noun or adjective: il est élève; il avait oublié.

(f) 3rd person of auxiliary verbs plus past participle: il est allé; il avait oublié.

(g) After adverbs: tant admiré; pas aujourd'hui (z); assez ouvert; trop heureux.

(h) After the prepositions avant, devant, pendant, dans, des, sans, chez, sous, en: devant elle; sous un arbre (z); en Europe.

(i) After quand, dont: quand il voit (t); dont on sait.

(j) In many fixed expressions: avant hier; de plus en plus (z); de temps en temps (z); petit à petit; tout à coup; tout à fait; les Champs-Elysées (z).

Liaison never required

(a) After a pause in speech, or after a punctuation sign when reading aloud.

(b) Before words beginning with an aspirate h. (This term does not mean that h is pronounced, only that there is no liaison before it). le hand-ball; les haricots; le héron; la Hollande.

(c) After the final consonant of a singular noun.
un sujet intéressant; un regard insolent; Paris est grand.

(d) After the internal s of compound words in the plural.
des moulin(s) à vent; des boîte(s) aux lettres; des salle(s) à manger.

(e) After et and before oui.
Jean e(t) André, il di(t) oui.

(f) After a proper name
Rober(t) est là.

(g) After 2nd person singular ending in -es:
si tu continue(s) ainsi; tu reste(s) ici.

(h) In certain fixed expressions:
à tor(t) et à travers; ne(z) à nez; bo(n) à rien.

GRAMMAR REFERENCE

SECTION

CONTENTS

295

GRAMMAR REFERENCE SECTION

The purpose of this grammar summary is to provide a review of basic grammar already covered in *Mastering French I*, and to provide as much more detail as is possible, within the space available, to enable students to inform themselves on the points that arise in the course of the reading passages and dialogues. Even so, there may be cases where readers may wish for more information than it is possible to include here, in which case they should consult one of the more exhaustive works referred to in the Bibliography. Wherever possible, the examples given in this summary are taken from passages reproduced in this book, with references to the relevant passage provided in italics in brackets after the quotation of the example.

1 THE NOUN

1.1 DEFINITIONS

The noun (le nom or le substantif), is the part of speech which gives names to animate beings, objects, actions, feelings, ideas and abstractions.

Common nouns (les noms communs) are those which are applied to all beings or objects belonging to a particular type, for example, cheval; maison.

Proper nouns (les noms propres) are applied to beings or objects which are unique in bearing that name, for example, Paris; Provence; Anglais. Proper nouns are always written with a capital letter.

Simple nouns (les noms simples) are formed by a single word.

Compound nouns (les noms composés) are formed by linking two or more words to form a single concept; (arc-en-ciel; garde champêtre). The elements in a compound noun are often linked by hyphens.

1.2 GENDER

French classifies nouns into two genders, masculine and feminine (le genre masculin; le genre féminin). As a general rule it can be said that male animals and people are masculine in gender and female animals and people feminine in gender. There are some exceptions which will be given below.

1.2.1 Formation of the feminine of nouns

(a) Masculine adds -e; (ami, amie; marchand, marchande).

(b) Masculine nouns ending in -el and in -eau change to -elle; (agneau, agnelle).

(c) Masculine nouns ending in -en and in -on double the n. (lycéen, lycéenne; breton, bretonne).

(d) Masculine -ain and -in never double the -n (voisin, voisine).

(e) Masculine -et doubles the t (cadet, cadette; muet, muette).

(f) Masculine -at or -ot add -e (avocat, avocate; candidat, candidate). (But note the exceptions: chat, chatte; sot, sotte).

(g) Masculine -er becomes -ère (volailler, volaillère; boulanger, boulangère).

(h) Masculine -x changes to -se (époux, épouse).

(i) Masculine -f changes to -ve (veuf, veuve).

(j) Masculine eur becomes euse (danseur, danseuse). But note: enchanteur, enchanteresse; mineur, mineure.

(k) Numerous masculine nouns in -teur change to -trice (inspecteur, inspectrice; spectateur, spectatrice). But note: chanteur, chanteuse.

(l) Some feminines are formed with -esse (maître, maîtresse; comte, comtesse).

(m) In some cases, the feminine is formed from a quite different root (frère, soeur; coq, poule; homme, femme).

(n) Some nouns have no special form for the feminine (for example: athlète; écrivain; gourmet; ingénieur; médecin; ministre; professeur; sculpteur). If there is felt to be a need to be specific about the sex of the person, the word femme may be placed before or after the noun, for example: une femme écrivain; des professeurs femmes.

(o) Some words which always designate females, have no masculine form (for example: nourrice; nonne).

(p) Certain words normally designating males are feminine in gender (for example: une sentinelle).

(q) A number of words may change the article to indicate the feminine, but there is no change in the form of the word (for example: artiste; collègue; concierge; élève; propriétaire; touriste).

(r) A certain number of homonyms are distinguished by gender, for example: le livre – book, la livre – pound; un oeuvre – artist's whole work; une oeuvre – a single work.

(s) A special case is provided by gens. It is a masculine word occurring only in the plural, but when immediately preceded by an adjective, this takes the feminine plural form. Any adjectives or participles following gens are masculine in form (les bonnes gens; les petites gens). But note that jeunes gens is always masculine (de nombreux jeunes gens).

1.2.2 Rules for Recognising Gender

(a) Masculine are:
(i) Words ending in -ier, -age, -as, -ement, ament, in, is, on, illon, isme, oir. (But note the feminine words: plage, page, cage, image).
(ii) Words ending in -eau (except la peau and l'eau).
(iii) Names of trees: le hêtre, le chêne.
(iv) Names of metals and chemical substances (le cuivre, le fer, le soufre).
(v) Names of languages (le français, le russe).
(vi) Names of days, months, seasons (le lundi, le printemps).

(b) Feminine are:
(i) Words ending in -ade, -aie, -aille, -aine, -aison, -ison, -ande, -ée, -ence, -esse, -eur (for abstract nouns except honneur), -ie, -ille, -ise, -sion, -tion, -te, -ure. Also words in -ette (except le squelette). Note also un incendie and un parapluie.
(ii) Names of branches of learning (la chimie, la grammaire).
But note le droit.

(c) Compound nouns usually take the gender of the key word, for example: un bateau-mouche, une chauve-souris.

1.3 NUMBER (LE NOMBRE)

French has two numbers, singular and plural (le singulier et le pluriel). The plural is normally formed by adding -s to the form of the singular. Note the following exceptions:

(a) Words ending in -s, -x, -z do not change in the plural: (un nez, des nez; une croix, des croix).

(b) Words in -al form the plural in -aux (journal, journaux).
But note, les bals; les carnavals; les festivals.
In the case of idéal, both forms are found; (idéals; idéaux).

(c) Words in -au, -eau, -eu add -x; (manteau, manteaux; cheveu, cheveux). But note les bleus (bruises) and les pneus.

300

(d) Words in -ail normally add -s to form the plural (détail, détails). The plural of travail is normally travaux.

(e) Proper nouns form the plural when they designate nations (les Belges; les Italiens). However they do not show the plural ending when designating a family (les Bonaparte).

(f) Compound nouns which are written as one word form their plural in the usual way (des passeports). But note: des bonshommes; des messieurs; mesdames; mesdemoiselles.
Where a compound noun is formed by two nouns, both show the mark of the plural (des chefs-lieux). But if one of the nouns is dependent on the other, only the main noun shows the plural (des timbres-poste; des coups d'oeil).
If the compound noun is formed by an adjective plus noun, usage can vary: (des grands-pères, but des grand-mères).
Where compound nouns are formed by a verb plus complement, some words are invariable in the plural (des casse-croûte; des porte-monnaie). Others show the plural (des garde-robes; des tire-bouchons). Some compound nouns always have the complement of the verb in the plural, even when the object denoted is singular (un casse-noisettes; un porte-avions).
In compound nouns formed with the word garde, this word takes -s in the plural if the compound noun designates an animate object, but remains invariable if it designates an inanimate object (des gardes-chasse; des garde-boue).

(g) Foreign words provide a certain amount of difficulty and inconsistency. It is possible to find both des barmen, and des barmans; des girl-guides and des boys-scouts.

(h) Certain nouns exist only in their plural form (les arrhes; les alentours; les fiançailles; les frais).

2 THE ARTICLE

The article is placed before the noun to indicate whether that noun is to be understood in a completely determined sense (definite article: l'article défini), or in an incompletely determined sense (indefinite article: l'article indéfini or partitive article: l'article partitif).

2.1 THE DEFINITE ARTICLE

2.1.1 Forms of the Definite Article

	Sing.	Plur.
Masc	le; l'	les
Fem.	la; l'	les

These forms are contracted in the following ways:

à + le = au; à + les = aux; de + le = du; de + les = des.

An ancient contraction, not used in modern French except in fixed phrases, is en + les = ès (for example, docteur ès lettres).

2.1.2 Use of Definite Article

(a) Before nouns used in a general sense: les livres de géographie (*1.1*); les Bretons (*D6*).

(b) With a possessive sense before parts of the body: les mains vides (*8.1*). But note that this is not a general rule: elle fait entendre sa voix (*4.1*).

(c) When the noun is complement of a collective noun used in a general sense: le nombre des mariages (*7.1*). But note that the article is not used after a collective noun used in a partitive sense: une pile d'enveloppes (*6.8*). Note the distinction made between this partitive sense and the inclusion of the article when the quantity is more clearly determined, often by a following adjective or clause: compare nombre de spectateurs (*11.5*) with l'accroissement du nombre des naissances illégitimes (*7.1*).

(d) After la plupart de, la majorité de, la moitié de, la minorité de: la majorité des concubins (*7.1*); la plupart des grands bastions masculins (*9.1*).

(e) The definite article is used with days of the week when these are specific (for example, the date at the head of a letter, le mardi 30 juin; les affaires du dimanche (*2.1*)). Compare this with c'est dimanche (*6.8*). The article is also used when referring to a repeated action (on ne travaille pas le dimanche).

(f) The definite article is used before a singular noun indicating a unit of weight, length, or a period of time: des produits vendus à la pièce, à la botte (*2.1*). The article is not used after par (deux fois par semaine).

(g) Before names of continents, countries, provinces, mountains, seas, and so on (c'est la Bretagne maritime (*D4*); la France est le seul pays . . . (*1.1*); le plus haut sommet de l'Europe (*4.1*)).

Note that the article is not used with countries after en (en France; en Bretagne). For départements, the usage is en without the article for départements formed by two names linked with et (en Seine-et-Marne); and dans plus article for others (dans la Charente). Note that this last usage is also true for English counties (dans le Devon).

(h) There is a choice in the use of the article with languages. One can say il parle français, or il parle le français.

(i) The definite article is used with an adjective in the superlative form le meilleur et le plus sûr moyen (*11.1*).

(j) The article is invariable when used with le plus, le moins, le mieux modifying a verb or adverb: avec laquelle êtes-vous le plus d'accord (6.5).

2.2 THE INDEFINITE ARTICLE

2.2.1 Forms of the Indefinite Article

	Sing.	**Plur.**
Masc.	un	des
Fem.	une	des

2.3 THE PARTITIVE ARTICLE

2.3.1 Forms of the Partitive Article

	Sing.	**Plur.**
Masc.	du; de l'	des (de)
Fem.	de la; de l'	des (de)

Note that there is a coincidence in the plural of the indefinite and partitive articles; which means that the two can not truly be separated in the plural.

2.3.2 Use of the Partitive Article

The partitive article is used before the names of things to indicate an indeterminate amount (compare English 'some').

(a) After expressions of quantity, the partitive article is a simple de: plus de dix-huit ans (8.5); pour beaucoup de conjoints (7.1); au kilo de produits vendus (2.1).

(b) After bien, it is normal to use the full form of the partitive (bien du monde; bien des gens). But note the use with bien d'autres: bien d'autres changements culturels (7.1).

(c) One area of modern French where there is a good deal of latitude is in the use of the partitive article before an adjective preceding the noun. Theoretically this should be de, whether the noun is singular or plural, but it would be impossibly purist to ask for de before a singular noun in current usage. This is still correct before a plural adjective, (de belles routes bien dessinées (2.1)) but even this usage is frequently transgressed in conversation (il y a des très bons charcutiers (D2); trouver des petits trucs (D6; see also 9.3)). If the adjective + noun are felt to form a single, inseparable unit, it is quite correct to use the full form of the partitive (des grands-parents; des jeunes gens).

(d) The partitive article takes the form de after a negative: les peuples n'ont pas de mémoire (11.5).

2.4 OMISSION OF THE ARTICLE

The article is omitted in the following positions:

(a) Before dependent nouns with a descriptive, adjectival function (une politique de vieillesse *(8.1)*; le projet de loi *(12.3)*; les livres de cuisine *(13.1)*).

(b) In certain traditional sayings and proverbs (bouche à oreille *(10.8)*; si besoin est *(11.1)*).

(c) In some lists and enumerations (ce qui fait rêver: photos, cinéma, loisirs, sport . . . *(2.5)*). This is particularly true of pairs of nouns, often in opposition to each other (jeunes et vieux *(8)*; supers ou hypers *(2.5)*).

(d) Before nouns standing in apposition to a preceding noun (Carême, père fondateur de la grande cuisine *(13.6)*; cette musique naturelle, produit du génie populaire *(11.1)*).

(e) In a large number of expressions where the complement remains closely linked to the verb (avoir peur; avoir raison).

(f) Where nouns are linked by soit . . . soit; ni . . . ni.

(g) In the expressions with façon ('in the style of') and au point de vue ('from the point of view of'): le maître queux façon Second Empire *(13.6)*; au point de vue éducation physique *(D10)*.

(h) After tout with a singular noun meaning 'each', 'every' (qui sommeillerait en toute ménagère *(2.5)*). By extension of use this omission of the article is also found with plural nouns (en tous genres *(2.5)*).

3 THE ADJECTIVE

An adjective is a word qualifying a noun and describing some feature or quality of that noun. An adjectival phrase is a closely associated group of words equivalent to an adjective; (compare les vins de France, and les vins français). Adjectives may be categorised as qualificative or determinative. Qualificative adjectives, as in the examples le chariot vide, le porte-monnaie plein *(2.5)*, express a quality belonging to the object described. Determinative adjectives, as in certains Français, ma grand-mère, deux jours, have the function of introducing the noun in a particular context but without describing specific qualities.

3.1 QUALIFICATIVE ADJECTIVES

These may be *simple* (grand, fort) or *compound* (tout-puissant, avant-dernier).

304

3.1.1 Formation of the Feminine

The feminine of adjectives is formed by adding 'e' to the masculine form. This can result in some changes of spelling and pronunciation.

(a) Adjectives in el, -eil (also: nul, gentil), double the -l before the feminine -e (cruel, cruelle).
Similarly, beau, nouveau, fou, mou form feminines belle, nouvelle, folle, molle. The feminine of vieux is vieille.

(b) Adjectives in -en, -on, and some in -an, double the -n; (ancien, ancienne; bon, bonne; paysan, paysanne).

(c) Most adjectives in -et double the -t (muet, muette; net, nette). But note: complet, concret, discret, inquiet, secret all form the feminine in -ète (complète).

(d) The adjectives bas, gras, las, épais, gros all double the -s (basse, grosse). Other adjectives in -s just add -e (gris, grise). Faux becomes fausse, and exprès becomes expresse.

(e) Adjectives in -er change to -ère (léger, légère).

(f) Most adjectives in -x change to -se (heureux, heureuse).

(g) Adjectives in -f change to -ve (naïf, naïve).

(h) blanc, franc, sec change to blanche, franche, sèche.

(i) long, oblong change to longue, oblongue.

(j) Adjectives in -eur have a number of possibilities.
Some add -e (extérieur, extérieure; meilleur, meilleure).
Others change -eur to -euse (menteur, menteuse).
Others in -teur change to -trice (consolateur, consolatrice).

(k) Adjectives whose masculine form already ends in -e do not change in the feminine (utile; honnête).

(l) Grand is a special case in that it does not change before certain feminine nouns with which it is closely associated (grand-mère; grand-route).

3.1.2 Formation of the Plural of Qualificative Adjectives

All feminine adjectives form their plural by adding -s to the singular form. Most masculine adjectives do the same, but there are some exceptions according to the final consonant of the singular.

(a) Adjectives ending in -s or -x do not change in the plural (des hommes heureux).

(b) Adjectives in -eau add -x (les beaux jours).

(c) Adjectives in -al usually form the plural in -aux (loyal, loyaux). But note navals, banals, finals.

3.1.3 Degrees of Comparison

(a) The comparative degree is formed by placing the adverbs aussi, plus, moins before the adjective, as in the following examples: je ne pense pas que les Français soient aussi différents qu'ils le prétendent ('. . . as different as . . .') (*1.5*); une connaissance plus intime et plus révélatrice (*4.1*); les marchés sont moins chers que les grandes surfaces (*2.1*).

(b) There are three irregular comparatives in French, (i) bon – meilleur (ii) petit – moindre (iii) mauvais – pire. In actual use, moindre is hardly heard in the spoken language now, and plus mauvais is as possible as pire. With these forms, as with the forms referred to in **(a)** above, the second term of the comparison is usually introduced by que.

(c) The superlative is formed by adding the definite article before the comparative form (le plus haut sommet de l'Europe – *4.1*; un des plus beaux pays de France – *D4*; la moindre prestation – *11.5*).

3.1.4 Position of the Adjective

In general, adjectives follow their noun in French. However, this general statement covers a great variety of usage, some details of which are given below:

(a) Placed before the noun are a number of common adjectives, bon, joli, petit, mauvais and so on. Even these adjectives may follow their noun, if they are to carry particular affective value. Compare un bon chef with un chef bon; the first merely expresses what you would expect to be usual, whereas the second draws attention to the quality.

(b) Placed after the noun are:

(i) polysyllabic adjectives after monosyllabic noun; (cette voie royale – *3.1*; des chaînes non médiocres – *4.1*).

(ii) adjectives expressing physical characteristics (le goût du mot cru, du mot fort – *11.5*; la déchéance sénile – *8.1*).

(iii) adjectives expressing form or colour (des crevettes roses – *13.1*; le caractère parcellaire de la campagne – *4.1*).

(iv) adjectives deriving from a proper noun and indicating a religious, national, administrative category, and so on (la littérature anglaise – *4.1*).

(v) past participles used adjectivally, and also verbal adjectives ending in -ant (un art conquérant – *13.6*; le collège rénové – *10.4*).

(vi) However, virtually any of these rules may be broken for stylistic effect, as many examples in the reading passages of this book show (la systématique destruction – *8.1*; le joli et désespéré combat – *14.5*; une lente et raisonnable appropriation – *4.1*; l'incontestable intérêt – *8.5*).

3.2 DETERMINATIVE ADJECTIVES

There are six varieties of determinative adjective, namely, numerals, possessives, demonstratives, relatives, interrogatives and indefinites.

3.2.1 Numeral Adjectives (Cardinal Numbers)

Many of the cardinal numbers are simple in form: un, deux, trois, and so on. Others are formed by additions or multiplications: dix-sept; quatre-vingts. Difficulties may arise with the more complex numbers or with the use of the higher numbers. The following points should be noted:

(a) If dealing with hundreds (and dates) between 1000 and 2000, it is usual to give the number in hundreds: 1976 = dix-neuf cent soixante-six; 1791 = dix-sept cent quatre-vingt-un. An alternative with dates is to use mil as a short form of mille: 1984 = mil neuf cent quatre-vingt-quatre. Where dates are not involved, mille is written in full: mille cinq cent quarante-neuf = 1 549; note also that when thousands and higher numbers are written in French, as in many continental countries, the division between millions, thousands and hundreds is shown by a gap, and not, as in English, by a comma. This is an important distinction, as the comma represents a decimal point. Compare 2 745 = deux mille sept cent quarante-cinq; 2,745 = deux virgule sept quatre cinq. From now on in this section the French style will be used.

(b) Where numbers are in excess of deux mille, the number of thousands is expressed by mille, for example, in 7.1: le nombre de cohabitations est passé de cent cinquante-cinq mille à quatre cent mille (de 155 000 à 400 000).

(c) Note that mille never takes a plural -s, but cent and vingt show the plural unless they are followed by another numeral: therefore write quatre-vingts, but quatre-vingt-deux; deux cents, but deux cent quarante.

(d) In compound numerals, the hyphen is used to link any numerals which are each less than one hundred, unless they are joined by et: vingt et un; soixante et onze; trente-trois; quatre-vingt-deux; sept cent deux; dix-neuf mille trois cent vingt-sept francs.

(e) For 101 and 1001 it is normal to use cent un and mille un. However the usage cent et un, mille et un are sometimes found to indicate a rather indeterminate number: ('Les Mille et une Nuits').

(f) The usage with zéro, million and milliard (1 000 000 000) is different, since these are nouns, not adjectives: quarante-neuf millions d'âmes (1.1). Usage with zéro seems to be changing, however, and it is possible to find zéro franc; zéro faute; zéro heure (= minuit).

(g) The cardinal numbers appear before the noun except:
    (i) after the name of a monarch (le lycée Henri Quatre – 5.9).
    (ii) referring to a book, chapter act of a play: livre trois; chapitre cinq; acte deux.
    (iii) Indicating a year: (l'an mille).

(h) French usage is different from English in using cardinal numbers for dates (except 'first') (le quatorze octobre – 6.1).

3.2.2 Numeral Adjectives (Ordinal Numbers)

(a) Premier is used for 'first', including dates and names of kings: le premier septembre; François premier. With compound numerals, unième is used: vingt et unième; quatre-vingt-unième; cent unième.

(b) Deuxième is normal for 'second', but second can be used as an alternative, except that it is never used as part of a compound numeral: vingt-deuxième. (Note Henri Deux; *see grammar reference 3.2.1 (g) (i)*).

(c) When there are a series of ordinal numbers, only the final one bears the ending -ième: la sept ou huitième fois.

(d) Ordinal numbers agree in number and gender with the nouns they qualify: (la première fois). They precede the noun, except in some occasional uses, for example, le tome second de ce livre.

(e) The form of the ordinal numbers is used to express fractions, for example, $\frac{7}{8}$ = sept huitièmes.

3.2.3 Numeral Adjectives – Further Notes

(a) Some numerals have a form in aine used as a collective. Most common are dizaine, douzaine, quinzaine, vingtaine, trentaine, quarantaine, cinquantaine, soixantaine, centaine.

(b) Forms ending in aire indicate age, for example, quadragénaire = forty years old. These words are adjectives or nouns, so one may say un vieillard octogénaire, or, un octogénaire. Millénaire is used as an adjective to express 'thousands of years old', or as a noun to designate the space of a thousand years.

3.2.4 Possessive Adjectives

(a) Forms

		one object	several objects	one object	several objects
1st pers.	Masc.	mon	mes	notre	nos
	Fem.	ma		notre	
2nd pers.	Masc.	ton	tes	votre	vos
	Fem.	ta		votre	
3rd pers.	Masc.	son	ses	leur	leurs
	Fem.	sa			

The masculine form is used before a feminine word beginning with a vowel or mute h-.

(b) The possessive adjective can be replaced by the definite article if the idea of possession is clearly indicated by the general sense. (*See 2.1.2 (b) in this grammar summary*).

(c) With chacun it is usual to use the third person possessive (on avait chacun son lit – *3.5;* la prise en main par chacun de son destin – *6.1*).

(d) The possessive adjective must be repeated if in a sequence where nouns vary in number or gender (les étrangers aiment la France, ses vins, son camembert, ses paysages – *1.5*). With a sequence of words of the same gender and number, it is never wrong to repeat, but may be omitted: ses parents et grands-parents.

(e) Note the agreement of leur, notre and votre. They remain in the singular before nouns that have no plural or before abstract nouns (ils construisent leur vie – *1.5*). The same usage applies if there is only one object possessed by all those mentioned (les femmes possèdent une maîtrise . . . sur leur fécondité – *7.1*). The plural is used if there are several items possessed by each person: (la cuisine étrangère revient . . . dans leurs comptes rendus de voyage – *1.5*).

3.2.5 Demonstrative Adjectives
(a) Forms

	Sing.	**Plur.** (all forms)
Masc.	ce, cet	ces
Fem.	cette	

The masculine form cet is used before words beginning with a vowel or mute h-.

3.2.6 Relative Adjectives
(a) Forms: lequel, and so on (*see grammar reference 4.4.1*). These forms are nowadays only rarely found, and usually in legal language: une somme de 2 000 francs, laquelle somme . . . .

3.2.7 Interrogative Adjectives
(a) Forms: quel, quelle, quels, quelles

(b) The interrogative adjective is used in conjunction with a noun, for example, de ce quartier, quel est le centre? – *5.9;* quel type de scrutin préfériez-vous? – *6.5;* quelle femme peut l'ignorer? – *9.10.*

(c) This form may also be used with exclamatory sense: quel travail!

3.2.8 Indefinite Adjectives
The indefinite adjectives are those which usually indicate a certain idea of quality or quantity, of resemblance or difference. They may be classed as follows:

(i) those expressing the idea of undefined individuality: certain, je ne sais quel, n'importe quel, quelque, quel que, quelconque.

(ii) those expressing an idea of quantity: aucun, chaque, différent, divers, maint, nul, pas un, plus d'un, plusieurs, quelque, tout.

(iii) those expressing an idea of difference or similarity: même, tel, autre. Into this category one may also place a number of adverbs of quantity which are followed by de rather than used as adjectives proper: assez, beaucoup, bien, combien, peu, pas mal, tant, trop.

(a) **Aucun** once had a positive meaning, and this may still be found, though the one example in this book is rather archaic: aucune solution de continuité (*10.1*). More usually, aucun is associated with the negation ne, so that it nowadays carries negative force almost invariably (ce trust qui n'existe dans aucune autre démocratie - *12.3*).

(b) **Nul** is always either together with a negative ne, or with sans.

(c) **Pas un** expresses negative force more strongly than aucun (*See grammar reference 10.1*).

(d) **Certain** placed in front of the noun has an indeterminate sense: (je me suis fait une certaine idée de la France - *4.5*).

(e) **Quel que** is written as two words when followed by the verb être (quels que soient vos problèmes . . . = 'whatever may be . . .').

(f) **Quelque que** also means 'whatever' in other constructions: quelques problèmes qu'il ait eus.

(g) **Quelque** may be used in the singular, in the sense of the indeterminate 'some . . . or other', but is more commonly found in the plural to mean 'a few', or, 'some' (en quelque sorte (*7.1*) means 'in some way or other'; quelques points forts - *10.8*; quelques fleuves - *4.1*).
Note the use of quelque, invariable, with a numeral, to mean 'approximately', that is, as a synonym of environ (le T.G.V. aura coûté quelque six milliards et demi de francs -- *3.1*).

(h) **Quelconque** has the vague sense of 'any . . . at all', that is, it is synonymous with n'importe quel. (Compare n'importe quel électeur in *6.8*).

(i) **Chaque** may only be used in the singular, and should always be followed by a noun (chaque matin -- *9.5*; chaque jour et chaque semaine -- *12.7*).

(j) **Plusieurs** ('several') is used as in plusieurs salles de classe (*6.8*).

(k) **Maint** is slightly archaic, and only found in rather elevated literary style, except in the expressions mainte(s) fois, meaning 'many a time', and à maintes reprises, meaning 'on many occasions'. Note the more literary use of à travers maintes querelles et maintes bourrasques - *4.1*.

(l) **Tout** presents a number of difficulties, since it can be adjective, pronoun, noun or adverb.
 (i) As an adjective, tout qualifies a noun or pronoun. Used with a noun in the singular, it means 'whole' (tout un quartier - *5.5*). This use of tout is also found before ceci or cela (tout cela n'est vrai que . . . - *12.1*). Again, it is used before ce plus a relative pronoun (tout ce que vous désirez - *9.1*; tout ce qui se trouve à hauteur des yeux -- *2.5*).
 (ii) Tout is adjectival when used in the plural to mean 'all': (tous les éléments . . . toutes les installations - *5.5*). It is also adjectival when used in the singular to mean 'any': (tout accroissement du niveau - *6.5*). There are numbers of expressions which employ tout in this

way, for example, en tout cas, de toute façon. In some expressions the plural is found, for example: à tous égards, à toutes jambes.

(iii) Before a plural noun indicating time or space, tous/toutes show a periodic repetition: (tous les deux ans = 'every two years'; tous les cent mètres = 'every hundred metres').

(iv) As a pronoun, tous (pronounce the final -s in this case) and toutes stand for nouns or pronouns already mentioned in the preceding statement (le concept de place réservée n'existe plus puisque toutes le sont – 3.1).

When referring to people, tous and toutes are used as pronouns to mean 'everybody' (un train pour tous – 3.1; l'égalité de tous devant la loi – 6.1).

(v) Tout is an adverb, when used before an adjective, a participle, an adverb or a preposition. Note that tout in this position is invariable, except that it shows feminine endings before feminine words beginning with a consonant or aspirate h-. Compare la confiture toute bête (2.5) and la France tout entière (11.1). Note also: tout en étant surprenant (5.5); tout guilleret (2.5); tout au long des dix kilomètres (2.5).

(m) Autre, for example, de l'autre bout du monde (4.1); les autres dimanches (6.8).

(n) Même, placed as an adjective before the noun means 'same' (les mêmes fonctions -- 9.1). Following the noun or pronoun, même means 'self' (la France n'est réellement elle-même . . . son peuple porte en lui-même – 4.5); la forme même du discours politique – 8.5).

As an adverb, même is invariable, with the sense of 'even' (même en plein XIXe siècle – 9.5).

Même is used in a number of idioms, for example: de même, tout de même, quand même (on peut quand même dire – D.1).

(o) Tel as an adjective may either express similarity (tel est le fruit . . . 4.1) or intensity: une telle force. It is frequently used in modern French to introduce a comparison (la France, telle la princesse . . . 4.5; elle est là, tel un mur – 8.5). Note that in this usage, agreement tends to go with the second term of the comparison, but there is some variation here. An alternative construction, also introducing the idea of comparison, is tel que: notre pays, tel qu'il est . . . parmi les autres, tels qu'ils sont (4.5).

Un tel, with Monsieur or Madame, has the sense of Mr or Mrs 'so and so' (alors on s'en va voir Madame un tel – D.6).

4 THE PRONOUN

The pronoun stands in place of a noun, adjective or proposition already expressed. In some cases pronouns may stand alone without such reference back to a previous word, for example: tout est dit; rien n'est fait.

Where pronouns stand for nouns, they indicate masculine or feminine gender. Where they stand for other forms of speech, they are invariable and neuter – for example, the neuter pronoun le in the following sentence, standing for the whole idea of the French thinking themselves different: les Français ne sont pas aussi différents qu'ils le prétendent (*1.5*).

4.1 PERSONAL PRONOUNS

4.1.1 Forms

Sing.	1st pers. masc. + fem.	2nd pers. masc. + fem.	3rd pers. masc.	fem.	reflexive
SUBJECT	je	tu	il	elle	
DIRECT OBJECT	me	te	le	la	se
INDIRECT OBJECT	me	te	lui		se
EMPHATIC	moi	toi	lui	elle	soi

Plur.					
SUBJECT	nous	vous	ils	elles	
DIRECT OBJECT	nous	vous	les		se
INDIRECT OBJECT	nous	vous	leur		se
EMPHATIC	nous	vous	eux	elles	soi

In addition to the pronouns in the table are the indeterminate pronoun on and the pronouns y and en.

4.1.2 Use of Personal Pronouns

(a) The pronoun as subject is usually represented by the weak forms in the table above, that is, je, tu, il, elle, ils, elles. When there is a need to express an important distinction, the emphatic pronoun may stand alone as subject: eux vont souvent au marché, mais lui n'y va pas.

It is very frequently the case, particularly in conversation, that the subject pronoun is reinforced by the emphatic form (moi, je ne suis pas d'accord – *D.1*; tu trouves qu'on ressemble aux Américains, toi? – *D.1*).

(b) The pronoun as object precedes the verb in the weak form, for example: le cuisinier, avant d'apprêter le produit, le choisit, l'élit (*13.6*); le syndrome de garde champêtre, on le retrouve (*14.1*). On some occasions the object pronoun appears after the verb in the emphatic form, for example, after ne . . . que (il n'y avait presque que nous – *2.1*). The other main example of such usage is after the imperative affirmative: demandez-lui! pardonnez-moi! but note that the imperative negative follows the rule where pronoun precedes verb (ne me demandez plus . . . – *PL.II.1*).

(c) Note the use of le as a neuter object to refer to a preceding or following idea, for example: il apprendra, s'il ne le sait pas encore, que la

France est le pays de la variété (*4.1*). Here the le refers to the whole content of the relative clause. Another example is in *3.1*: le concept de place réservée n'existe plus, puisque toutes le sont. Here le refers to a specific concept expressed by the word réservée.

(d) Usage varies in the placing of object pronouns where an infinitive is closely linked to another verb. With the following verbs, the pronoun is placed before the first verb: écouter, entendre, faire, laisser, mener, regarder, sentir, voir. For example: le piéton français rêve du temps où il pourra le faire monter. In other combinations, the pronoun is placed before the second verb (infinitive): je veux le voir; il sait la comprendre.

(e) When a pronoun object is feminine or plural, and precedes the auxiliary verb avoir in the perfect or pluperfect tense, the past participle must agree with the preceding direct object (la culture française a perdu son statut . . . la langue l'a suivie -- *1.5*).

(f) Note that the emphatic pronoun soi is used to refer to an indeterminate subject (chacun chez soi – *14.1*).

(g) When en and y are used as pronouns, they usually refer to animals, things or abstract ideas. En is closely related in sense to the preposition de, and is therefore found as the pronoun object with verbs normally followed by a dependent de. For example one says être mécontent de quelque chose, and therefore, le Français . . . la nomme bureaucratie quand il en est mécontent (*6.1*). A further use of en is as a neuter pronoun to represent an idea, for example: s'il advient . . . que la médiocrité marque ses faits et ses gestes, j'en éprouve la sensation . . . (*4.5*). When numerals or other expressions of quantity are used without a following noun, en precedes the verb. Compare j'ai six oranges, and j'en ai six. Note also: Paris I 27 951 étudiants, et Mulhouse, qui en a 1 772 (*10.8*).

(h) The pronoun y corresponds to a construction with à, or with the prepositions dans, en, sur, sous. So, from the construction parvenir à, one finds, pour y parvenir (*11.1*); from renoncer à, comes j'y renonce (*1.1*).

(i) y and en have a very imprecise function in a number of common expressions such as il y a, s'en aller, il en est de même, and so on. Note: ce système . . . n'en est pas moins l'administration . . . (*6.1*).

(j) y and en are placed before the verb, and after any other pronouns: (je vous en donne; j'y vais; il y en a six). They follow the verb in the imperative mood: prenez-en!

4.2 POSSESSIVE PRONOUNS

4.2.1 Forms

		one object	several objects	one object	several objects
1st pers.	masc.	le mien	les miens	le nôtre	les nôtres
	fem.	la mienne	les miennes	la nôtre	
2nd pers.	masc.	le tien	les tiens	le vôtre	les vôtres
	fem.	la tienne	les tiennes	la vôtre	
3rd pers.	masc.	le sien	les siens	le leur	les leurs
	fem.	la sienne	les siennes	la leur	

4.2.2 Use

The possessive pronoun usually refers to a noun already mentioned: les peuples n'ont pas de mémoire, le nôtre a oublié. (*11.5*); la langue qu'il utilisait . . . c'était la sienne (*11.5*).

4.3 DEMONSTRATIVE PRONOUNS

4.3.1 Forms

	Masc.	Fem.	Neuter
Sing.	celui	celle	ce
Plur.	ceux	celles	

These pronouns may also appear in compound forms to distinguish between something near at hand (celui-ci), and something further off (celui-là). The equivalent neuter pronouns are ceci and cela or ça. The pronoun ce is elided to c' before a verbal form beginning with a vowel (c'eût été tricher – *11.5*). The contracted form of cela, ça is very common in speech: (ça donne à la ville – *D2*; ça compte – *D4*).

4.3.2 Use

(a) Celui, celle(s) and ceux can only be followed by a relative clause (ceux qui jouent aux courses – *12.1*); by the preposition de (un seul grand trust, celui de l'Etat – *12.3*), or by ci and là.

(b) Ce is used as subject pronoun
    (i) before a relative clause beginning qui, que, dont (ce qui gêne le plus . . . – *8.5*).
    (ii) before the verb être (c'eût été tricher – *11.5*; la France, c'était la Gaule – *14.1*). This last example is a common feature, where ce repeats a subject already mentioned. Compare also: la grande surface, c'est surtout pour quoi? (*D2*); la dernière . . . c'est la réforme Haby (*D.10.4*).

(c) As a general rule, if être is followed by an adjective and requires a neuter subject, il is used to refer to a following statement, and ce is used to refer back to a preceding statement. For example, in the

314

following two sentences the key elements are il est vain and c'est vrai, and the difference in subject can be explained by the rule just formulated: je ne dis pas qu'il soit . . . vain d'améliorer . . . (8.1); 'Ils arrivent où nous fuyons,' dit le professeur . . . Ce n'est plus . . . vrai (7.5). In conversation, however, there is a general preference for ce in all positions.

(d) As a complement to the verb, ce appears (as in the subject position explained in (b) above), before the relative pronoun as a neuter antecedent (elles trièrent . . . ce qui pouvait être audible – 11.5).

(e) Celui-là ('the former') and celui-ci ('the latter') are used to refer to items in a preceding statement: d'autres causes favorisent son développement: parmi celles-ci . . . (14.1); l'histoire des relations entre le Français et l'État montre que celui-ci a su jouer . . . (6.1).

(f) If there is no reference to specific words, but to a more general, unspecified idea, ceci or cela are used: (. . . cela n'apporte aucune solution – 8.1; rien de bien nouveau dans tout cela – 8.5; ceci n' empêche pas leurs cuisiniers . . . – 1.5). It is not always clear that there is a difference in meaning between ceci and cela.

(g) Ça is an abbreviated form of cela which is very common in speech: (à cause de ça . . . D.1; ça se trouve dehors – D.2).

4.4 RELATIVE PRONOUNS

4.4.1 Forms
The simple forms of the relative pronoun are: qui (subject), que (object), with no distinction of gender or number. Other forms are dont (genitive) and quoi which can be used as a neuter pronoun. Finally, où is a relative adverb.
The compound forms are as follows:

Sing.	masc.	lequel, duquel, auquel.
	fem.	laquelle, de laquelle, à laquelle.
Plur.	masc.	lesquels, desquels, auxquels.
	fem.	lesquelles, desquelles, auxquelles.

4.4.2 Use
(a) Qui is subject of the relative clause: (le piéton français qui voit passer . . . 1.1). Note that qui as subject makes no distinction between persons or objects (c'est le commerce qui exige le moins d'investissement – 2.1). There is one case where qui is used to refer to persons and that is after a preposition: pour qui . . .; avec qui . . .

(b) Que is the direct object of the relative clause, and also applies to persons or objects (les chewing-gums qu'on achète – 2.5; l'administration que le monde entier nous envie – 6.1). Note that the e of que is elided before vowels. For the sake of euphony (but with no change of meaning), l' is sometimes inserted between que and on: les achats d'impulsion que l'on trouve ... (2.5) (See also 4.6 (d) in grammar summary).

(c) Quoi is used as a neuter pronoun after a preposition and usually referring to a vague or indeterminate antecedent such as rien, chose (la grande surface, c'est pour quoi? – D.2). It may be found with more specific reference, as in: ces deux vertus, à quoi le public résiste difficilement (14.1).

(d) Lequel can refer to persons or objects, and can appear as subject of the clause or with a preposition. As subject it is limited to literary language. After a preposition it is common, even in speech: la démocratie américaine, à laquelle nous devons . . . (6.1); une époque charnière, dans laquelle un système bascule ... (7.1).

(e) Dont is the genitive of the relative pronoun, ('of which'): un groupe dont il partage les idées (12.1). Dont could often be replaced by de qui, duquel, de quoi, but never after ce, rien, cela. Note that the word order after dont is always subject-verb-complement. (Compare the English word order after 'whose', for example, 'a group whose ideas he shares').

(f) Où is used as a relative pronoun referring to place (partout où il y a un livre – 10.1), or to time (des périodes où le couple n'est plus le pivot – 7.1).

4.4.3 Position of the Relative Pronoun
The relative pronoun usually follows immediately after its antecedent. If separated from its antecedent by a lengthy phrase, reference back can be made by including et: à ses traditions les plus pures, à celles qui furent, au long des siècles, gravées dans la mémoire des générations et dont la plus précieuse ... (11.1).

4.5 INTERROGATIVE PRONOUNS

4.5.1 Forms
(For people – qui? For things – que?, quoi? Compound forms, lequel, laquelle (and the other forms. See 4.4.1). The simple forms may frequently be extended to qui est-ce qui? (subject) and qui est-ce que? (object) where people are referred to; and qu'est-ce qui? (subject), qu'est-ce que? (object) for things.

4.5.2 Use
(a) Qui? ('who?') For example: Qui n'a pas entendu . . . ? (9.1).

(b) Que? ('what?') For example: Qu'en est-il, exactement? (10.4); Qu'y a-t-il de commun . . .? (10.8).

(c) Quoi? For example: les retenues, ça consiste en quoi? (*D.10*); quoi d'autre? It may appear frequently as an interjection – quoi?!

(d) Lequel varies in gender and number and can refer to persons or things. It may be subject (des deux objectifs . . . lequel vous semble le plus important? – *6.5*), object (des deux attitudes . . . laquelle choisiriez-vous? – *6.5*), or complement of a preposition (des deux opinions, avec laquelle êtes-vous le plus d'accord? – *6.5*). From these examples it will be clear that lequel offers a choice between alternatives.

4.6 INDEFINITE PRONOUNS

The following are the indefinite pronouns:
aucun, autre, autrui, chacun, grand-chose, peu de chose, je ne sais qui, je ne sais quoi, le même, n'importe qui/quoi, nul, on, pas un, personne, plusieurs, quelqu'un, quelque chose, quiconque, qui que, quoi que, tel, tout, tout le monde, l'un.
Reference will be made only to those pronouns exemplified in the texts.

(a) Aucun is now almost exclusively associated with the negative ne (aucun d'eux ne saurait réparer – *8.1*).

(b) Certains is used as a plural pronoun (certains d'entre eux sont devenus des musées – *4.1*).

(c) Chacun has no plural and is used to indicate everyone, without distinction (la prise en main par chaucun de son destin – *6.1*; on avait . . . chacun son lit – *3.5*).

(d) On is only used as a subject and may indicate one or more people in a general way: (on en parlait depuis Pâques – *3.5*; on lira avec attention la 'short story' – *14.5*). Often, on may be used to stand for any of the other personal pronouns, particularly nous (on arriva – *3.5*; on va à l'école et on nous donne un travail – *D.10*). Note that in this last example, the first on could stand for nous, and the second on for ils (les professeurs). In the older language, on was often preceded by the article l', and this usage survives with a purely stylistic purpose (et l'on émet surtout des réserves – *10.4*). This same usage is optional after et, où, que, si (dès que l'on s'éloigne des sommets – *4.1*).

(e) Personne can still occur with positive sense, but more normally it is associated with the negative ne: (personne n'exclut l'hypothèse – *7.1*).

(f) Chose can be combined to form autre chose, grand-chose, quelque chose, peu de chose. In general, these compounds are treated as masculine: pas grand-chose de nouveau; quelque chose de bon.

(g) Quelqu'un may be used in an absolute sense to refer to either sex: quelqu'un est venu. In the plural, it means 'some', 'a few': quelques-uns affirment que . . . .

317

(h) Rien is almost always associated with ne. When qualifying an adjective, this is linked to rien by de (il n'y a rien de bien nouveau dans tout cela – *8.5*).

(i) Tel and tout are dealt with in **3.2.6 (l)** and **(o)**.

(j) Qui que que soit, and quoi que ce soit are indefinite pronouns meaning 'anyone at all', and 'anything at all' (il est interdit de les modifier en quoi que ce soit – *13.1*).

5 THE VERB

5.1 FORMS – REGULAR VERBS

French verbs are constructed from a stem plus ending. The three conjugations of regular verbs have the endings, in the infinitive form, -er, -ir, -re. For example: porter, finir, répondre. The forms of the regular verbs, for all tenses and moods, are as follows:

(a) porter

	PRESENT INDICATIVE	PRESENT SUBJUNCTIVE	IMPERFECT
je	porte	porte	portais
tu	portes	portes	portais
il, elle	porte	porte	portait
nous	portons	portions	portions
vous	portez	portiez	portiez
ils, elles	portent	portent	portaient

	PAST HISTORIC	IMPERFECT SUBJUNCTIVE	FUTURE
je	portai	portasse	porterai
tu	portas	portasses	porteras
il, elle	porta	portât	portera
nous	portâmes	portassions	porterons
vous	portâtes	portassiez	porterez
ils, ells	portèrent	portassent	porteront

CONDITIONAL: The imperfect endings (-ais, etc) added to stem porter.
PARTICIPLES: **present** – portant: past – porté.

(b) finir

	PRESENT INDICATIVE	PRESENT SUBJUNCTIVE	IMPERFECT
je	finis	finisse	finissais
tu	finis	finisses	finissais
il, elle	finit	finisse	finissait
nous	finissons	finissions	finissions
vous	finissez	finissiez	finissiez
ils, elles	finissent	finissent	finissaient

	PAST HISTORIC	IMPERFECT SUBJUNCTIVE	FUTURE
je	finis	finisse	finirai
tu	finis	finisses	finiras
il, elle	finit	finît	finira
nous	finîmes	finissions	finirons
vous	finîtes	finissiez	finirez
ils, elles	finirent	finissent	finiront

CONDITIONAL: The imperfect endings (-ais, etc) added to stem finir.
PARTICIPLES: **present** – finissant; **past** – fini.

(c) répondre

	PRESENT INDICATIVE	PRESENT SUBJUNCTIVE	IMPERFECT
je	réponds	réponde	répondais
tu	réponds	répondes	répondais
il, elle	répond	réponde	répondait
nous	répondons	répondions	répondions
vous	répondez	répondiez	répondiez
ils, elles	répondent	répondent	répondaient

	PAST HISTORIC	IMPERFECT SUBJUNCTIVE	FUTURE
je	répondis	répondisse	répondrai
tu	répondis	répondisses	répondras
il, elle	répondit	répondît	répondra
nous	répondîmes	répondissions	répondrons
vous	répondîtes	répondissiez	répondrez
ils, elles	répondirent	répondissent	répondront

CONDITIONAL: infinitive stem répondr – + imperfect endings.
PARTICIPLES: **present** – répondant; **past** – répondu.

Imperative for all conjugations the same as the second persons, singular and plural of the present indicative, with the one exception of 2nd person imperative of **porter**, which is porte.

5.2 FORMS – AUXILIARY VERBS

(a) être

	PRESENT INDICATIVE	PRESENT SUBJUNCTIVE	IMPERFECT
je	suis	sois	étais
tu	es	sois	étais
il, elle	est	soit	était
nous	sommes	soyons	étions
vous	êtes	soyez	étiez
ils, elles	sont	soient	étaient

	PAST HISTORIC	IMPERFECT SUBJUNCTIVE	FUTURE
je	fus	fusse	serai
tu	fus	fusses	seras
il, elle	fut	fût	sera
nous	fûmes	fussions	serons
vous	fûtes	fussiez	serez
ils, elles	furent	fussent	seront

CONDITIONAL: Add imperfect endings (-ais, etc.) to stem ser-.
IMPERATIVE: sois; soyez!
PARTICIPLES: present – étant; past – été.

(b) avoir

	PRESENT INDICATIVE	PRESENT SUBJUNCTIVE	IMPERFECT
j'	ai	aie	avais
tu	as	aies	avais
il, elle	a	ait	avait
nous	avons	ayons	avions
vous	avez	ayez	aviez
ils, elles	ont	aient	avaient

	PAST HISTORIC	IMPERFECT SUBJUNCTIVE	FUTURE
j'	eus	eusse	aurai
tu	eus	eusses	auras
il, elle	eut	eût	aura
nous	eûmes	eussions	aurons
vous	eûtes	eussiez	aurez
ils, elles	eurent	eussent	auront

CONDITIONAL: add imperfect endings to stem aur.
IMPERATIVE: aie, ayez!
PARTICIPLES: present – ayant; past – eu.

5.3 IRREGULAR VERBS

In the list of irregular verbs, five principal parts are given, from which the other tenses can be formed:

Infinitive: gives stem for future and conditional. Irregular futures given where appropriate.

Present Participle: gives stem of the imperfect for all verbs except avoir and savoir and also stem of present subjunctive.

Past Participle: used for all compound tenses.

Present Indicative, 1st and 3rd persons, from which may be formed the present subjunctive and the imperative.

Past Historic, 1st person, from which the rest of the tense, and the imperfect subjunctive may be formed.

(a) Irregular -er verbs

aller   allant   allé   je vais, nous allons   j'allai

(Future – j'irai; Subjunctive – j'aille; Imperative – va, allez)
envoyer is regular apart from change of y to i in present tense, j'envoie and future tense j'enverrai.

(b) Irregular -ir verbs

(i) *Verbs with present of the e conjugation*

ouvrir   ouvrant   ouvert   j'ouvre, nous ouvrons   j'ouvrai
(Also: couvrir, offrir, souffrir)
cueillir   cueillant   cueilli   je cueille, nous cueillons   je cueillis

(ii) *Verbs with strong and weak present stems*

acquérir   acquérant   acquis   j'acquiers, nous acquérons   j'acquis
(Future – j'acquerrai)
(Also: conquérir)
tenir   tenant   tenu   je tiens, nous tenons   je tins
(Future – je tiendrai)
(Also: venir)
mourir   mourant   mort   je meurs, nous mourons   je mourus
(Future – je mourrai).

(iii) *Verbs with shortened present stems*

dormir   dormant   dormi   je dors, nous dormons   je dormis

(Also: mentir (je mens, nous mentions); partir (je pars, nous partons); sentir (je sens, nous sentons); sortir (je sors, nous sortons); servir (je sers, nous servons); bouillir (je bous, nous bouillons)).

(iv) *Others*

fuir	fuyant	fuis	je fuis, nous fuyons	je fuis
courir	courant	couru	je cours, nous courons	je courus
(Future – je courrai)				
vêtir	vêtant	vêtu	je vêts, nous vêtons	je vêtis

(c) Irregular -re verbs

(i)

vaincre	vainquant	vaincu	je vaincs, nous vainquons	vaincu

(Also **convaincre** = to convince)

(ii) *Stem ending in vowel*

rire	riant	ri	je ris, nous rions	je ris

(Also: **sourire** = to smile)

conclure	concluant	conclu	je conclus, nous concluons	je conclus

(Also: **exclure** = to exclude)

(iii) *Stem in -oi, -oy, -ai, -ay*

croire	croyant	cru	je crois, nous croyons	je crus
extraire	extrayant	extrait	j'extraie	

(iv) *Stem in -tt*

battre	battant	battu	je bats, nous battons	je battis
mettre	mettant	mis	je mets, nous mettons	je mis

(Also: **admettre, commettre**)

(v) *Stem in -s*

coudre	cousant	cousu	je couds, nous cousons	je cousus
plaire	plaisant	plû	je plais, nous plaisons	je plus
taire	taisant	tu	je tais, nous taisons	je tus
faire	faisant	fait	je fais, nous faisons	je fis

(Future – je ferai; Subjunctive – je fasse).

dire	disant	dit	je dis, nous disons vous dites	je dis
lire	lisant	lu	je lis, nous lisons	je lus

(vi) *Stem in -aiss, -oiss*

connaître	connaissant	connu	je connais, nous connaissons	je connus

(Also: **paraître**).

naître	naissant	né	je nais, nous naissons	je naquis

(vii) *Stem in -uis*

conduire	conduisant	conduit	je conduis, nous conduisons	je conduisi

(Also **induire** and most verbs in **-uire**)

(viii) *Stem in -v*

suivre	suivant	suivi	je suis, nous suivons	je suivis
vivre	vivant	vécu	je vis, nous vivons	je vécus
écrire	écrivant	écrit	j'écris, nous écrivons	j'écrivis

(Also: décrire = to describe)

(ix) *Stem in -aign, -eign, -oign*

craindre	craignant	craint	je crains, nous craignons	je craignis

(Also: plaindre, contraindre)

peindre	peignant	peint	je peins, nous peignons	je peignis
joindre	joignant	joint	je joins, nous joignons	je joignis

(x) *Stem modified by vocalisation of l*

résoudre	résolvant	résolu	je résous, nous résolvons	je résolus

(xi) *Strong and weak present stems*

boire	buvant	bu	je bois, nous buvons	je bus
prendre	prenant	pris	je prends, nous prenons	je pris

(Also: apprendre, comprendre, surprendre)

(d) Irregular -oir verbs

(i) *Strong and weak present stems*

recevoir	recevant	reçu	je reçois, nous recevons	je reçus

(Future – je recevrai)
(Also: apercevoir, concevoir, décevoir)

devoir	devant	dû	je dois, nous devons	je dus

(Future – je devrai)

pouvoir	pouvant	pu	je peux, nous pouvons	je pus

(Future – je pourrai; Subjunctive – je puisse).

savoir	sachant	su	je sais, nous savons	je sus

(Future – je saurai)

(ii) *Impersonal verbs*

pleuvoir	pleuvant	plu	il pleut	il plut

(Future – il pleuvra)

(iii)

vouloir	voulant	voulu	je veux, nous voulons	je voulus

(Future – je voudrai; Subjunctive – je veuille)

(iv)

s'asseoir	asseyant	assis	je m'assieds, nous nous asseyons	je m'assis

(Future – je m'assiérai; Subjunctive – je m'asseye)

(v) *Stem modified by vocalisation of l*

valoir	valant	valu	je vaux, nous valons	je valus

(Future – je vaudrai; Subjunctive – je vaille)

falloir	—	fallu	il faut	il fallut

(Future – il faudra; Subjunctive – il faille)

(vi)

voir	voyant	vu	je vois, nous voyons	je vis

List of irregular verbs alphabetically with reference to the preceding sections

acquérir (b) (ii)
aller (a)
apprendre (e) (x)
battre (c) (iv)
boire (c) (x)
bouillir (b) (iii)
comprendre (c) (xi)
conclure (c) (ii)
conduire (c) (vii)
connaître (c) (vi)
conquérir (b) (ii)
convaincre (c) (i)
coudre (c) (v)
courir (b) (iv)
couvrir (b) (i)
craindre (c) (i)
croire (c) (iii)
cueillir (b) (i)
décrire (c) (viii)
devoir (d) (i)
dire (c) (v)
dormir (b) (iii)
écrire (c) (viii)
envoyer (a)
exclure (c) (ii)
extraire (c) (iii)
faire (c) (v)
falloir (d) (v)
fuir (b) (iv)
induire (c) (vii)

joindre (c) (ix)
mentir (b) (iii)
mettre (c) (iv)
mourir (b) (ii)
naître (c) (vi)
offrir (b) (i)
ouvrir (b) (i)
paraître (c) (vi)
partir (b) (iii)
plaindre (c) (ix)
plaire (c) (v)
pleuvoir (d) (i)
pouvoir (d) (i)
recevoir (d) (i)
rire (c) (ii)
savoir (d) (i)
sentir (b) (iii)
servir (b) (iii)
sortir (b) (iii)
souffrir (b) (i)
sourire (c) (ii)
suivre (c) (viii)
surprendre (c) (xi)
taire (c) (v)
tenir (b) (ii)
vaincre (c) (i)
valoir (d) (v)
vêtir (c) (i)
vivre (c) (viii)
voir (d) (vi)

5.4 TYPES OF CONJUGATION

5.4.1 Active Voice

In the active voice all transitive verbs form compound tenses with avoir as auxiliary. The same is true of most intransitive verbs, but a number take être as auxiliary: aller, arriver, descendre, entrer, tomber, monter, naître, devenir, venir, partir, sortir, mourir, rester, rentrer, retourner. When certain of these verbs are used transitively, that is, with a direct object, they are conjugated with avoir. Compare il est monté se coucher, and il a monté l'escalier.

5.4.2 Passive Voice

The passive voice is formed, as in English, by the auxiliary of the verb 'to be' plus past participle. Compare le marché est terminé (2.1), and 'the market is finished'. The past participle agrees with the subject: la station debout n'est pas seulement bannie . . . (3.1). The agent responsible for the action is introduced by par ('by' in English). For example: il est lu par les patrons et par les pauvres (12.1).

In English, it is possible for an indirect object to become the subject of a passive verb, for example, 'John gave me the book' (active); 'I was given the book by John' (passive). This construction is impossible in French, and the active construction must be used. This is also true of verbs which are followed by à, such as répondre à. There is no French equivalent for 'his question was answered', which must be translated by using on and the active voice: on répondit à sa question. This construction with on is also frequently found where a passive construction would be possible, but French prefers the active form. Compare, on les lit pour y trouver des noms (12.1) and the possible English translation, 'they are read. . .'.

The tenses of the passive voice are formed by constructing the appropriate tense of the auxiliary être (nous avons été . . . plus fascinés par la liberté -- 6.1).

5.4.3 Reflexive Verbs

In reflexive verbs, the reflexive pronoun is direct or indirect object of the verb and refers to the subject of the sentence, as in English 'he washes himself'. The reflexive pronoun has a number of possible uses.

(i) An ordinary transitive verb becomes reflexive. For example: laisser is used transitively in il ne faut pas laisser à l'avion le monopole (3.1); and reflexively in le temps de se laisser tenter (2.5).

(ii) The reflexive pronoun can indicate reciprocal action. For example: les enfants et les grands-parents s'aiment. Here the meaning is 'one another'.

(iii) Numbers of French verbs are reflexive in form, but have ceased to have any reflexive sense; ceux dont on peut se passer . . . ce qui se trouve au début des rayons (2.5).

(iv) Numbers of verbs which are reflexive in French are rendered in English by a passive construction: les produits se vendent à la botte = 'the products are sold by the bundle'.

5.4.4 Impersonal Verbs
The subject of impersonal verbs is always il, and the verb is always singular. The verbs describing weather are examples: il neige, il pleut, and so on. Other possibilities are:

(i) faire, plus adjective or noun (il faut choisir le temps qu'il fait – *5.1*): il fait beau; il fait mauvais; il fait soleil.

(ii) il faut, or il y a with an object, infinitive or clause: (il y a là des employés municipaux . . . il faut d'abord fermer l'urne – *6.8*).

(iii) Il est plus an expression of time (il n'est pas encore huit heures du matin – *6.5*).

(iv) Il est plus an adjective, if reference is made to something later in the sentence (*see 4.3.2 (c)*).

(v) Il is used as a provisional subject in a sentence, such as: il existe un seul véritable grand trust de l'information (*12.3*). This has the effect of balancing the sentence where the subject would otherwise be long, and also of putting emphasis onto the subject. Note also: il reste toujours une petite place (*2.5*).

(vi) Il is also used as a provisional subject introducing a clause with que, or an infinitive phrase with de. In such sentences, the clause or phrase is the true subject of the verb, and is represented by il (il n'est pas question de monter dans le T.G.V. – *3.1*; s'il advient . . . que la médiocrité marque ses faits . . . – *4.5*; il arrive aussi . . . qu'elles aiment leur métier – *9.1*). Note also the use of il s'agit de ('it is a question of . . .'): il s'agit là d'une tendance commune à toute l'Europe (*7.1*).

5.5 USE OF TENSES AND MOODS

5.5.1 Indicative
(a) Present tense
The present tense is used as in English, but the following points may be noted:

(i) The historic present is used to describe events which happened in the past with a greater degree of immediacy (C'est dimanche; tout est calme dans la cité – *6.8*).

(ii) It is used with depuis to indicate an action or state which began in the past but which is still continuing: (le plan libre reste depuis longtemps l'une des qualités . . . – *5.5*). This would be rendered in English by the perfect tense, '. . . has remained for a long time . . .'.

(iii) It is used in si clauses where the second clause is in the future tense (s'ils veulent un journal qui les distrait, ils achèteront . . . – *12.1*).

(iv) With venir, in the construction il vient de publier (*1.5*) = 'he has just published'.

(b) Imperfect tense is used as follows:
(i) to describe people and things as they were in the past (la philosophie de ces textes était claire – *12.3*; la France, c'était la Gaule – *14.1*).

(ii) to describe habitual action in the past ('used to . . .'): (autrefois, on allait à Confolens . . . le marché était une fête – *2.1*).

(iii) to form the depuis construction: on en parlait depuis Pâques (*3.5*). This is equivalent to the English 'had been talking . . .'.

(iv) to form the si clause when the second part of the conditional sentence is in the conditional (s'ils cessaient de croire à leurs propres clichés, ils apercevraient . . . – *1.5*).

(v) With venir in the construction, il venait d'acquérir (*12.3*) = 'he had just acquired'.

(c) Past Historic Tense (**passé simple**)

The past historic is not used in the modern spoken language. It is limited to the written language, and is used to describe events which took place at a single point in the past (On arriva. On réveilla l'hôtel – *3.5*) or which took place during a defined interval, with a known end (ses traditions les plus pures . . . qui furent, au long des siècles, gravées . . . – *11.1;* le temps passa – *11.5*).

(d) Perfect tense (**passé composé**)

(i) Because the past historic is not used in spoken French, the perfect tense is used with past definite sense: les dernières élections ont montré (*9.1*) = 'the last elections showed'; pendant des siècles la France a été la France (*14.1*) = 'for centuries, France was France'; quand j'ai quitté la France (*D6*) = 'when I left France').

(ii) The perfect tense is also used like the present perfect in English, to refer to a past event which is felt to be still affecting the present (nous avons tous entendu parler de la réforme Legrand – *10.4*; les droits de l'individu . . . nous sont venus des États Unis – *6.1*; presque toutes les nations ont fait ce retour – *11.1*). None of these examples could adequately be translated by a past definite, but by, 'we have heard . . .'; 'have come to us . . .'; '. . . have made this return'.

(e) Pluperfect Tense

This is used, as in English, to refer to events previous to the period in the past already being dealt with (on s'était si longtemps habitué . . . à nous voir rester – *9.10*; ceux qui l'avaient défendu à ses debuts – *11.5*).

(f) Past Anterior (or Second Pluperfect)

This tense is formed with the past historic of the auxiliary, rather than the imperfect, and has the meaning of the pluperfect in sentences where an adverb of time indicates the completion of an action: il eut bientôt fait de s'habiller; in main clauses introduced by à peine: (à peine fut-il arrivé); or in subordinate clauses introduced by quand, lorsque, dès que, aussitôt que, après que: (quand il fut entré). Note that this tense is used only in written narrative, and the equivalent tense in spoken French is the passé surcomposé, where the perfect of avoir is used as the auxiliary verb: quand j'ai eu fini mon devoir = 'when I had finished my work'.

(g) The Future Tense

This is used, as in English, to express future events (je leur laisserai le soin . . . – *1.1*; les nouvelles rames du train permettront bientôt . . . – *3.1*).

French also makes use of aller + infinitive to express a more immediate future: (la grande cuisine nouvelle va opérer . . . – *13.6*; les disciplines vont bouger – *10.4*). In the spoken language there is a tendency for the construction with aller + infinitive to be used widely as a straightforward alternative to the future tense.

(h) Future Perfect

This is the equivalent of the English 'will have' + past participle, and is similarly formed in French, with the future tense of the auxiliary verb (l'enquête nous aura permis de mettre au jour quelques disparités frappantes – *10.8*; le T.G.V. aura coûté quelques six milliards et demi de francs – *3.1*). Note that after quand, French is more precise about tenses than English. Compare quand le voyageur aura pris contact avec le sol (*4.1*), and the English, 'when the traveller has made contact with the ground'.

(i) Conditional

The conditional is, correctly speaking, a 'mood' rather than a tense, but it is convenient here to consider it as a tense within the indicative mood. The conditional has the following uses:

(i) to describe a possible event in the future: on irait dans un hôtel . . . on se reposerait pour de bon (*3.5*). The meaning here is 'they would go . . . they would rest'.

(ii) to present a doubtful fact, particularly if it is hearsay. This use of the conditional is particularly common in newspaper reports: (la courtisane qui sommeillerait en toute ménagère (*2.5*) = '. . . who is said to/supposed to slumber . . .'; il y a, il y aurait dans ce texte . . . (*14.5*) = 'there are, or there are supposed to be . . .').

(iii) to ask a question in a more polite turn of phrase than the straightforward present tense – compare English 'would you like to . . .?' (souhaiteriez-vous que les institutions . . . voudriez-vous que soit renforcé . . .? – *6.5*).

(iv) In clauses introduced by si, meaning 'if', the sequence of tenses is usually as follows:

Present followed by future: si on leur bâtit des résidences décentes, on ne leur inventera pas la culture (*8.1*).

Imperfect followed by conditional: s'ils cessaient de croire à leurs propres clichés, ils apercevraient . . . (*1.5*).

Pluperfect followed by conditional perfect: si vous n'aviez pas quitté la salle vous auriez vu son arrivée.

328

Of course, these tense sequences are not absolutely hard and fast, and other possibilities will be found (si votre regard détaille les quatre tablettes, vous aurez affectué . . . – *2.5*; même si les 50 000 forains ne représentent plus que 4,5%, ils perpétuent une tradition – *2.1*).

(j) **Conditional Perfect**
This has been mentioned above, as corresponding to English, 'would have' + past participle (cela aurait pu être l'étouffoir . . . elle aurait voulu qu'il change – *11.5*). Note that aurait pu être would normally be rendered into English 'could have been', rather than the full form 'would have been able to have been'.
In literary style, the perfect subjunctive is often used in place of the conditional perfect (c'eût été tricher – *11.5*).

5.5.2 Imperative Mood
The imperative exists in the two forms of the 2nd person: va-t-en! allez-vous en! A 1st person plural imperative is formed by using the verb without pronoun: (reconsidérons les notions scolaires (*14.1*) = 'let us reconsider . . .').

5.5.3 Subjunctive Mood
In essence, the subjunctive mood expresses reservations or doubts about the statement being uttered. It occurs only in subordinate clauses, except for such fixed expressions as vive le roi; advienne que pourra ('come what may'). Even in these statements it could be argued that they are subordinate clauses where the que has been omitted. The most important uses of the subjunctive are as follows:
    (i) after verbs expressing a wish, order, refusal, exhortation (je voudrais que Paris possède un centre culturel – *5.5*; si on veut que la condition du vieillard soit acceptable – *8.1*; que l'on ne se leurre pas – *9.1*).
    (ii) after verbs expressing a feeling, for example, fear, regret, sadness: je regrette qu'il soit parti. Note the usage with verbs of fearing: je crains qu'il ne soit parti.
    (iii) after verbs of doubt or negation: je ne pense pas que les Français soient aussi différents qu'ils le prétendent (*1.5*).
    (iv) after impersonal verbs expressing doubt, negation, possibility, necessity, wish (il est souhaitable que sa connaissance soit répandue – *11.1*).
    (v) After a subordinate clause placed at the head of a sentence by inversion (que le snobisme ait joué son rôle . . . qui songe à le nier? – *14.5*).
    (vi) In an adjectival clause following a superlative, or the adjectives seul, dernier, unique, suprême: c'est le dernier effort qu'il ait fait.
    (vii) after the concessive conjunctions qui que ('whoever'), quoi que ('whatever'), quel que ('whatever'), quelque que ('however'). For example: quel que soit le milieu social (*7.5*).

(viii) in final clauses introduced by pour que, afin que (que devrait être une société, pour que, dans sa vieillesse, un homme demeure un homme? – 8.1; . . . pour qu'il marche comme les autres – 1.1).

(ix) In clauses introduced by non que, non pas que, ce n'est pas que.

(x) In consecutive clauses introduced by de sorte que, de façon que, de manière que. But note that if the consequence is presented as a fact, rather than as a likelihood or possibility, the indicative is used: de sorte que . . . des noces tardives . . . naît . . . un nouveau cuisinier (13.6).

(xi) in subordinate clauses expressing opposition, introduced by quoique, bien que, encore que (encore qu'à deux cent soixante à l'heure le coup de freins puisse être dangereux – 3.1).

(xii) in conditional clauses introduced by a conjunction other than si. For example: en cas que, pourvu que, supposé que, à moins que . . . ne.

(xiii) in temporal clauses introduced by avant que, jusqu'à ce que, en attendant que.

(xiv) in clauses introduced by sans que: . . . sans que je m'en fusse aperçu (PL.1.5).

(xv) The subjunctive is used when a fact is possible, or likely, but not yet realised (pour être sûr qu'il y ait quelqu'un – 6.8).

The subjunctive is used in a number of fixed phrases in spoken French, such as: il faut que je m'en aille; il faut qu'il le fasse, but it is often possible to substitute another turn of speech. For example, peut-être qu'il viendra is more likely in speech than il est possible qu'il vienne. The imperfect subjunctive has totally disappeared from speech, and very often from the written language, where the present subjunctive is preferred, except in rather elevated style.

5.5.4 The Infinitive

(a) The infinitive may form an infinitive clause, and stand as a verb in its own right (transformer la matière première, alimentaire, littéralement dé-naturer la matière brute, c'est à dire, la mater, la civiliser – 13.6).

(b) More usually, the infinitive is dependent in a number of possible ways. One possibility is the dependent infinitive without a preposition:

(i) faire + infinitive means 'to have something done': il rêve du jour où il pourra le faire descendre de voiture (1.1). When the dependent infinitive has an object, faire and the infinitive remain together: elle fait entendre sa voix (4.1). The infinitive is, of course, invariable when the tense of faire changes: le processus qui a fait disparaître du langage 'vigneron' (14.1).

(ii) similar in construction are voir, entendre, sentir, laisser (le piéton français qui voit passer un milliardaire – 1.1; de monstrueuses croûtes laissent échapper . . . un jet de vapeurs – 13.1).

(iii) pouvoir, savoir, vouloir, devoir are equivalent to the English modal auxiliaries 'can', 'may', 'will', 'must': tous ces jus ne peuvent paraître . . . (*13.1*); il rêve du jour où il pourra monter . . . (*1.1*); ne voulant pas concurrencer les experts. Note the use of the conditional of savoir, as in: aucun d'eux ne saurait réparer . . . (*8.1*) = 'none of them could possibly repair . . .'

The tenses of devoir present a special case, as follows:
Present ('must'): notre pays . . . doit . . . viser haut (*4.5*); l'administration, vous devez connaître (*D.6*).
Imperfect ('was to', 'must have'): il devait être trois heures quand il est parti.
Perfect or Past Historic ('had to'): j'ai dû joindre cinq ou six papiers, mais j'ai dû les faire en trois exemplaires (*D.6*).
Future ('will have to'): il devra partir.
Conditional ('ought to'): que devrait être une société . . .? (*8.1*); mais ils devraient dire (*1.1*).
Conditional Perfect ('ought to have'): rien n'aurait dû les rapprocher (*14.5*).

Like vouloir behave a number of verbs which also refer to wish or desire, such as, désirer, préférer, aimer mieux, and so on (nous, on n'aime pas remballer – *2.1*).
 (iv) intransitive verbs of motion and the verbs mener, envoyer (on n'irait pas chez la grand-mère lui biner ses carrés – *3.5*).
 (v) the infinitive follows directly after the impersonal verbs il semble, il me semble, il faut (il faut choisir ses heures – *5.1*).

(c) Dependent infinitive governed by de
A large number of transitive and reflexive verbs take de before a following infinitive. It is not possible to give a full list here, but a close study of the texts will reveal many examples (la relative homogénéité des réponses permettent de dégager . . . – *8.5*; la France ne cesse de commémorer l'éveil des Lumières – *6.1*; s'il prend la peine de consulter les livres – *4.1*).
Note the construction where verbs take an indirect object and de with the following infinitive. For example: permettre à quelqu'un de faire quelque chose; demander à quelqu'un de faire quelque chose (*see text 9.10*).

(d) Dependent infinitive govered by à
Here again, a full list can not be given here, but there are many examples in the texts: les luttes ouvrières ont réussi à l'intégrer à l' humanité – *8.1*; la France doit continuer à vendre des armes . . . la France doit renoncer progressivement à vendre des armes – *6.5*).

(e) A few verbs may be used with either à or de
notably, commencer, continuer, forcer, obliger.

(f) Dependent infinitive governed by par, sans, pour

For example: l'État aurait mieux fait de commencer par balayer . . .
(12.3) = 'to begin by sweeping'; sans faire du bruit *(7.1)* = 'without
making any noise').

Pour is used in the sense of 'in order to' (pour fermer l'urne – *6.8*;
pour y parvenir – *14.1*).

5.5.5 The Perfect Infinitive

This is found predominantly after the preposition après: après être parti. It
is also found in certain other constructions: qui ont l'air d'avoir été . . .
(5.1) = 'which seem to have been' or 'which look as though they had been'.

5.5.6 Participles and Gerund

(a) Present participle ending in -ant has the following functions:

(i) used as a true present participle to indicate a passing activity or
state: ne voulant pas concurrencer les experts *(1.1)*; les uns remontent le
boulevard . . . allant vers la faculté *(5.9)*. This usage also has a past tense
version: celui-ci, s'étant querellé avec le précédent *(1.1)*. Note that in this
usage the present participle is invariable.

(ii) It has a purely adjectival function, and in this case it agrees with
the noun it qualifies like any other adjective (il y a un différence marquante entre les adolescents – *D.1*; des affiches . . . changeantes – *6.8*).

(iii) Used with the preposition en, this form is called the gerund, and
forms an invariable adverb phrase of time, manner and so on, qualifying a
verb (la liberté consiste à faire ce que bon vous semble en détournant les
règlements – *1.5*). The force of the preposition en is sometimes strength-
ened by preceding it with tout: cet étalage a quelque chose d'honnête,
tout en étant surprenant *(5.5)*.

Note that the equivalent English form in '-ing' has a wider range of uses
than the French form in -ant. It may be rendered by the infinitive in
French: voir, c'est croire = 'seeing is believing'.

This is especially true of usage with many verbs, for example, j'aime lire =
'I like reading'. Such sentences might also be rendered in French by a
noun: il aime la lecture.

It is important to remember that en is the only preposition in French
which is followed by the present participle, whereas a number of English
prepositions are followed by this form: 'without forgetting a word' = sans
oublier un mot.

(b) Past participle is used:

(i) to form the compound tenses of verbs, both in the active voice
(vous avez vécu en France . . . vous êtes venue vivre en Angleterre – *D.6*),
and in the passive voice (la station debout n'est pas seulement bannie . . . –
3.1). (*See sections 5.4.1; 5.4.2 in grammar summary*).

(ii) as an adjective agreeing with the noun it qualifies (toutes tendances
confondues – *9.1*; la femme soumise – *9.1*).

(iii) in certain phrases, as prepositions (vu qu'on se tombait dessus sans arrêt – *3.5*; . . . y compris le squelette – *5.5*). The past participle may appear alone, with the rest of the verbal construction omitted and understood: aussitôt la paix revenue (*1.1*); le voyageur qui, venu de l'autre bout du monde (*4.5*).

6 THE ADVERB

6.1 ADVERBS OF MANNER

To this category belong: ainsi, bien, comme, comment, debout, ensemble, exprès, mal, mieux, pis, plutôt, vite, volontiers and also a large number of adverbs in -ment and a number of adverbial phrases, such as, à tort, à propos, cahin-caha, de même, and so on.

Note that debout can also be used as an invariable adjective: la station debout est bannie (*3.1*). Usually, however, adverbs of manner modify verbs or participles: on l'a bien mérité (*2.5*); . . . s'impose, cahin-caha, une sorte de génie populaire (*14.5*). Examples of other adverbs of this class will be found in the text. Other points to note are:

(a) **mieux**, the comparative of bien, is an adverb of manner (pour mieux dire – *10.1*); but when it refers to physical or mental health it can be used as an adjective: il est mieux chez sa grand-mère (*7.5*). The same is true of bien.

(b) **plutôt**, written as one word, should be distinguished from plus tôt. Plutôt means 'rather' (plutôt qu'un classement global . . . – *10.8*).

6.2 ADVERBS OF QUANTITY

To this category belong assez, aussi, autant, autrement, beaucoup, combien, davantage, environ, guère, moins, moitié, pas mal, peu, plus, presque, quelque, si, tant, tellement, tout + adj., très, trop. To this list should be added some adverbs in ment (terriblement), and some adverbial phrases such as à moitié, à peine, à peu près, au moins, tant soit peu, tout à fait.

The following notes may be helpful in relation to some of these:

(a) **assez** can be used with adjectives, verbs or adverbs (c'est un pays assez catholique – *D.4*; assez bien; il a assez souffert).

(b) **si** may be used to reinforce an adjective (notre docilité paraissait si congénitale – *9.10*).

(c) **aussi** is used with que following the adjective to form the comparison 'as . . . as': . . . que les Français soient aussi différents qu'ils le prétendent).

(d) **tant** and **autant** can be used with verbs: il travaille tant, and may also be used quantitatively with nouns preceded by de (autant de lecteurs, autant de journaux – *12.1*).

  Autant can also be used with **que** to form a comparative statement (un produit se vend d'autant mieux qu'il est présenté . . . – *2.5*).

(e) **aussi** means 'also' (une troisième catégorie . . . existe aussi – *13.1*). When a sentence such as this is negated, aussi is replaced by non plus (usually preceded by ni, though this is often omitted in conversation. Compare moi aussi with ni moi non plus).

(f) **beaucoup and bien** may be used as adverbs of quantity with verbs or with the comparative of adjectives or adverbs (il y a beaucoup plus de clubs – *D.1*; quelques fleuves bien tracés – *4.1*). When they are followed by a noun to indicate quantity, beaucoup is followed by the partitive de (beaucoup de conjoints – *7.1*) whereas bien is followed by the full partitive, du, de la or des: bien des gens. Where bien is followed by a noun which is itself preceded by an adjective, the usual rules apply, and the partitive takes de before the adjective (bien d'autres changements – *7.1*).

(g) **davantage** means 'more' or 'longer', and is usually found with a verb (on peut choisir davantage – *D.2*); exceptionally, it may qualify an adjective (les légumes sont davantage remués – *D.2*).

(h) **peu, un peu, un petit peu, un tout petit peu** are all used adverbially with a verb, adjective or with another adverb (même pas un petit peu – *D.1*). Followed by partitive de, peu means 'few' (le pays va se dérouler en peu d'heures – *4.1*).

(i) **guère** is, in modern French, used only with the negative ne, and means 'scarcely', 'hardly': cela ne se dit guère = 'that is hardly ever said').

(j) **plus and moins** are used to form the comparative of adjectives (*see section 3.1.3*). When used with nouns, they are followed by de (. . . des enfants de moins de trois ans – *7.5*). Plus . . . plus, plus . . . moins, moins . . . moins express the sense of 'the more . . . the more', and so on. The second term may be preceded by et (plus ils insistent à être différents, moins ils encouragent les autres – *1.5*).

  Plus is used with the negative ne to mean 'no longer' (le concept de place réservée n'existe plus – *3.1*).

(k) **tout and très** both reinforce adjectives (tout guilleret – *2.5*; très grande victoire – *3.1*). In general, tout is used when the adjective describes a temporary state; très refers to a more permanent condition. Très can modify an adverb: très souvent.

(l) **trop** can modify an adjective, verb or adverb (des regards trop inquisiteurs – *10.8*). With a following de, trop means 'too much': trop de règlements. When used with a verb to denote 'too much', trop is not preceded by de: vous parlez trop. But when following a noun or pronoun or a numerical expression, de is necessary: une loi de trop (12.3); cent francs de trop.

6.3 ADVERBS OF TIME

To this category belong alors, après, après-demain, aujourd'hui, auparavant, aussitôt, autrefois, avant, avant-hier, bientôt, déjà, demain, depuis, désormais, encore, enfin, ensuite, hier, jadis, jamais, longtemps, maintenant, naguère, parfois, puis, quand, quelquefois, sitôt, soudain, souvent, tantôt, tard, tôt, toujours.

The following notes may be helpful:

(a) **jamais** is almost always associated with the negative ne, meaning 'never' (le pouvoir central n'a jamais rencontré . . . – 6.1).

(b) **tantôt . . . tantôt** is used to mean 'now . . . now' (tantôt dans les réduits . . . tantôt sur les terrasses – PL.1.5).

6.4 ADVERBS OF PLACE

To this category belong ailleurs, autour, avant, ci, contre, dedans, dehors, derrière, dessous, dessus, devant, ici, là, loin, où, partout, près, proche. To this list can be added certain adverbial phrases, for example: au-dehors, ci-contre, en arrière, quelque part, là-bas, là-dedans.

ci and là are frequently attached by hyphen to a demonstrative pronoun or a preceding noun: parmi celles-ci. (14.1); cet homme-là.

6.5 ADVERBS OF AFFIRMATION

To this category belong assurément, aussi, certainement, exactement, absolument, bien, certes, oui, précisément, vraiment, voire, soit, and so on. To this list can be added such phrases as en vérité, sans doute, d'accord, pour sûr, and so on.

(a) **voire** is slightly archaic, and is used in the sense of 'even', or, in archaic English, 'nay' (on est stupéfait, voire indigne aujourd'hui – 9.10).

(b) **Soit** has the function of summing up: soit 71 personnes – 10.8.

6.6 ADVERBS OF NEGATION

The adverbs of negation are non and ne, associated in the modern language with aucun, guère, jamais, rien, personne, que.

(a) **ne . . . que** means 'only' (tout cela n'est vrai que pour les journaux de Paris – *12.1*).

(b) **ne** is used alone with certain verbs, notably, cesser, oser, pouvoir (la France ne peut être la France . . . – *4.5*); also, in certain fixed expressions such as, n'importe, n'empêche, and so on. The same usage is true with savoir, though not usually in the spoken language. The omission is always found with savoir in the conditional: aucun d'eux ne saurait réparer . . . (*8.1*).

(c) 'expletive' ne is found in a number of positions:
(i) after verbs of fearing: je crains qu'il ne vienne.
(ii) after verbs of doubting, the expletive ne is used when the verb is in the negative: je ne doute pas qu'il ne vienne.
(iii) in comparative phrases, the verb of the second part of the comparison often takes the ne: à laquelle nous devons bien plus qu'elle ne nous doit (*6.1*).
(iv) after à moins que ('unless'): à moins qu'il ne vienne. But in such examples, and particularly in the spoken language, the expletive ne is often omitted.

(d) When the verb is in the infinitive, the two elements of the negative adverb both occur together before the verb (le tour de force de ne pas avoir à toucher à . . . – *12.3*).

6.7 ADVERBS OF DOUBT

The main adverbs of this category are apparemment, peut-être, probablement, sans doute, vraisemblablement.

(a) **sans doute** is an adverb of affirmation when it means 'no doubt', but an adverb of doubt when it means 'probably'.

(b) These adverbs may be used to introduce a subordinate clause introduced by que: peut-être qu'il viendra. Alternatively, the adverb can be incorporated into the body of the sentence: ce n'est peut-être pas une excellente affaire (*2.5*).

7 THE PREPOSITION

Prepositions are invariable words which usually serve the purpose of linking or relating one part of the sentence to another. The main prepositions are as follows, though note that several of these examples might also have other grammatical functions:

à, après, avant, avec, chez, contre, dans, de, depuis, derrière, dès, devant, durant, en, entre, envers, excepté, hors, jusque, malgré, outre, par, parmi, pendant, pour, près, proche, sans, sauf, selon, sous, suivant, supposé, sur, vers.

In addition, there are numerous prepositional phrases, for example:

à cause de, à côté de, afin de, à force de, à l'égard de, à l'exception de, à l'insu de, à travers, au-dehors de, au-delà de, au milieu de, auprès de, autour de, avant de, de façon à, du côté de, en bas de, en face de, étant donné, face à, grâce à, jusqu'à, loin de, par-dessus, par rapport à, près de, quant à, vis-à-vis, and so on.

The following notes refer to the use of certain prepositions.

(a) **à** is used to indicate place (à Paris), time (à huit heures), and to indicate possession (elle est à moi). It can refer to price (à cinq francs le kilo).

(b) **au point de vue** can either be followed by de + definite article, or the article can be omitted (au point de vue éducation physique – *D.10*).

(c) **à l'heure**, for example, à deux cent soixante à l'heure . . . (*3.1*).

(d) **de** can refer to departure or separation (de Lille à Roncevaux de Brest au Mont-Cénis – *PL.II.5*); to belonging (doyen d'un collège d'Oxford – *1.5*); and a variety of relationships which have some analogy with the notion of belonging (les livres de géographie – *1.1*; les éleveurs de volaille – *2.1*).

De occurs as the partitive article after negative statements: je n'ai pas de pain. De is used in combination with à to show distance or duration or extent of some kind (de 25 à 50% – *2.1*; du matin au soir – *3.5*; d'un village à l'autre – *4.1*).

(e) **avant** means 'before' in expressions of time (avant l'aube), whereas devant refers to position (devant les lois de la société – *9.10*). Avant used before an infinitive is followed by de: avant de s'attaquer à la presse écrite (*2.3*).

(e) **dans; en**

dans can refer to space (dans un hôtel – *3.5*); time (dans leur dernier âge – *8.1*); or state (dans un vertige climatisé – *9.10*).
It is also used in a number of fixed phrases, such as dans l'ensemble (*12.1*). With an expression of time, dans means 'at the end of', for example, dans un mois.

En is less specific than dans, and is practically never used with the definite article. It is used for the seasons: (en été, en hiver, en automne, but au printemps), for months: (en juin or, au mois de juin), and with the names of countries which are feminine: (être en France; voyager en Angleterre).

With expressions of time, it means 'within the space' of, and does not have the idea of completion represented by dans. It is used in a large number of fixed expressions, such as: en tout cas (*3.1*); en fin de . . . (*5.1*). It is used also with forms of transport: en autocar (*2.1*).

It is possible for en to be omitted with the seasons (les quais de la Seine, en fin d'après-midi, l'été – *5.1*). En is used with moi, toi, and so on: ce qu'il y a, en moi, d'affectif (*4.5*).

(f) **jusque** is normally constructed with another preposition: jusqu'au jour . . . (*14.1*). In some expressions, this following preposition is not necessary: jusqu'ici (*3.1*). Note the construction with depuis . . . jusqu'à to indicate a long span of time (*see text 9.10*).

(g) **pour** has a number of uses besides its usual meaning 'for'. It can indicate duration: pour l'instant (*10.4*), and also direction or destination: le train pour Lyon. It is used with partir to mean 'set off for': partir pour Paris. It is also used in a number of fixed expressions, for example, pour de bon (*3.5*), and to express % (la fréquentation des étalages baisse de vingt-cinq pour cent – *2.1*).

(h) **quant** is used with following à to mean 'as for'; 'as far as . . . is concerned' (quant à énumérer toutes les divisions – *1.1*; quant au maître queux . . . – *13.6*).

(i) **chez** usually means 'at the house of' (chez sa grand-mère – *7.5*), but has the further sense of 'among' (chez les gens aises (*7.5*); chez les Français).

8 THE CONJUNCTION

Conjunctions are invariable words, or phrases, which are used to co-ordinate or correlate two phrases or words, or else to subordinate one phrase or clause to another.

8.1 CO-ORDINATING CONJUNCTIONS

(a) **Linking**
et, ni, puis, ensuite, alors, aussi, comme, ainsi que, aussi bien que, de même que, avec.

(b) **Causal**
car, en effet, effectivement.

(c) **Consequential**
donc, aussi, alors, ainsi, enfin, par conséquent, conséquemment, par suite, c'est pourquoi.

(d) Transition
or

(e) Opposition
mais, au contraire, cependant, toutefois, pourtant, quoique, d'ailleurs, aussi bien, au moins, du moins, du reste, par contre, sinon.

(f) Alternative
ou, soit . . . soit, tantôt . . . tantôt, ou bien.

(g) Explicatory
à savoir, c'est-à-dire, soit.

8.2 SUBORDINATING CONJUNCTIONS

(a) Causal
parce que, puisque, vu que, étant donné que, c'est que, d'autant que.

(b) Purpose
afin que, pour que.

(c) Consequence
de sorte que, de façon que, de manière que, si bien que.

(d) Concession
bien que, quoique, encore que, alors que, alors même que, quand même, malgré que, sans que, tandis que.

(e) Condition
si, au cas où, en cas que, soit que, supposé que, à condition que, pourvu que, à moins que.

(f) Temporal
quand, lorsque, avant que, depuis que, dès que, après que, aussitôt que, jusqu'à ce que, pendant que, en attendant que, à mesure que.

(g) Comparison
comme, de même que, ainsi que, autant que, plus que, selon que, comme si.

8.3 SOME NOTES ON USE OF CONJUNCTIONS

(a) **et** links two words or phrases in a positive sense (comique et inquiétant – *12.3*), and also two propositions which are negative in sense (le tour de force de ne pas avoir à toucher à des trusts régionaux . . . et de ne pas s'attaquer à l'empire . . . – *12.3*). In telling the time, et is used for half and quarter past the hour (il se lève à trois heures et demie –

2.1), but not with numbers of minutes (il revient vers sept heures trente – *2.1*). There is, of course, no difference in meaning between these two possible forms of expression.

(b) **ni** is equivalent to et when used with a negative verb: compare, il fume et boit; il ne fume ni ne boit.
When used without a verb, ni is repeated before each word in a sequence: ni pommes, ni poires, ni raisins.

(c) **ou** means 'or', and can be reinforced by adding bien (ou bien, sommes-nous simplement . . .? – *7.1*).

(d) **que** is the principal subordinating conjunction, used after many verbal phrases (je trouve que . . . on peut dire que . . . je pense que – *D.1*).
Note also the following uses:
    (i) with tel, même, autre, quel and as the introduction to the second element in a comparison: (. . . au féminisme tel qu'il se présente – *9.5*; plus que tout autre . . . – *11.1*; quelle qu'en soit l'origine première – *14.5*).
    (ii) que can introduce a clause in the subjunctive, with the sense of 'whether . . . or not': (qu'on le veuille ou non).
    (iii) que expresses an exclamation: qu'il est bête!.
    (iv) pendant que and tandis que:
Pendant que means 'during', 'while', and refers to two activities taking place simultaneously: pendant qu'il travaillait.
Tandis que marks opposition (the other sense of 'while' in English). For example: tandis que des outsiders dynamiques occupaient le devant de la scène (*10.8*).
    (v) d'autant plus, d'autant moins express an element of comparison: (leur rôle est d'autant plus grand aujourd'hui (*7.5*) = 'their role is all the more significant today').

(e) **soit . . . soit**
soit . . . soit indicates an alternative: soit dans des familles françaises, soit à la Cité universitaire (*5.9*).

9 GRAMMAR OF SPOKEN FRENCH

There are clearly some noticeable differences between spoken and written French, and many things which are quite acceptable in conversation would still be regarded as unacceptable when written. The dialogues give plenty of examples of authentic spoken French, but the following points might be borne in mind:

9.1 FORMING QUESTIONS

The written language requires a question to be formed either by inversion of the verb and subject: combien ce texte contient-il d'anglicismes? (*14.5*), or by the use of est-ce que? as a device to avoid inversion: combien d' anglicismes est-ce que ce texte contient?.

There is a tendency, in the spoken language, to avoid inversion, either by using est-ce que more extensively than in written French (est-ce que tu trouves qu'on ressemble aux Américains, toi? – *D.1*) or by using direct word order (en quelle classe tu es, toi? – *D.10*). One common way of formulating a question and maintaining the direct word order, is to place the subject or object of the question at the head of the sentence, and to repeat it in the following clause, either by a pronoun, or c'est: et la côte, tu la trouves bien? (*D.4*); le secrétaire de Mairie, c'est un peu le médiateur . . . ? (*D.6*). Of course, this particular style of sentence construction is very common also in written French, and not limited to questions only: ces techniques, il est interdit de les modifier (*13.1*).

9.2 INVERSION, AND FURTHER EXAMPLES OF AVOIDANCE

There are a number of other examples, besides question forms, where the written language may invert subject and verb for stylistic effect, for example.

(i) after adverbs of doubt such as peut-être, sans doute.

(ii) within the relative clause: un ingénieux système de canaux, que règlent des écluses (*4.1*).

(iii) to express a condition: arrive-t-on sur les plateaux (*4.1*).

The spoken language would avoid such turns of phrase. For example, instead of inverting after peut-être, the construction peut-être que may be used, or even the direct word order: (peut-être . . . c'est plus facile – *D.1*). (*See also 6.7 (b)*).

9.4 USE OF ÇA

Conversation uses ça frequently as an all-purpose subject or object ça se trouve dehors . . . ça serait plutôt ça l'avantage . . . ça donne à la ville un caractère de fête . . . ça permet donc – *D.2*).

9.5 USE OF INTERJECTIONS

Conversation is full of interjections and exclamations, for example, in D.10 one finds: dis donc! . . . mais, c'est fou! . . . eh bien . . . There are many other possibilities, for example, ça alors!; bravo!; hélas!; ô!; zut!.

9.6 SEEKING AGREEMENT

English conversation is peppered with such phrases as, 'don't you?', 'isn't it?'. Spoken French no longer makes much use of n'est-ce pas? with this function. More common are non? and hein? For example, on a des tas de choses qui changent les gens, non? (*D.1*); tu sais, des roches découpées, il y en a en Bretagne, hein? (*D.6*).

9.7 OMISSION OF NEGATIVE NE

Conversation frequently omits the first element in negative statements: tu adores pas le vent? (*D.4*). Even with verbs such as savoir and pouvoir which can correctly be used with only ne (*see 9.7*), conversational use is je sais pas; je peux pas.

This is not an exhaustive list of the characteristics of la grammaire parlée, and careful study of the dialogues will reveal many more of the characteristic features of the spoken language.

342

INDEX TO GRAMMAR
SECTION

Paragraph references are to the Grammar Summary. Figures in italics refer to a passage in the main body of the text, where examples of the particular point will be found, and an exercise for practice. Reference to irregular verbs is at the end of section 5.3.

344

BIBLIOGRAPHY

The following works are suggested for further reference.

1 DICTIONARIES

Among the shorter dictionaries may be mentioned:
(a) *Harrap's Concise French and English Dictionary* (Harrap & Co.)
(b) *Collins-Robert French and English Dictionary* (Collins & Co.)
If a more complete work of reference is needed:
(c) *Harrap's Standard French and English Dictionary* (2 vols)
On occasions, one may wish to use a French–French Dictionary, rather than an English–French one. In this case, readers might like to note:
(d) *Le Petit Robert – Dictionnaire de la Langue Française* (Dictionnaire Le Robert)
(e) *Micro Robert – Dictionnaire du Français Primordial* (Dictionnaire Le Robert)
(f) *Dictionnaire du Français Contemporain* (Larousse)

2 GRAMMARS

Short reference grammars for English readers are:
(a) J. E. Mansion, *A Grammar of Present Day French* (Harrap & Co.)
(b) H. Ferrar, *A French Reference Grammar* (Oxford University Press)
A short French reference book is:
(c) M. Grevisse, *Le Français Correct* (Éditions Duculot)
Rather more complete is:
(d) *Grammaire Larousse du Français Contemporain* (Larousse)
The standard work of complete reference is:
(e) M. Grevisse, *Le Bon Usage* (Éditions Duculot)
A work concerned solely with the grammar of the spoken language is:
(f) A. Rigault, *La Grammaire du Français Parlé* (Hachette)

For more information on specific points you might wish to consult:

(g) *L'Art de Conjuguer – Le Nouveau Bescherelle* (Librairie Hatier)
(h) J. Cellard, *Le Subjonctif* (Éditions Duculot)
(i) M. Lacarra, *Les Temps des Verbes* (Éditions Duculot)

3 PRONUNCIATION

Further details of pronunciation are given in Grevisse, *Le Bon Usage*, and Rigault, *La Grammaire du Français Parlé*. In addition, students might like to note M. Bras, *Your Guide to French Pronunciation* (Larousse)

4 LITERARY SELECTIONS

Students may wish to pursue their reading of specific authors, but there are numbers of good anthologies for those who wish to gain an overall view of French literary History:

(a) A. Lagarde & L. Michard, *Les Grands Auteurs Français* (Bordas)
(b) A. Chassang & C. Senninger, *Recueil de Textes Littéraires Français – XXe Siècle* (Hachette)

A general work of reference is:

(c) Sir P. Harvey & J. E. Heseltine, *The Oxford Companion to French Literature* (Oxford University Press)

5 GENERAL INFORMATION

(a) *Journal de l'Année* (published annually by Larousse)
(b) *Quid* (published annually by Robert Laffont)

LANGUAGE AND TRAVEL GUIDES
FROM HIPPOCRENE

LANGUAGE AND TRAVEL GUIDE TO AUSTRALIA
by Helen Jonsen
Travel with or without your family through the land of "OZ" on your own terms; this guide describes climates, seasons, different cities, coasts, countrysides, rainforests, and the Outback with a special consideration to culture and language.
250 pages • $14.95 • 0-7818-0166-4

LANGUAGE AND TRAVEL GUIDE TO FRANCE
by Elaine Klein
Specifically tailored to the language and travel needs of Americans visiting France, this book also serves as an introduction to the culture. Learn the etiquette of ordering in a restaurant, going through customs, and asking for directions.
320 pages • $14.95 • 0-7818-0080-3

LANGUAGE AND TRAVEL GUIDE TO MEXICO
by Ila Warner
Explaining exactly what to expect of hotels, transportation, shopping, and food, this guide provides the essential Spanish phrases, as well as describing appropriate gestures, and offering cultural comments.
224 pages • $14.95 • 0-87052-622-7

LANGUAGE AND TRAVEL GUIDE TO RUSSIA
by Victorya Andreyeva and Margarita Zubkus
Allow Russian natives to introduce you to the system they know so well. You'll be properly advised on such topics as food, transportation, the infamous Russian bath house, socializing, and sightseeing. Then, use the guide's handy language sections to be both independent and knowledgeable.
250 pages • $14.95 • 0-7818-0047-1

LANGUAGE AND TRAVEL GUIDE TO UKRAINE
by Linda Hodges and George Chumak
Written jointly by a native Ukrainian and an American journalist, this guide details the culture, people, and highlights of the Ukrainian experience, with a convenient (romanized) guide to the essentials of Ukrainian.
266 pages • $14.95 • 0-7818-0135-4

HIPPOCRENE BEGINNER'S SERIES

Do you know what it takes to make a phone call in Russia? Or how to get through customs in Japan? How about inviting a Czech friend to dinner while visiting Prague? This new language instruction series shows how to handle oneself in typical, day-to-day situations by introducing the business person or traveler not only to the common vocabulary, grammar, and phrases of a new language, but also to the history, customs and daily practices of a foreign country.

The Beginner's Series consists of basic language instruction, which includes vocabulary, grammar, and common phrases and review questions; along with cultural insights, interesting historical background, the country's basic facts, and hints about everyday living—driving, shopping, eating out, making phone calls, extending and accepting an invitation and much more.

Each guide is 250 pages, 5 1/2 x 8 1/2.

Beginner's Romanian

This is a guide designed by **Eurolingua**, the company established in 1990 to meet the growing demand for Eastern European language and cultural instruction. The institute is developing books for business and leisure travelers to all Eastern European countries. This Romanian learner's guide is a one-of-a-kind for those seeking instant communication in this newly independent country.

0-7818-0208-3 • $7.95 paper

Beginner's Hungarian

For the businessperson traveling to Budapest, the traveler searching for the perfect spa, or the Hungarian-American searching to extend his or her roots, this guide by **Eurolingua** will aide anyone searching for the words to express basic needs.

0-7818-0209-1 • $7.95 paper

Beginner's Czech
The city of Prague has become a major tour destination for Americans who are now often chosing to stay. Here is a guide to the complex language spoken by the natives in an easy to learn format with a guide to phonetics. Also, important Czech history is outlined with cultural notes. This is another guide designed by Eurolingua.
0-7818-0231-8 • $9.95

Beginner's Russian
Eurolingua authors **Nonna Karr** and **Ludmila Rodionova** ease English speakers in the Cyrillic alphabet, then introduce enough language and grammar to get a traveler or businessperson anywhere in the new Russian Republic. This book is a perfect stepping-stone to more complex language learning.
0-7818-0232-6 • $9.95

Beginner's Japanese
Author **Joanne Claypoole** runs a consulting business for Japanese people working in America. She has developed her Beginner's Guide for American businesspeople who work for or with Japanese companies in the U.S. or abroad.
    Her book is designed to equip the learner with a solid foundation of Japanese conversation. Also included in the text are introductions to Hiragana, Katakana, and Kanji, the three Japanese writing systems.
0-7818-0234-2 • $11.95

Beginner's Esperanto
As a teacher of foreign languages for over 25 years, **Joseph Conroy** knows the need for people of different languages to communicate on a common ground. Though Esperanto has no parent country or land, it is developing an international society all its own. *Beginner's Esperanto* is an introduction to the basic grammar and vocabulary students will need to express their thoughts in the language.
    At the end of each lesson, a set of readings gives the student further practice in Esperanto, a culture section presents information about the language and its speakers, a vocabulary lesson groups together all the words which occur in the text, and English translations for conversations allow students to check comprehension. As well, the author lists Esperanto contacts with various organizations throughout the world.
0-7818-0230-X • $14.95 (400 pages)